Ingrid Gilcher-Holtey

1968

Eine Zeitreise

Suhrkamp

edition suhrkamp 2535
Erste Auflage 2008

Originalausgabe

Satz: Libro, Kriftel
Druck: Druckhaus Nomos, Sinzheim
Umschlag gestaltet nach einem Konzept
von Willy Fleckhaus: Rolf Staudt
Printed in Germany
ISBN 978-3-518-12535-9

1 2 3 4 5 6 – 13 12 11 10 09 08

Inhalt

Prolog

»›1968‹ ist eine Jahreszahl, in der sich das Imaginäre eingenistet hat«, schrieb Hans Magnus Enzensberger in Notizen zu einem Tagebuch. Auf den Begriff zu bringen, was ›1968‹ geschah, oder gar »›sich einen Vers darauf zu machen‹« erschien ihm, konfrontiert mit den Ereignissen, unmöglich. Als einzige Form, sich mit ›1968‹ auseinanderzusetzen, betrachtet er die Collage (Enzensberger 2004: 23). In *Der Untergang der Titanic* (1978) fand er, sich erinnernd, zur Versform zurück:

»Ich friere. Ich erinnere mich, kaum
zu glauben, keine zehn Jahre ist das jetzt her,
an die sonderbar leichten Tage der Euphorie.
Damals dachte kaum einer an den Untergang
nicht einmal in Berlin, das den seinigen
längst hinter sich hatte. Es schwankte
die Insel Cuba nicht unter unsern Füßen.
Es schien uns, als stünde etwas bevor,
etwas von uns zu Erfindendes.«
(Enzensberger 1978: 14 f.).

Was dieses »etwas« war, vermag Enzensberger auch mit Abstand kaum zu sagen. Er umschreibt es mit den Worten:

»Morgen wird es besser sein, und wenn nicht
morgen, dann übermorgen. Naja –
vielleicht nicht unbedingt besser,
aber doch anders, vollkommen anders,
auf jeden Fall. Alles wird anders sein.
Ein wunderbares Gefühl. Ich erinnere mich.«

Der französische Philosoph Régis Debray, der wie Enzensberger auszog, dieses Utopia zu erkunden, notierte rückblickend eine ähnliche Zeitwahrnehmung. »Als ich zwanzig war«, heißt es in seiner Autobiographie, »war die Zeit von vorn erleuchtet und rief uns zusammen nach vorn. [...] Die Zeit war eine große Reise, sie führte uns von einem *weniger* zu einem *mehr.* Wir hatten zum Ziel eine andere Welt, die noch nirgendwo existierte, aber verheißen war« (Debray 1996: 604).

Die Utopien, die 1968 aufleuchteten, haben ihre Strahlkraft verloren. Auf ihrem Marsch durch die Institutionen sind sie gebogen, gebrochen oder in ihr Gegenteil verzerrt, ausgehöhlt oder aber veralltäglicht worden. Doch die Wahrnehmungsrevolution, die 1968 angestoßen wurde, hat in vielfältiger Weise zur Transformation und Selbstreflexion der Moderne beigetragen. So markiert das Jahr 1968 einen Einschnitt nicht nur im Leben vieler, die damals zwanzig waren, sondern auch in der Zeitgeschichte nach 1945.

In Form einer historischen Collage aus 24 Szenen zeichnet dieses Buch das Jahr nach. Die Szenen führen zurück an die Schauplätze der Proteste, holen zentrale Ereignisse durch die Erzählung zurück, stellen die Protagonisten vor, skizzieren die Handlungskontexte und stellen Interaktionen, Wechselwirkungen, Effekte und langfristige Wirkungen heraus. 1968 war ein globales Phänomen. Die Protestbewegungen, die 1968 kulminierten, waren transnationale Bewegungen, ihre Trägergruppen aufeinander bezogen und weltweit vernetzt. Zwar zeigen die Protestbewegungen in den verschiedenen Ländern jeweils spezifische Verläufe, aber der Protest gegen den Vietnamkrieg war überall ein zentraler Mobilisierungsfaktor.

Allerdings begehrten Studenten, Arbeiter und Intellektuelle 1968 nicht nur in den westlichen Industriegesellschaften auf, sondern auch in sozialistischen Ländern, deshalb bezieht die *Zeitreise* die chinesische Kulturrevolution und den Prager Frühling mit ein. Beide setzten im sozialistischen Lager Zäsuren, strahlten nach Westen aus und trugen, ungeachtet ihres Ausgangs und ihrer Opfer, zur allgemeinen Aufbruchstimmung bei.

Wie jede Reise muß auch diese eine Auswahl der Orte und Schauplätze vornehmen, kann ihr rückholender Blick auf die Vergangenheit nur ein selektiver sein. Die historische Collage (re)konstruiert einen Bilderreigen, akzentuiert, dramatisiert Teile, das Ganze einzufangen vermag und beansprucht sie nicht. Beginnend mit der Tet-Offensive am buddhistischen Neujahrsfest im Januar 1968 folgen die Szenen der Chronologie des Jahres, die Reise endet mit der Schließung des Frankfurter Instituts für Sozialforschung am 31. Januar 1969. Sie bezieht aber auch die Vorgeschichte der Ereignisse ein sowie die retrospektive Einschätzung der Protagonisten. Dabei stehen jene im Mittelpunkt, die eine Autobiographie geschrieben oder sich zu Wort gemeldet, Stellung genommen, in Texten verarbeitet haben, was sie erlebten. Aber auch innerhalb dieses Zirkels nimmt sie nochmals eine Auswahl vor. Sie geht zunächst von denjenigen aus, die als Repräsentanten ihrer nationalen Trägergruppen teilgenommen haben am Internationalen Vietnam-Kongreß in Berlin, der am 17. und 18. Februar 1968 tagte, unmittelbar nach dem Beginn der Tet-Offensive des Vietcong. Sie verfolgt vier von ihnen über die Schauplätze des Jahres: Rudi Dutschke, Tariq Ali, Giangiacomo Feltrinelli und Daniel Cohn-Bendit. Sie bezieht zwei Personen ein, die nicht nach Berlin kamen, aber zeitgleich an einer Strategie der Opposition gegen den Krieg in Vietnam arbeiteten: Bernardine Dohrn und Tom Hayden. Außerdem kommt eine Person zu Wort, die sich nicht zu den Achtundsechzigern rechnet und damals gänzlich abseits stand, da sie in Bolivien im Gefängnis saß: Régis Debray.

Die *Zeitreise* profitiert von den Reflexionen des Dichters, der seismographisch die Zeitenwende begleitete und kommentierte: Hans Magnus Enzensberger, und bezieht, last but not least, auch die Autorin mit ein, die sich auf die historische Spurensuche begab, um zu erkunden, was die Protagonisten antrieb, die glaubten, »etwas stünde bevor, etwas von uns zu Erfindendes«. In weiteren Rollen wirken viele mit: u. a. Charles de Gaulle, Hannah Arendt, Fidel Castro, Peter Handke und Mao Tse-tung. Die Autorin weiß, daß das Jahr 1968 sich nicht Bahn gebrochen hätte ohne die Mitwirkung der vielen anderen, die in diesem Buch nur am Rande oder gar nicht Genannten. Was die Zeitgeschichte benötigt, sind »ein, zwei, viele (weitere) Autobiographien«, Memoiren, Tagebücher und Briefe sowie mehr »Zeit, um zu begreifen«. Die Kinder des 21. Jahrhunderts werden »das Jahr 1968 so lernen wie wir das Jahr 1848«, schrieb Hannah Arendt im Juni 1968 an Karl Jaspers (Arendt/Jaspers: 617). Deshalb: 2008 – »Ce n'est qu'un début«.

1. »Tet«: Die Offensive des Vietcong

Saigon, 30. Januar 1968: Rauchwolken schweben über der Stadt. Seit Mitternacht wird auf Straßen und Plätzen gekämpft. Die nordvietnamesische Armee und die Nationale Front für die Befreiung Südvietnams (FNL), die Guerilla-Organisation Vietcong, stürmen Regierungs- und Verwaltungsgebäude und greifen Militärstützpunkte an. Die Waffenruhe des buddhistischen Neujahrsfestes »Tet«, das in Vietnam am 30. und 31. Januar gefeiert wird, ist durchbrochen. Ziel des Überraschungscoups ist es, einen Volksaufstand zu entfachen, der zum Sturz der südvietnamesischen Regierung führt. Nicht nur in Saigon, sondern im ganzen Land rücken die Truppen vor. Sie nehmen die alte Kaiserstadt Huê ein, greifen nahezu alle Provinz- und Distrikthauptstädte an und verstärken die seit Mitte Januar geführte Schlacht um Khe Sanh, das Basislager der amerikanischen Marinestreitkräfte an der Grenze zu Laos. Die Tet-Offensive dringt in alle Landesteile vor und macht auch vor dem amerikanischen Botschaftsgelände nicht halt. Neunzehn Vietcong-Soldaten sprengen ein Loch in den Zaun, der das Gebäude umgibt. Sechs Stunden währen die Kämpfe. Am Ende finden alle Vietcong-Soldaten den Tod. Der Volksaufstand bleibt aus. Aber etwas ist in Bewegung geraten. Erschüttert worden ist die Vorstellung, daß es, wie die amerikanische Militärführung stets versichert hat, Licht am Ende des Tunnels gibt.

Seit vier Jahren währt der Krieg in Vietnam 1968, ein Krieg, der niemals erklärt wurde. Der amerikanische Kongreß hat am 7. August 1964 lediglich eine Resolution verabschiedet, die Präsident Lyndon B. Johnson ermächtigte, als Oberbefehlshaber der Armee »alle notwendigen Maßnahmen zu treffen, um jedweden bewaffneten Angriff gegen Seestreitkräfte der USA zurückzuschlagen und weitere Aktionen zu verhindern« (Kutler: 655). Die Resolution kam einer Blankovollmacht gleich. Ihr vorausgegangen waren, wie der Präsident in einer Fernsehansprache darlegte, zwei Angriffe auf US-Zerstörer im

Golf von Tonkin, die nordvietnamesischen Torpedobooten zugeschrieben wurden. Noch am Abend des zweiten Angriffs bombardierten amerikanische Flugzeuge als Vergeltung Ziele in Nordvietnam. Ob ein zweiter Angriff überhaupt stattgefunden hatte, war von Anfang an umstritten. General Vo Nguyen Giap, erfolgreicher Guerillataktiker und Verteidigungsminister Nordvietnams (1954–1980), überzeugte 1995 seinen ehemaligen amerikanischen Amtskollegen Robert McNamara davon, daß es einen solchen nicht gegeben habe. Wenn er sich dessen 1964 sicher gewesen wäre, erklärte McNamara, »hätte es keine Vergeltungsschläge gegen Nordvietnam gegeben« (zit. nach Steininger: 84).

Als die Tet-Offensive beginnt, befinden sich 431 000 US-Soldaten in Vietnam. Ihre Zahl ist 1965/66 schlagartig von 3000 auf 385 000 angewachsen und seither kontinuierlich gestiegen. Sie sind beteiligt am Einsatz »Rolling Thunder«, einer von McNamara angeordneten militärischen Kampagne, die hauptsächlich als Luftkrieg geführt wird. Ihr Ziel ist es, durch Flächenbombardements Druck auf Nordvietnam auszuüben. Das Land soll daran gehindert werden, den Süden kommunistisch zu unterwandern und Unterstützung aus China sowie aus der Sowjetunion zu beziehen (Frankum: 19 f.). Vietnam ist ein Modellfall im Kalten Krieg. Seit dem Rückzug der französischen Kolonialmacht aus Indochina im Jahr 1954 ist das Land entlang des 17. Breitengrades geteilt: in eine kommunistisch orientierte Demokratische Volksrepublik mit der Hauptstadt Hanoi im Norden und eine von den USA unterstützte Republik mit der Hauptstadt Saigon im Süden. Ein Vordringen des Kommunismus nach Südvietnam würde, so die Prämisse der Domino-Theorie der politischen und militärischen Führung in den USA, kommunistische Machtübernahmen auf den Philippinen, in Laos und Indien nach sich ziehen. Südvietnam wird daher als Bollwerk angesehen, das es mit allen Mitteln zu verteidigen gilt. Seit Beginn der Flächenbombardements setzt die amerikanische Armee, die im Vietnamkrieg mehr Bomben abwirft als im Zweiten Weltkrieg, Napalm- und Splitterbomben sowie das Entlaubungsmittel Agent Orange ein.

»Völkermord« nennt die weltweit sich formierende Opposition ge-

gen den Krieg die amerikanische Strategie. Ein Krieg, der ein fernes Volk vernichte, verteidige nicht die Werte der amerikanischen Verfassung, sondern »verhöhne« sie, argumentiert die inneramerikanische Opposition, die sich zunächst außerparlamentarisch formiert und artikuliert. Die »einzige Freiheit«, die der Krieg beschütze, sei die »der Kriegsspieler im Pentagon und im State Departement, in Vietnam mit dem Guerillakrieg und der Strategie der Gegenrevolution zu experimentieren« (Potter: 14). Gegen die Eskalation der Interventionsstrategie haben in den USA zunächst vor allem die Studenten aufbegehrt, die sich von der Einberufung zum Dienst mit der Waffe in Vietnam bedroht sahen und seit Frühjahr 1966 in wachsender Zahl tatsächlich eingezogen wurden. Um ihren Protest auszudrücken, haben sie eine neue Form der politischen Diskussion und Agitation geschaffen: das Teach-in, das den frontalen Stil von Lehrveranstaltungen aufbrechen und durch Information und Debatten politisches Engagement entfachen soll. Erstmals erprobt an der Universität von Michigan in Ann Arbor am 24. März 1965, haben bereits am 15. Mai 1965 122 Colleges gleichzeitig Teach-ins gegen den Vietnamkrieg durchgeführt.
Eine zentrale Organisation für die Proteste im Studentenmilieu sind die Students for a Democratic Society (SDS), die zum Netzwerk einer sich seit Beginn der sechziger Jahre in Großbritannien, Frankreich, Italien und der Bundesrepublik Deutschland formierenden Neuen Linken, New Left, Nouvelle Gauche, Nuova Sinistra, gehören. Durch ihre Kritik am Vietnamkrieg wächst die Zahl ihrer Mitglieder von 2000 (1965) auf 30 000 (1967). Die SDS unterstützen Wehrdienstverweigerer und decken die »Komplizenschaft« zwischen Forschungsinstitutionen und Rüstungsindustrie auf. Um die Ursachen des Konflikts zu erklären und den Protest zu orientieren, hat ihr Sprecher, Paul Potter, auf den Zusammenhang zwischen dem Vietnamkrieg und der Armut und dem Rassismus in den USA hingewiesen. Beide Probleme, so seine These, seien Folgen eines »Systems«. Ohne dieses näher zu benennen, hat er es charakterisiert als ein System, das »anonyme und furchterregende Bürokratien errichtet«, »menschliche Gesichtspunkte hinter dem materiellen Inter-

esse zurücktreten« lasse und »dennoch auf seine Freiheit pocht und sich berufen fühlt, die ganze übrige Welt Mores zu lehren«. Was die amerikanischen SDS dem entgegenzusetzen versuchen, ist, so Potter, eine soziale Bewegung von Leuten, die »bereit sind, ihre Lebensweise zu ändern« und »das System des Bestehenden herauszufordern, die es mit der Veränderung unserer Verhältnisse ernst meinen«. Ihnen komme es darauf an, klarzumachen, daß Amerikas wahre Probleme nicht in Vietnam lägen, sondern in den Vereinigten Staaten selbst. Zu errichten sei eine demokratische und menschliche Gesellschaft, in der »ein Vietnam undenkbar« sei, in der das menschliche Leben etwas gelte, »Spontaneität und Initiative etwas bedeuten« (Potter: 16-18).

Unterstützt werden die Proteste gegen den Vietnamkrieg von der Friedens- und der Bürgerrechtsbewegung. Letztere hat sich parallel zur Eskalation des militärischen Engagements der USA radikalisiert. Seit 1966 widersetzt sich die afroamerikanische Studentenorganisation Student Nonviolent Coordination Committee (SNCC) der militärischen Rekrutierungspraxis unter Verweis auf die Diskriminierung der schwarzen Bevölkerung. Öffentlich werden Einberufungsbefehle verbrannt, die die schwarze Bevölkerung überproportional häufig erhält. Beeinflußt von den Schriften Frantz Fanons und Ernesto Che Guevaras, definieren die afroamerikanischen Studenten die schwarze Bevölkerung aufgrund ihrer kulturellen Unterdrükkung als »Kolonialisierte« innerhalb der USA und sich selbst als Speerspitze der Befreiungsbewegungen der »Dritten Welt« (Carson: 367 f.). In enger Verbindung mit der im Oktober 1966 gegründeten Black Panther Party setzt das SNCC seit Sommer 1967 nicht nur zur Veränderung der Situation in den Ghettos, sondern auch im Rahmen der Antivietnamkriegsopposition auf Konfrontation. »Bringing the war home« (»Den Krieg nach Hause holen«), lautet die Maxime, der auch Teile der amerikanischen SDS folgen.

Die Tet-Offensive bringt den Krieg zunächst in die Städte Südvietnams und damit unmittelbar vor die Kameras der amerikanischen Photographen und Fernsehjournalisten, die dort ihr Quartier aufgeschlagen haben. Der Vietcong erobert nicht nur einen bislang als gesichert geltenden Raum, sondern gewinnt ein Gesicht. Die Bilder bewegen die Öffentlichkeit. Sie zeigen die Kluft zwischen der Kriegsrhetorik der Johnson-Administration und der Wirklichkeit. Sie enthüllen das Grauen des Kriegsalltags, das bislang in der amerikanischen Berichterstattung weitgehend ausgeblendet geblieben ist. Die Kommentare, geschrieben und gesprochen unter dem Eindruck des Schocks über das Vordringen des Vietcong, drücken Verunsicherung und Zweifel daran aus, daß der Krieg noch zu gewinnen ist. Die Zustimmung der Bevölkerung zum Krieg sinkt, die Legitimität schwindet, die Quote der Befürworter fällt bis Ende Februar von 51 auf 32 Prozent. Dem Meinungsumschwung kann sich auch die Politik nicht entziehen. Zwar werden die amerikanischen Truppen in Vietnam in unmittelbarer Reaktion auf die Tet-Offensive zunächst nochmals verstärkt, doch bahnt die politische Führung hinter den Kulissen einen Truppenrückzug und die »Vietnamisierung« des Krieges an: in Zukunft sollen vor allem südvietnamesische Verbände am Boden kämpfen.

Die Tet-Offensive setzt, obwohl es den amerikanischen Truppen an einigen Stellen sofort, an anderen nach Wochen, spätestens aber bis August 1968 gelingt, den Vorstoß zu stoppen, eine Zäsur innerhalb des Vietnamkriegs. 40 000 von 75 000 Vietcong-Soldaten, die die Offensive durchführen, finden den Tod, so daß sie, strategisch gesehen, für die nordvietnamesische Armee und den Vietcong ein Mißerfolg ist. Indes verändern die Offensive und die Berichterstattung darüber die Wahrnehmung des Geschehens sowie die Politik in den USA. Sie leitet eine »partielle Revolution« (Herring) der amerikanischen Außenpolitik ein, ein Überdenken der Ostasienpolitik sowie der Ziele und Grenzen hegemonialer Macht. »Disengagement« fordern die von Präsident Johnson einberufenen »weisen Männer« und setzen damit einen Kontrapunkt zur Forderung der Militärführung, 206 000 zusätzliche Reservisten zu mobilisieren, weil ohne drastische Maßnahmen der Krieg nicht zu gewinnen sei. Senator Eugene McCarthy, der den Krieg schon vor der Tet-Offensive kritisiert hat, tritt offen mit der Forderung nach Beendigung des Bombardements von Nordvietnam auf und profiliert sich damit erfolgreich im Kampf um die Nominierung zum Präsidentschaftskandidaten der Demokratischen Partei. Senator Robert Kennedy, als Justizminister und Berater seines Bruders John F. Kennedy für die Anfänge der Politik der Einmischung in die Geschicke Vietnams mitverantwortlich, tritt im März 1968 mit einem Schuldeingeständnis an die Öffentlichkeit. Auch er fordert, die amerikanische Vietnampolitik zu revidieren, und signalisiert, als Präsidentschaftskandidat der Demokraten ebenfalls zur Verfügung zu stehen. Herausgefordert durch zwei Gegenkandidaten in seiner eigenen Partei, kündigt Präsident Johnson am 31. März 1968 seinen Verzicht auf eine erneute Kandidatur und einen teilweisen Bombenstopp an. Der Einsatz »Rolling Thunder« läuft im Oktober 1968 aus.

Die Zeitschrift *New Left Studies*, das Sprachrohr der amerikanischen SDS, hat die Tet-Offensive durch zwei Photos kommentiert: das eine zeigt amerikanische Marinesoldaten, die in klassischem Hollywoodstil über eine Brücke nach Huê einmarschieren, das andere, wie sie aus der Stadt herausrennen, den Schock des Angriffs in ihren Gesichtern tragend (Sale: 408). Mit der Tet-Offensive schreibt sich, so Tom Hayden, eine neue Idee in das Bewußtsein der amerikanischen SDS ein, die Vorstellung, daß es einer radikalen Minderheit möglich ist, sich gegen eine Großmacht zu behaupten. Hayden, obwohl er sein Studium bereits beendet hat, eine Symbolfigur der SDS, hat sich seit 1964 gegen den Krieg engagiert. Schon 1965 ist er nach Nordvietnam geflogen, um sich vor Ort ein Bild vom Kriegsgeschehen zu machen und den Vietcong in Augenschein zu nehmen, der, so sein Eindruck, in den amerikanischen Medien stets nur als gesichtsloser Gegner erscheint. Worauf es ihm ankommt, ist, den Krieg aus der Sicht der Opfer zu sehen und der Öffentlichkeit diese Perspektive zu vermitteln, um eine Identifikation mit der leidenden vietnamesischen Bevölkerung herbeizuführen. »We are all Viet Cong«, spitzt die US-Presse seine Position zu (Miller: 280).

Daß er selbst mit der Guerillastrategie sympathisierte, hat Hayden im Herbst 1967, kurz vor seinem zweiten Besuch in Nordvietnam, eingeräumt. Die Gewalt in den Straßen von Newark, dem schwarzen Ghetto vor den Toren New Yorks, in dem er seit 1964 Sozialarbeit leistet, hat ihn davon überzeugt, »daß die Bedingungen für eine amerikanische Form der Guerilla-Kriegsführung in den Slums geschaffen worden sind«. Die einzige »rationale Alternative« zur Strategie der Konfrontation ist, aus Sicht Haydens, Robert Kennedy. Bereits Ende 1967 hat er eine Einladung zu einem Gespräch mit Kennedy erhalten, nach der Tet-Offensive sucht dieser erneut den Kontakt. Mit der Vorbereitung von Protestaktionen beschäftigt, die den Nominierungs-Parteitag der Demokraten in Chicago im August 1968 stören sollen, nimmt Hayden das Gesprächsangebot an. Mißtrauen und vehemente Kritik schlägt ihm aus den Reihen der SDS entgegen. Wie Kennedy ist Hayden irischer Abstammung und katholisch erzogen, sie teilen ein leidenschaftliches Interesse an den Büchern Albert Camus'. Hayden fühlt sich zu dem jungen, kämpferischen, temperamentvollen, existentialistischen Politiker hingezogen. Kennedy bezieht ihn ein in den Prozeß der Revision seiner Haltung zum Vietnamkrieg und zitiert in seinen Reden Gedanken, Bilder und Begriffe des *Port Huron Statements*, des Programms der SDS, an dessen Entstehung Hayden federführend mitgewirkt hat (Hayden 1988: 264 f.). Tom Hayden ist gespalten. Er gibt das Denken in Kategorien des Guerillakampfes nicht auf, sieht und verfolgt aber zugleich die Chance, über Kennedy die Vietnampolitik der Demokratischen Partei zu verändern und es so, wie er notiert, »für den nächsten Präsidenten unmöglich zu machen, gewählt zu werden, ohne zuvor der Beendigung des Krieges zugestimmt zu haben« (Hayden 1988: 206).

Zur Sprecherin des Konfrontationskurses innerhalb der SDS avanciert Bernardine Dohrn, 26, eine Juristin, die nach Abschluß der Law School in Chicago 1967 ihren Plan, Rechtsanwältin zu werden, aufgegeben hat, um sich ausschließlich der Aufgabe zu widmen, Jura-Studenten dazu zu bewegen, sich der Opposition gegen den Vietnamkrieg anzuschließen und ihr Wissen den Kriegsdienstverweigerern zur Verfügung zu stellen. Dohrn gilt als exzellente Organisatorin und überzeugende Rednerin, und sie ist schön und sexy. Von weit her reisen junge Männer an, um sie reden zu hören und zu sehen. Ihr Vater, Bernard Ohnstein, ist ein ungarischer Jude, ihre Mutter

Schwedin. Aufgewachsen in Milwaukee, hat Bernardine Dohrn sich zunächst der Bürgerrechtsbewegung Martin Luther Kings angeschlossen, bevor sie zu den SDS und damit zur New Left gestoßen ist. Sie hat am SDS-Projekt JOIN (Job and Income Now) mitgewirkt, das schwarze und weiße arbeitslose Arbeiter in Chicago zu einer »rassenübergreifenden Bewegung der Armen« zu organisieren versucht. Seit Anfang 1968 arbeitet sie für die Lawyers Guild in New York. Sie ist Sprecherin der New Yorker SDS und Repräsentantin einer Frauengruppe, die Frauenbefreiung in den Begriffen der Imperialismus- und Ausbeutungstheorie erklärt. Als die Tet-Offensive rollt, ist sie mit der Planung einer Kampagne beschäftigt, die im April 1968 unter der Parole: »Zehn Tage zur Erschütterung des Imperiums« gestartet werden soll. Die Kampagne definiert die Strategie des »zivilen Ungehorsams« neu. Sie will ein Zeichen setzen, um vom »Protest zum Widerstand« überzugehen, soll heißen: beispielsweise nicht länger gegen Militärinstitutionen auf dem Campus zu protestieren, sondern sie zu attackieren. Man überlegt, bei Protestmärschen von Straße zu Straße zu ziehen und Autos in Brand zu setzen (Hayden 1988: 283). Ausgewählt für die »Ten Days«-Kampagne werden Ziele auf dem und außerhalb des Campus. Unter der Parole »Vom Protest zum Widerstand« steht auch der Internationale Vietnam-Kongreß in Berlin.

2. »Ho, Ho, Ho Chi Minh«: Das Netzwerk der Vietnamkriegsgegner

Berlin, 17./18. Februar: »Ho, Ho, Ho Chi Minh«, hallt es durch Berlin. Mit Hochrufen auf den Präsidenten der Demokratischen Volksrepublik Vietnam und brausendem Beifall, der in lang anhaltendes rhythmisches Klatschen übergeht, kommentieren 3000 Teilnehmerinnen und Teilnehmer des Internationalen Vietnam-Kongresses in Berlin jede Meldung neuer Siege des Vietcong, die über Mikrophon verkündet werden. Im westlichen Teil Berlins, der »Hauptstadt des Kalten Krieges« (Tariq Ali), hat der Sozialistische Deutsche Studentenbund (SDS), der dieselben Initialen wie die Students for a Democratic Society trägt, Studierende und Jugendliche aus aller Welt eingeladen, die Opposition gegen den Krieg in Vietnam zu unterstützen und zu verstärken. Allein aus Frankreich sind 300 Vertreter linksradikaler, »gauchistischer« Gruppen angereist, unter ihnen Alain Krivine von der trotzkistischen Gruppe Jeunesse Communistes Révolutionnaires (JCR) und Daniel Cohn-Bendit von der anarchistischen Gruppe Liaison Étudiants Anarchistes (LEA). Aus Großbritannien sind Tariq Ali und Robin Blackburn von der Vietnam Solidarity Campaign und der britischen New Left gekommen, aus Italien der Verleger Giangiacomo Feltrinelli als Vertreter der linkssozialistischen PSIUP (Partito socialista italiano di unità proletaria).

Einige von ihnen, wie beispielsweise Ali, sind seit Jahren gegen den Krieg engagiert. Ali hat als Sprecher des Studentenverbandes bereits 1965 die ersten Teach-ins in Oxford organisiert. Er hat an einer Debatte über den Vietnamkrieg zwischen Oxford und Harvard teilgenommen, die vor Fernsehkameras ausgetragen worden ist. Als Verteidiger der Contra-Position hat er gegen Henry Kissinger argumentiert und mit dazu beigetragen, daß Oxford gegen Harvard, das die Pro-Position vertrat, gewann. Er hat 1967 Nordvietnam bereist und unterhält persönliche Kontakte zu den amerikanischen SDS.

Wenn nötig, »die Welt auf den Kopf zu stellen, um den Vietnamesen zu helfen, die US-Amerikaner aus ihrem Lande zu jagen«, hat Ali sich vorgenommen (Ali: 77). Dies gilt auch für Giangiacomo Feltrinelli.

Feltrinelli hat daher aus Italien – versteckt unter der Rückbank seines Autos – zahlreiche Dynamitstangen mitgebracht. Er fährt damit am Vorabend des Kongresses vor der Wohnung Rudi Dutschkes vor, des Sprechers des antiautoritären Flügels innerhalb des SDS. Feltrinelli schlägt vor, Sabotageakte gegen US-Schiffe vorzunehmen, die von deutschen Häfen aus Waffen nach Vietnam transportieren. Das Dynamit wird in den Kinderwagen von Hosea Che, des Sohns Dutschkes, gepackt und in einem Haus in einer Villengegend deponiert (Dutschke-Klotz 1996: 180). Feltrinelli, geb. 1926 und damit vierzehn Jahre älter als Dutschke sowie 17 Jahre älter als Ali, entstammt einer der reichsten Familien Italiens. Als Verleger prägt er seit Ende der fünfziger Jahre den Diskurs der Linken in Italien entscheidend mit. Die Veröffentlichung von Boris Pasternaks *Doktor Schiwago* im Jahr 1957 hat zu seinem Ausschluß aus der Kommunistischen Partei Italiens geführt, der er seit 1945 angehört hatte.

1959 ist er erstmals nach Kuba aufgebrochen. Feltrinelli hat versucht, Castro zu einer Autobiographie zu überreden. Im Januar 1968 verbrachte er erneut drei Wochen auf Kuba, um an einem Kulturkongreß teilzunehmen, der von 400 Schriftstellern, Künstlern und Intellektuellen, darunter Hans Magnus Enzensberger aus der Bundesrepublik und Tom Hayden aus den USA, besucht worden ist. Sie haben eine Resolution verabschiedet, in der sie konstatieren, daß »sich ein Typ Mensch durchsetzen wird, der seine Arbeitskraft nicht länger als Ware verkaufen wird, der mit wachem Bewußtsein für die Gesellschaft arbeiten wird, der Arbeit als Berufung ansehen wird« (Tricontinental 1968: No. 4/5, 87). Sie haben zudem unterstrichen, daß sich die kolonial oder neokolonial unterdrückten Völker Afrikas, Asiens und Lateinamerikas nur durch den »bewaffneten Kampf« befreien können.

Feltrinelli hat noch auf Kuba einen Artikel mit dem Titel »Guerilla und revolutionäre Politik« geschrieben, in dem er auch mit Blick auf

Italien für den »systematischen und progressiven Einsatz der Gegengewalt« plädiert. Die »politische Guerilla«, die ihm vorschwebt, soll »sich als grundlegendes Element im gegenwärtigen italienischen Proletariat behaupten und gegen die Klassenmacht und die autoritäre Involution des Systems gerichtet sein«. Er hält dabei eine »inhaltliche Zuspitzung der Aktionen auf exemplarische Ziele« für erforderlich. Mit Castro zusammengetroffen ist er nicht. Aus der Sicht seines Begleiters, Enrico Filippini, sprach Feltrinelli ein Spanisch, das nur Italiener verstehen konnten, habe den Kubanern in seinen Reden aber zu verstehen gegeben, daß seine Aufgabe als europäischer Verleger erledigt sei und er nur noch als antimperialistischer Kämpfer verstanden werden wolle (Feltrinelli: 331 ff.).
Unmittelbar nach dem Kulturkongreß hat auch Enzensberger, geb. 1929, der als einziger bundesdeutscher Schriftsteller in Havanna war, mit einer Handlung und einer Erklärung überrascht. Er gab ein Stipendium der Wesleyan University, das er als Fellow am Center for Advanced Studies bis dahin wahrgenommen hatte, zurück. Er begründete diesen Entschluß einen Tag nach Beginn der Tet-Offensive, am 31. Januar 1968, in einem offenen Brief an den Präsidenten der Wesleyan-Universität damit, daß er »die Klasse, welche in den Vereinigten Staaten von Amerika an der Herrschaft ist, und die Regierung, welche die Geschäfte dieser Klasse führt, für gemeingefährlich« halte. Liege diese doch mit über einer Milliarde Menschen in einem unerklärten Krieg, der mit allen Mitteln geführt werde: »vom Ausrottungs-Bombardement bis zu den ausgefeiltesten Techniken der Bewußtseins-Manipulation«. Enzensberger sah durch die Annahme des Stipendiums seine Glaubwürdigkeit verloren und dem, was er zu sagen habe, »die Spitze« abgebrochen. Er kündigte für den Herbst einen längeren Aufenthalt auf Kuba an, wo er von größerem Nutzen sein könne als an der Wesleyan-Universität und wo er auch lernen könne. Als Leitmaxime in dieser Situation zog er einen Ratschlag des französischen Philosophen Régis Debray heran, der lautet: »Um einen Intellektuellen zu beurteilen, genügt es nicht, seine Gedanken zu prüfen: was den Ausschlag gibt, ist die Beziehung zwischen dem, was er denkt, und dem, was er tut.« (Enzensberger 1970a: 233-238).

Die Einheit von Denken und Handeln, die Enzensberger beschwört, treibt auch die Teilnehmer des Internationalen Vietnam-Kongresses um. »Sieg der vietnamesischen Revolution. Die Pflicht jedes Revolutionärs ist es, die Revolution zu machen« ist in Großbuchstaben auf einem roten Fahnentuch zu lesen, das auf der Bühne des Auditorium Maximum der Technischen Universität in Berlin angebracht ist. Die Maxime ist der Abschlußerklärung der OLAS-Konferenz entlehnt, einer Solidaritätsorganisation der Länder Lateinamerikas, die im August 1967 in Havanna zusammengetroffen ist, um die Aktionen der lateinamerikanischen Befreiungsbewegungen zu koordinieren. Neben Fidel Castro und Ernesto Che Guevara gehört der chilenische Senatspräsident Salvador Allende zu den Initiatoren der OLAS. Sein Neffe, der Schriftsteller Gaston Salvatore, Student an der Freien Universität und enger Freund Rudi Dutschkes, hat unter dem roten Fahnentuch Platz genommen, als der Kongreß beginnt. Gemeinsam mit Dutschke hat er Texte Che Guevaras, auf dessen Guerillastrategie die OLAS sich beruft, ins Deutsche übersetzt. Guevara weist der Guerilla, als Landguerilla konzipiert, die Rolle der Avantgarde im Befreiungskampf Lateinamerikas zu. Er lehnt die Unterordnung der Guerilla unter eine Partei und das Überstülpen einer Partei über die Guerilla gleichermaßen ab. Seine Konzeption, gegen die kommunistischen Parteien Lateinamerikas und die marxistisch-leninistischen Splittergruppen gerichtet, zielt ab auf die Verbreitung und Vervielfachung von Guerillagruppen in Bolivien – wo er ab November 1966 mit der Errichtung von Stützpunkten (Foci) begonnen hat – und über die Grenzen Boliviens hinaus (Debray 1974: 83-88). Es ist ein Projekt, das die Zukunft in die Gegenwart hineinzuholen sucht, indem es einer kleinen revolutionären Minderheit die Möglichkeit zuschreibt, sich durch Zellteilung bis zum letzten Aufstand zu reproduzieren, um einen Kontinent von 300 Millionen Einwohnern sukzessive zu befreien (Debray 1975: 136). Guevaras Strategie setzt auf »Bewußtsein«, »Wille«, »Pflicht« und mithin auf einen Voluntarismus, der sich mit der Vorstellung verbindet, Geschichte sei machbar und die »andere« Gesellschaftsordnung könne auch dann schon hergestellt werden, wenn die notwendigen objektiven Bedingungen noch nicht vorhanden sind.

Guevaras bolivianischer Kampf ist gescheitert. Spezialeinheiten der Armee, unterstützt von Antiguerilla-Experten aus den USA, haben die am Ende nur noch zwölfköpfige Gruppe um Guevara aufgerieben und ihn am 9. Oktober 1967 getötet. Der Mythos lebt jedoch weiter. Die Tet-Offensive des Vietcong wird als Beweis dafür angesehen, daß das Unmögliche möglich ist, daß eine radikale Minderheit eine Großmacht besiegen kann. Solidarität mit dem Vietcong und mit Ho Chi Minh bündelt und verdichtet sich in dem Ruf: »Ho, Ho, Ho Chi Minh«. Euphorie und Pathos vermischen sich, wenn Dutschke erklärt: »Wir haben eine historisch offene Möglichkeit. Es hängt primär von unserem Willen ab, wie diese Periode der Geschichte enden wird« (Dutschke 1980: 120). Dutschke folgert am Ende seiner Rede, daß die »wirkliche revolutionäre Solidarität mit der vietnamesischen Revolution [...] in der aktuellen Schwächung und der prozessualen Umwälzung der Zentren des Imperialismus« bestehe (Dutschke 1980: 121). Er setzt sich damit für Strategien ein, die das afroamerikanische SNCC und die amerikanischen SDS vorgezeichnet haben. Er argumentiert entlang den Maximen, »den Krieg nach Hause [zu] bringen« und »Protest in Widerstand« zu überführen. Ein Weg zur Realisierung liegt für ihn darin, die antiautoritäre Strategie zu beschleunigen, die die Widersprüche innerhalb des kapitalistischen Systems sichtbar mache. In der Schlußresolution des Kongresses heißt es: »Die militärische Zusammenarbeit zwischen dem Haupt der kolonialen Konterrevolution, den USA, und den westeuropäischen Ländern muß zerbrochen, ihre Agentur, die NATO, muß zerschlagen werden.« In den Großstädten Westeuropas soll eine »zweite revolutionäre Front« entstehen. Aufgerufen wird zum »aktiven Widerstand« beispielsweise durch materielle Unterstützung des bewaffneten Befreiungskampfes der FNL, durch Aufklärungsaktionen unter den GIs oder durch Verschärfung der spätkapitalistischen Widersprüche im »Kampf um revolutionäre Lösungen in Betrieben, Büros, Universitäten und Schulen« (SDS-Westberlin/INFI: 159).

Die antiautoritäre Strategie setzt auf das Prinzip der »begrenzten Regelverletzung«, auf provokative Aktionen im Grenzbereich von

Legalität und Illegalität. Angedacht und debattiert worden ist im Vorfeld des Kongresses, die Abschlußkundgebung an der amerikanischen McNair-Kaserne vorbeizuführen, wo eine Gruppe afro-amerikanischer Soldaten, die sich zu den Black Panthers zählen, sich dem Zug anschließen wollen. Die Militärpolizei hat von den Plänen erfahren, die geplante Aktion der schwarzen Soldaten als Meuterei definiert und die Demonstration, gestützt auf das Besatzungsstatut, verboten. Sie hat den Berliner Senat davon in Kenntnis gesetzt, daß man Schußwaffen einsetzen werde, wenn die Studenten sich nicht an die Anordnung halten sollten. Der Bischof der evangelischen Kirche, Kurt Scharf, der Schriftsteller Günter Grass, der Komponist Hans Werner Henze und der Theologieprofessor Martin Fischer haben sich beim Regierenden Bürgermeister von Berlin, Klaus Schütz, dafür eingesetzt, das Demonstrationsverbot rückgängig zu machen, und einen Kompromißvorschlag unterbreitet. Er sieht vor, die Kundgebung durchzuführen, aber das amerikanische Viertel nicht zu betreten und damit die Konfrontation zu meiden. Schütz hat die Rücknahme des Demonstrationsverbotes und den Kompromißvorschlag abgelehnt. Ein dem SDS nahestehender Rechtsanwalt und der Justitiar der evangelischen Kirche haben daraufhin eine einstweilige Verfügung gegen das Verbot beantragt. Die Entscheidung des Gerichts über diesen Antrag steht noch aus, als der Kongreß eröffnet wird.

Offen ist ebenfalls die Entscheidung des SDS. Was tun, wenn die Demonstration verboten bleibt? Was tun, wenn sie erlaubt, aber eingeschränkt wird? Wider den Stachel löcken und die Demonstrationsroute brechen? »Die Pflicht eines Revolutionärs ist es, die Revolution zu machen« lautet das Motto der Veranstaltung. Die Erwartungen der internationalen Gruppen im Spektrum der Neuen Linken sind gespannt. »Papiertiger« haben SDS-Mitglieder, darunter Gaston Salvatore, die Schriftstellervereinigung Gruppe 47 im Vorjahr genannt. Etwas, das ist klar, muß passieren. Aber was? Der Reigen der Reden ist endlos, und viele Zuhörer haben die Nacht zuvor kaum geschlafen. Daniel Bensaïd hat mit seiner trotzkistischen Gruppe 24 Stunden gebraucht, um von Paris nach Berlin zu kommen. Sie haben in einer Turnhalle übernachtet, bevor sie ins Audi-Max der TU gekommen sind, wo nach der Lesung endloser Solidaritätsadressen Tariq Ali von der Vietnam Solidarity Campaign spricht. Ali negiert die Gewalt, aber die doppelte Negation schlägt in Affirmation um, wenn er erklärt: »Ich sage nicht, wir sollten nicht das häßliche amerikanische Konsulat niederbrennen noch ihre Flugzeuge in die Luft jagen. So was hat zwar brauchbaren propagandistischen Wert, aber der Hauptkampf gilt dem System des Kapitalismus, mit dessen Hilfe die USA die Vorherrschaft über weite Teile der Welt aufrechterhalten. Dieses System muß vollständig zerschmettert werden.« (SDS-Westberlin/INFI: 38)

Bensaïd erinnert sich 39 Jahre später nicht mehr an die Reden, die auf dem Kongreß gehalten worden sind. Aber ein Bild ist in seiner Erinnerung haftengeblieben: Rudi Dutschke, der in einer Lederjacke an einer Tafel steht, die Demonstrationsroute erklärt und dabei Punkte markiert. »Was für Punkte«, fragt die Zeithistorikerin Bensaïd bei einem Zusammentreffen an der FU. »Punkte, an denen es zu Zusammenstößen kommen würde.« »Welcher Art?« fragt sie nach. Na, das sei doch klar, antwortet Bensaïd, »Zusammenstöße mit rechtsradikalen Gruppen«. Ausgerüstet mit Fahrradhelmen und Stöcken für eventuelle Schlägereien, waren sie 1968 nach Berlin gekommen. Ob alle Franzosen Deutsch verstanden hätten, interessiert die Historikerin. »Nein«, lautet die Antwort, aber dies sei auch nicht notwendig gewesen. Man habe Dutschke trotzdem verstanden. Die Beschreibung der Wirkung Dutschkes jenseits seiner Sprache ist ihr vertraut. Ein Soziologieprofessor, Experte für die postindustrielle Gesellschaft, hat ihr von Dutschkes Charisma berichtet und auf die Nachfrage, was denn so »charismatisch« an Dutschke gewesen sei, erklärt: »die Art, wie er zur Bühne ging, seine Lederjacke auszog und das Mikrophon ergriff«. Auch auf dem Vietnam-Kongreß verfehlte Dutschkes Ausstrahlung ihre Wirkung nicht: die Strategie der »begrenzten Regelverletzung«, die er propagiert, wird von Alain Krivine und Daniel Bensaïd in »stratégie escalade provocation« übersetzt und nach Frankreich überführt.

Dutschke und der antiautoritäre Flügel des SDS unterstützen die

Desertierungskampagne der afro-amerikanischen Studentenorganisation SNCC und der amerikanischen SDS. Die Zahl der Deserteure ist hoch. Sie liegt während des gesamten Krieges bei 73,5 von 1000 Soldaten (Frost: 157). Mit stehenden Ovationen begrüßt der Kongreß zwei schwarze Vietnam-Veteranen, als sie das Podium betreten, um von ihren Erfahrungen in Vietnam und unmittelbar bevorstehenden Unruhen in den USA zu sprechen. »Ich werde nicht nach Vietnam gehen / Denn wo ich lebe ist Vietnam / Verdammt! Ich werde nicht gehen! Verdammt ich werde nicht gehen!« haben sie gesungen, am Ende des Liedes haben sie die Fäuste geballt und einen Beifallssturm von mehreren Minuten ausgelöst (Ali: 190).
Während der Rede von Dutschke wird die Entscheidung des Gerichts bekannt, das die Demonstration genehmigt auf einer Route, die nicht durch das amerikanische Viertel führt. Erich Fried, der als Dichter das Grauen des Vietnamkriegs einzufangen versucht hat, reicht Dutschke einen Zettel. Fried ist nach Berlin gekommen, um den Berliner Studenten, wie er dem Regisseur Peter Zadek erzählt, klarzumachen, daß sie keine Schwarzen sind (Zadek: 454). 1938 vor den Nationalsozialisten von Wien nach London geflohen, erteilt Fried Dutschke, den er anläßlich des Kongresses erstmals trifft, den Rat, die Entscheidung des Gerichts zu akzeptieren und keine provokativen Aktionen zu propagieren. Ob es sein Zettel ist, wie Ali vermutet, oder Gespräche mit Bischof Scharf, wie Gretchen Dutschke-Klotz schreibt, die Dutschke und den antiautoritären Flügel dazu bringen, die »Spielregeln« zu akzeptieren, bleibt offen. Die Demonstrationsroute wird angenommen und eingehalten. In rhythmischen Wellenbewegungen zu den Rufen »Ho, Ho, Ho Chi Minh« und »Wir sind eine kleine, radikale Minderheit« bewegen sich 15 000 Teilnehmer und Teilnehmerinnen durch die Straßen von Berlin. Es ist der Moment, in dem der Soziologe Robin Blackburn erstmals den »Geist von 1968« zu spüren glaubt, ein, wie er später urteilt, »inspirierendes, neues politisches Klima« (Fraser: 180). Es sind nicht nur Studenten, die durch die Straßen ziehen. Auch der Publizist und Journalist Sebastian Haffner marschiert mit. Arm in Arm mit seiner Tochter Sarah und Erich Fried ruft auch er, der präfaschistische

Zeichen in der Bundesrepublik zu erkennen glaubt, »Ho, Ho, Ho Chi Minh« (Haffner: 149). Etwas scheint in Bewegung gekommen zu sein und wirkt langfristig nach.

London, 17. März: Der Erfolg der Abschlußdemonstration in Berlin veranlaßt Tariq Ali, ein vergleichbares Zeichen auch in London zu setzen, wo die Vietnam Solidarity Campaign (VSC) für den 17. März eine Demonstration geplant hat. Bereits in Berlin lädt er dazu ein. In London angekommen, bedrängen ihn die Vertreter des SDS, durchzuführen, was in Berlin unterlassen worden ist, d. h. die Demonstration in eine »begrenzte Regelverletzung« zu überführen. Sie schlagen vor, die amerikanische Botschaft in London zu besetzen. Ali lehnt ab und beruft sich dabei auf das Recht der nationalen Veranstalter, die jeweils richtige Taktik zu bestimmen. Indes, als der Londoner Demonstrationszug sich formiert, marschieren die Vertreter des SDS in zweiter Reihe hinter den Repräsentanten der Vietnam Solidarity Campaign, seitlich flankiert von riesigen Fahnen der FLN. Als die Demonstranten, die nach Schätzung Alis mittlerweile auf 25 000 angewachsen sind, sich dem Grosvenor Square nähern, an dem die amerikanische Botschaft liegt, und sich plötzlich mit einem Aufgebot von Polizisten konfrontiert sehen, vermag Ali die Situation nicht mehr zu kontrollieren. Die Demonstranten besetzen den Platz vor der amerikanischen Botschaft. »Wir waren viele, sie waren wenige«, urteilt er später.

Das Kräfteverhältnis ändert sich, als berittene Polizisten auftauchen. Die Arme ineinanderhakend, leisten die Demonstranten passiven Widerstand, der jedoch angesichts der Umzingelung durch Polizeipferde sowie infolge der Prügel, welche die berittenen Polizisten wahllos austeilen, binnen kurzem in eine gewaltsame Konfrontation umschlägt. Während dieser Auseinandersetzung zeigt sich Alain Krivine, aus Paris angereist und mit solchen Aktionen vertraut, über die Militanz der Demonstranten erstaunt. Nach zweistündiger Auseinandersetzung gibt Ali das Zeichen zum Rückzug. Enttäuscht über diese Entscheidung, übersetzt einer der Demonstranten seine Unzufriedenheit in einen Song, den er »Street fighting Man« nennt: Mick Jagger (Ali: 198-204). Der Text ist weit entfernt davon, die Argumente gegen den Vietnamkrieg zu transportieren, die die Vietnam Solidarity Campaign oder der Internationale Vietnam-Kongreß debattiert haben, vermittelt aber eine Haltung und eine Stimmung, die zum militanten Protest inspirieren. Kein Zweifel, die Zeichen stehen auf Sturm.

Paris, 17. März: Proteste gegen den Vietnamkrieg gibt es am 17. März 1968 auch in Paris. Im Anschluß an die Demonstration gehen die Scheiben einer Filiale der American Express Bank zu Bruch. Ein Student aus Nanterre, Xavier Langlade, wird festgenommen. Er ist Mitglied der trotzkistischen Gruppe JCR und hat teilgenommen am Kongreß in Berlin. Seine Verhaftung entfacht die Solidarisierung der anarchistischen, trotzkistischen und maoistischen Gruppen auf dem Campus von Nanterre und führt zur Formierung der Bewegung des 22. März. Der Name orientiert sich an Fidel Castros Bewegung des 26. Juli. Es ist ein Aktionsbündnis, das, aus der Aktion entstanden, auf weitere Aktionen gerichtet ist. 142 Studierende haben am Abend des 22. März, einem Freitag, den Sitzungssaal des Verwaltungsgebäudes der Reformfakultät Nanterre am Rande von Paris besetzt.

3. Eine »aktive Minderheit«: Die Bewegung des 22. März

Nanterre, 22. März: Unzufriedenheit herrscht schon lange auf dem Campus von Nanterre. Aus Beton, Glas und Stahl errichtet, ist er grau, kalt und kahl. Die Studenten haben gegen die »sexuelle Segregation« und »Repression« in den Wohnheimen aufbegehrt, gegen eine Hausordnung, die Männern den Zugang zum Frauenwohnheim untersagt. Sie haben zu Beginn des akademischen Jahres 1967/68 gegen den Fouchet-Plan gestreikt, der eine Anpassung der Ausbildung an die Erfordernisse von Wirtschaft und Industrie, eine »Industrialisierung der Universität« vorsieht, die Spezialisierung des Studiums auf Kosten der Allgemeinbildung vorantreibt und die Studienzeit reglementiert auf drei bis vier Jahre. Der Streik, zu dem die Studentengewerkschaft Union nationale des étudiants de France (UNEF) aufgerufen hat, ist jedoch nach wenigen Wochen verebbt. Es ist ein Zwischenfall am 8. Januar 1968, der Schlagzeilen gemacht und der Mobilisierung auf dem Campus die Bahn geebnet hat. Selbst die Leser von *Le Monde* sind über den Vorgang informiert worden, der schon bald als »Schwimmbad-Affäre« firmiert.

François Missoffe, der Jugend- und Sportminister, ist an diesem Tag nach Nanterre gekommen, um nach Jahren der Planung und des Baus ein Schwimmbad einzuweihen. Die Zeremonie ist ohne Teilnahme der Studierenden durchgeführt worden. Erst als der Minister das Gebäude verließ, sah er sich mit ihnen konfrontiert. Ein rothaariger Student trat aus der Menge der draußen wartenden Studierenden hervor und ging auf den Minister zu. Der Dekan ging dazwischen, er packte den Studenten am Kragen, um ihn in die Reihen der Zuschauer zurückzuzwingen. Einer Stoffmarionette gleich hat der Student sich abführen lassen, doch durch die Bewegung, die durch den zupackenden Handgriff des Dekans entstand, oder durch Zufall ist der Student unmittelbar vor den Füßen des Ministers zum Stehen gekommen. Ob er ihm Feuer geben könne, sprach er den Minister an.

Der gab es ihm. Ruhig zündete der Student seine Zigarette an, zog daran und blies den Rauch aus, bevor er weitersprach: »Herr Minister, ich habe Ihr Weißbuch über die Jugend gelesen. Auf 300 Seiten gibt es kein einziges Wort über die sexuellen Probleme der Jugendlichen.« Er sei in Nanterre, um den Sport zu fördern, dem die Jugendlichen sich mehr widmen sollten, antwortete der Minister. Aber der Student insistierte: »Warum sprechen Sie nie über Sexualität?« Erregt gab der Minister zu verstehen, daß, wenn er über dieses Thema sprechen wolle, er dies nicht mit einem unverschämten Rothaarigen tun werde. Und er fügte hinzu: »Mit dem Kopf, den Sie haben, kennen Sie sicherlich Probleme dieser Art. Ich kann Ihnen nur dringend raten, ins Schwimmbad zu springen.« Seine Antwort empörte. Sie traf einen jüdischen Studenten, einen deutschen Juden: Daniel Cohn-Bendit. Es war eine Antwort, die, so empfanden es die umstehenden Studenten, zur Hitler-Jugend gepaßt hätte. Cohn-Bendit ist 22 Jahre alt. Geboren im April 1945 als zweiter Sohn des aus Nazi-Deutschland emigrierten Rechtsanwalts Erich Cohn-Bendit, der nach der deutschen Besetzung von Paris mit seiner Frau in Montauban Zuflucht gefunden hat, ist Cohn-Bendit in Deutschland zur Schule gegangen, bevor er in Nanterre mit dem Studium der Soziologie begann. Sein Abitur machte er auf der Odenwaldschule, einem Internat, das, gegründet 1910 im Geist der reformpädagogischen Bewegung, eine antiautoritäre Erziehung propagiert und praktiziert. Durch die »Schwimmbad-Affäre« wurde er in Nanterre in Windeseile bekannt.

Cohn-Bendit ist unter den Besetzern im Verwaltungsgebäude von Nanterre, als sich diese in der Nacht des 22. März zur Bewegung des 22. März zusammenschließen. Zu einer theoretischen Debatte kommt es nicht. Ein ideologischer Konsens hätte keine zehn Minuten gehalten. Daraus zu folgern, die Bewegung hätte kein Programm, wäre jedoch falsch. Sie ist antidogmatisch, das ist ihr Programm. Der oberste Grundsatz lautet, wie Daniel Cohn-Bendit im Gespräch mit Jean-Paul Sartre erklärt, daß »die revolutionäre Kampfeinheit [...] direkt in der Aktion und nicht um eine politische Linie oder Ideologie entsteht« (Cohn-Bendit 1968b: 77). Die Bewegung des 22. März lehnt die leninistische Strategie ab, sie ist antizentralistisch, will als aktive Minderheit zur Aktion treiben, ohne die Führung zu beanspruchen. Auf den Veranstaltungen der Bewegung kann jeder das Wort ergreifen. Kein Vorstandsbeschluß, keine politische Linie, kein Mitgliedszwang hindern ihn daran. Innerhalb der Studentenschaft kommt das an. Auch Serge July, der eine Zeitlang in der kommunistischen Studentenorganisation Union des étudiants communistes de France (UEC) und in der Sektion der UNEF an der Sorbonne mitgewirkt hat, nimmt an den Debatten der Bewegung teil. In ihr gehen Maoisten und Trotzkisten, Anarchisten und »eifrige Leser« der Situationisten ein Bündnis ein. Lediglich die Enragés (die Wütenden), die ihren Namen den Anhängern von Jacques Roux, dem linken Gegenspieler von Robespierre, entliehen haben, machen nicht mit, sondern ziehen sich zurück, weil sie unter den Besetzern Maoisten entdecken, die für sie Stalinisten sind. Die erste Resolution der Bewegung begehrt gegen Unterdrückung auf allen Ebenen auf und stellt fest: »Wir müssen mit Techniken des Protests brechen, mit denen nichts mehr auszurichten ist« (Lebel u.a.: 86 f.). Die Besetzung des Verwaltungsgebäudes ist der erste Versuch, neue Aktionsformen an die Stelle der alten zu setzen.

Mit ihrer Aktion folgt die Bewegung internationalen Vorbildern. Bereits im Januar 1966 haben italienische Soziologiestudenten in Trient ihr Institut besetzt, um gegen die Reduktion des Fachs auf eine Technik zur Lösung sozialer Probleme zu protestieren und statt dessen das Modell einer »kritischen Soziologie« zu propagieren, wie der amerikanische Sozialwissenschaftler C. Wright Mills sie entworfen hat. Vom 11. bis 16. Mai 1966 besetzen die SDS in Chicago erstmals das Verwaltungsgebäude der Universität. Sie markierten mit ihrer Aktion einen Ort, an dem, aus ihrer Sicht, die Fäden zwischen Universität und »militärisch-industriellem Komplex« zusammenliefen: die Ranking-Büros, die, ansässig in den Verwaltungsgebäuden, Einberufungen zum Wehrdienst nach dem Rang der Studenten im Notensystem vornahmen (je schlechter die Noten, desto akuter die Gefahr, einberufen zu werden). Die Besetzung als Ausdruck des Protests verbreitete sich an den amerikanischen Hochschulen schnell und sprang binnen kurzem über den Atlantik zurück.

Im März 1967 wurde in London die London School of Economics (LSE) besetzt. Nachdem Streiks unwirksam geblieben waren, begehrten die Studenten damit gegen die Wahl eines neuen Rektors durch den Verwaltungsrat auf. Nach dem Vorbild der Studenten der Universität von Berkeley begannen sie, in den besetzten Räumen eine Free University zu etablieren, eine Gegenuniversität zur bestehenden Universität, gekennzeichnet durch eine freie Atmosphäre und umstrittene Themen, die in den etablierten Curricula fehlten. Die LSE wurde zur »befreiten Zone« erklärt. Das Experiment dauerte eine Woche. Ende 1967 griffen auch italienische Studenten, zunächst an der katholischen Universität in Mailand und später in Turin, die Aktionsform auf. Dort wurde der Palazzo Campagna, das Zentrum der Geisteswissenschaften, besetzt. Mit der Aktion übten die Studenten radikale Kritik an den Studien- und Lebensbedingungen, aber auch an den Professoren. Vorlesungen wurden gestört. Niemand konnte, so erinnerte sich eine Besetzerin des Palazzo Campagna, ohne unsere Erlaubnis sprechen. Contenance zu bewahren, den Störungen zum Trotz, gelang nicht allen. In der Erinnerung der Besetzer blieben die Momente der Demystifikation von Autorität nachhaltig präsent und prägend. Sie schrieben sich in das kommunikative Gedächtnis ein, das Autoritätskritik und Enthierarchisierung mit dem »Geist von 68« zu verknüpfen begann (Passerini 1996: 69 f.). Von Turin sprang die Welle des Protests nach Neapel über, wo die Fakultät für Ingenieurwesen 56 Tage lang besetzt wurde. »Die ersten zwanzig Tage waren ein einziges Glücksgefühl, und ich übertreibe nicht«, erinnerte sich 1988 ein Akteur. »Alles war mit großer Präzision organisiert; die Leute, die nie zuvor eine Versammlung besucht hatten, blieben nun bis spät in die Nacht hinein. Alle Entscheidungen des Fakultätsrats mußten durch die Studienversammlung bestätigt werden« (Fraser: 167). Es war das Prinzip der »direkten Demokratie«, das die Studentenversammlungen in den besetzten Gebäuden zu realisieren versuchten, begleitet von Ansätzen zum Aufbau einer Gegenuniversität, in Trient »Negative Universität« genannt, die innerhalb der bestehenden Hochschule der Studentenbewegung einen autonomen Raum schaffen sollte (Donolo: 56).

Auch in Nanterre ruft die Bewegung des 22. März noch in der Nacht zur Schaffung einer anderen, einer »Kritischen Universität« auf. Sie soll anläßlich eines »Tages der allseitigen Diskussion« gegründet werden, der für den 29. März 1968 ausgerufen wird. Diskutiert werden soll an diesem Tag über Themen wie »Der Kapitalismus 1968 und die Kämpfe der Arbeiterklasse«, »Der antiimperialistische Kampf«, »Universität und Kritische Universität« etc. »Wir werden«, kündigt die erste Resolution der Gruppe an, »das Gebäude C besetzen, um über diese Probleme in kleinen Gruppen in verschiedenen Hörsälen zu diskutieren.« »Wir werden«, verschärft eine Wandparole den Ton, »nichts fordern, wir werden auch um nichts bitten, wir werden besetzen.« Der Termin muß verschoben werden, da der Dekan, Krawalle fürchtend, die Universität schließen läßt. Als sie ihre Tore am 2. April wieder öffnet, nehmen 1200 Studierende an dem verschobenen »allseitigen Diskussionstag« teil. Gebannt hören sie dem Vorsitzenden des Sozialistischen Deutschen Studentenbundes, KD Wolff, zu, der nach Nanterre eingeladen worden ist, um von der Situation an den deutschen Hochschulen zu berichten, wo seit dem Wintersemester 67/68 das Modell einer »Kritischen Universität« erprobt wird. Dort sollen, dem Vorbild der amerikanischen »Free Universities« folgend, neue, antiautoritäre Formen des Studiums ausprobiert werden, man strebt die Öffnung der Veranstaltungen für Lehrlinge, Arbeiter und Schüler an.

Die Bewegung des 22. März zieht nach. Überzeugt, daß effektive Bewußtseinsbildung unter Studenten nur in Verbindung mit der »wirklich revolutionären Kraft, den Arbeitern«, möglich sei, gründet sie neben der Aktionsgruppe »Kritische Universität« die Kommissionen »Kultur und Kreativität« sowie »Studenten- und Arbeiterkampf«. Letztere legt einen Bericht vor, der mit der Anleitung zur Herstellung eines Molotow-Cocktails schließt: »Le Cocktail Dany (inefficace)« genannt, bestehend aus zwei Dritteln Benzin sowie einem Drittel Sand und Seifenpulver. Als Ulk gedacht, um auf die neuen Eisentüren am Verwaltungsgebäude zu reagieren, welche die Universitätsverwaltung nach der Besetzung des Gebäudes anstelle der ehemaligen Holztüren hat montieren lassen, erzielt das Rezept ungeahnte Wirkung. Der Fakultätsrat beschließt noch am gleichen Tag, eine universitäre Sicherheitspolizei zu schaffen, und erklärt alle nicht überdachten Flächen der Universität zu öffentlichen Wegen, so daß der Polizei der direkte Zugang zum Gelände der Hochschule möglich wird. Am 27. März wird Daniel Cohn-Bendit festgenommen. Er wird angeklagt, an Ausschreitungen gegenüber Studenten der rechtsradikalen Studentenorganisation Fédération nationale des étudiants de France (FNEF) beteiligt gewesen sowie für die Anleitung zur Herstellung eines (unwirksamen) Molotowcocktails verantwortlich zu sein, der schließlich seinen Namen trage. Die überraschende Festnahme mobilisiert die Studenten und lenkt die Aufmerksamkeit der Presse auf Cohn-Bendit, so daß er aus der bisher führerlosen Bewegung herausgehoben und zum »Anführer« erklärt wird.

4. Die chinesische Kulturrevolution strahlt nach Westen

»Wir haben recht, uns aufzulehnen«: Mit dem Begriff »befreite Gebiete« knüpfen die Besetzer in den USA, in Großbritannien oder Italien an einen Terminus Mao Tse-tungs an. China unter Mao ist, insbesondere seit Ausbruch der Kulturrevolution, eine Referenz für zahlreiche Gruppen der Neuen Linken weltweit. Die Mao-Bibel, eine Sammlung von Zitaten und Reden des Vorsitzenden der Kommunistischen Partei Chinas, herausgegeben 1966 von seinem Mitstreiter Lin Piao, avanciert zum Kultbuch, das sich 1968 in Paris binnen kurzem hunderttausendmal verkauft. »Maos rote Garden« werden die Studenten und Studentinnen genannt, die in Paris, Chicago, Mailand oder Berlin mit dem kleinen roten Buch in der Hand ihr Anderssein, ihren Dissens, ihre Revolte gegen das Establishment demonstrieren. Die Bilder einer in Peking sowie in den Hauptstädten der westlichen Welt gleichzeitig aufbegehrenden Jugend mögen sich gleichen, vergleichbar sind die Proteste nicht. Die chinesische Kulturrevolution, die 1968 bereits seit eineinhalb Jahren tobt, ist ein gewaltsam ausgetragener Machtkampf innerhalb der KP. Die Proteste der Studenten und Jugendlichen, die in Peking im August 1966 den Auftakt zur Kulturrevolution setzten, indem sie Lehrer, Professoren, Dozenten und Schriftsteller verbal und physisch angriffen, Privathäuser und Bibliotheken stürmten und Bücher verbrannten, waren gelenkt. Die Rebellen reagierten auf Maos Initiative, ermutigt durch ein Dekret, das ihre Examina für sechs Monate verschob und ankündigte, das gesamte Bildungssystem neu zu strukturieren. Die Studierenden wurden eingesetzt, um, wie es hieß, die »alte Kultur«, geprägt von den Ausbeuterklassen der letzten Jahrhunderte, abzuschaffen.

Von Mao und ihm ergebenen Parteiführern in Peking unterstützt, bildeten sich Rote-Garde-Gruppen an nahezu allen Universitäten. Mit den Parolen: »Wir haben recht, uns aufzulehnen« und »Destruktion vor Konstruktion« zogen sie durch die Straßen der Städte und über Land, bereit und entschlossen, »alle Geister und Monster« zu vertreiben. In Peking nahm Mao, 72 Jahre alt, die Parade einer Million Jugendlicher ab, die ihn als »großen Führer« und »großen Lehrer« titulierten. Beides, die Gegenwart des alternden Mao sowie die Energie der rebellierenden Jugend, festgehalten in Bildern und Filmen, trug die Botschaft eines Aufbruchs in China um die Welt. Aufgebrochen werden sollten Klassenstrukturen, die innerhalb der sozialistischen Gesellschaft infolge der Privilegierung der Parteikader entstanden waren. In China hatten sich, so Maos Diagnose, neue bürgerliche Elemente herausgebildet. Diese versuchten, obwohl die Bourgeoisie überwunden war, immer noch an »alten Ideen« und »alter Kultur« festzuhalten sowie »Sitten und Gewohnheiten der ausbeutenden Klasse zu benutzen, um die Massen zu korrumpieren und ihr Denken gefangenzuhalten« (Meissner: 319). Unter »alten Ideen« wurden alle nicht mit Mao Tse-tungs Gedanken konformen Ideen subsumiert. Dem Verhalten von Individuen und Gruppen wurde eine größere Bedeutung zugeschrieben als ihrer Herkunft. Die Theorie, daß alles vom Klassenstatus abhänge, wurde verworfen. Angestrebt wurde eine Aufhebung der neuen Klassenbildung durch eine Revolution »von unten«. Vorübergehend funktionierte die Parteiorganisation nur noch auf der lokalen Ebene (Schram: 171 f.). Nationale und regionale Repräsentanten, angeklagt als »Konterrevolutionäre« oder »Führungspersonen, die den kapitalistischen Weg« eingeschlagen hätten, wurden ihres Amtes enthoben, zur öffentlichen Selbstkritik gezwungen, verbannt oder getötet.

Die Angriffe auf den Parteiapparat und auf Autorität jeder Art erlangten eine Eigendynamik, die vom »Großen Steuermann« Mao nicht vorausbedacht oder eingeplant war. Der Protest, von Peking in die Provinz getragen, führte beispielsweise in Schanghai Ende 1966 zur Errichtung einer »Kommune«, die die Monopolisierung der politischen Macht durch die Kommunistische Partei Chinas anklagte, sich auf das Modell der Pariser Kommune (1870/71) berief und direkte Demokratie zu praktizieren begann. Es waren junge, unqualifizierte Arbeiter mit Zeitverträgen, zumeist aus dem Umland von Schanghai, die, am untersten Existenzminimum lebend, die Revolte anführten. Sie organisierten sich im Hauptquartier der Arbeiter von Schanghai. Gemeinsam mit Vertretern der Kulturrevolution in Peking riefen sie für den 6. Januar 1967 zu einer Massenversammlung auf, zu der eine Million Menschen kamen. Vor laufenden Filmkameras enthoben sie den Bürgermeister von Schanghai und zahlreiche höhere Parteifunktionäre ihrer Ämter. Mao war verstört. Alle »Köpfe« abzuschaffen, wie die Kommune von Schanghai forderte, kam, aus seiner Sicht, der Anarchie gleich. Er erklärte den extremen Anarchismus der Kommune von Schanghai für reaktionär und fügte hinzu: »In der Wirklichkeit wird es immer Köpfe geben« (Meissner: 331). Um die Dynamik zu stoppen, die der kulturrevolutionäre Funke ausgelöst hatte, setzte er die Armee gegen die, wie er es nannte, linksradikalen Kräfte sowie die Parteibürokratie ein. Die militärische Intervention führte im Sommer 1967 zu einer Eskalation der Gewalt in den Machtkämpfen um Wege und Ziele der Kulturrevolution. Indes, die Kulturrevolution ging weiter. Armeeangehörige ersetzten die ihrer Ämter enthobenen Kader (Chang: 552). Mao gab die Parolen aus: »Alles bezweifeln und umstürzen ist konterrevolutionär« und »Verbale Kritik ist konterrevolutionär«. Zum Stoppen brachte er damit den revolutionären Prozeß jedoch zunächst noch nicht.

Kulturell gleicht China 1968 einer Wüste: Es gibt keine Bücher, keine Zeitschriften, keine Filme, keine Theaterstücke, keine Opernaufführungen, keine leichte Musik im Radio. Alles, von alten konfuzianischen Texten bis hin zu neuen Schallplatten mit Symphonien Beethovens, ist im Mülleimer gelandet (Meissner: 321). Zur Unterhaltung gibt es nur Mao-Gedanken-Propaganda-Teams, die Mao-Zitate zu lärmender Musik singen und dabei, militärisch tanzend, die Mao-Bibel schwenken. Nicht einmal Frau Maos »Modenschauen« werden noch der Öffentlichkeit vorgeführt, weil ihre Durchführung der strengen Kontrolle der Zentrale untersteht (Chang/Halliday: 525).

Dennoch: »Sich einen Mao-Button anzustecken, die Sprüche des Großen Vorsitzenden zu rezitieren oder sein lächelndes Portrait als

Mona Lisa der Weltrevolution an die Wand zu pinnen« gilt in der Bundesrepublik Deutschland, wie der ehemalige Maoist Gerd Koenen schreibt, als »die plakativste Antithese zur ›alten‹ bürgerlichen Welt ebenso wie zur ›alten‹ reformistisch-revisionistischen Linken« (Koenen: 146). Was macht die Kulturrevolution so attraktiv? Die Anziehungskraft entsteht, so der französische Anthropologe und Ex-Maoist Emmanuel Terray, insbesondere dort, wo die Bilder aus China sich mit Vorstellungen westlicher Utopien überschneiden. Terray nennt als Beispiel den »Egalitarismus« in der Tradition Rousseaus, die Figur des barfüßigen Doktors, der sich in den Dienst des Volkes stellt und dessen Lebensbedingungen teilt. Peter Schneider, maoistisch orientiertes SDS-Mitglied, bestätigt Terrays Hypothese, wenn er den Traum der Chancengleichheit, der durch die Kulturrevolution verwirklicht werden soll, als einen Zustand beschreibt, in dem »jeder ein Picasso und Picasso jeder werden kann«. »Kulturrevolution ist«, wie es ihm erscheint, »die Eroberung der Wirklichkeit durch die Phantasie« (Schneider 1969: 129, 130, 152).

Als »Pseudologica phantastica« wertet Koenen die Phantasie von 1968 rückblickend ab und stülpt ihr im nachhinein sein Werturteil über, indem er von »Größenphantasien« spricht. Terray räumt ein, daß die Kulturrevolution, von der er und die französischen Maoisten träumten und die sie zu politischer Praxis inspirierte, nicht viel zu tun hatte mit dem, was in China in den späten sechziger Jahren tatsächlich geschah. Indes, er hält den Traum von der Kulturrevolution nicht für eine jugendliche Verwirrung, die rückblickend besser beschwiegen werden sollte. »›Unsere‹ Kulturrevolution hatte«, so schreibt er, »das Gewicht und die Konsistenz solcher kollektiver Repräsentationen, nach denen die Soziologie und die Anthropologie so lange gesucht hatten« (Terray: 19). Eine der »kollektiven Repräsentationen« ist die Vorstellung, daß, wie Mao es formuliert, die »Dritte Welt« zur »Sturmzone« der Weltrevolution geworden ist und daher, wie Hans Magnus Enzensberger schreibt, »eine handvoll Guerillas im Hochland der Anden die ganze Welt angeht« (Enzensberger 1968a: 159). Doch was konnte die Neue Linke in der »Ersten« für die »Dritte Welt« tun?

Eine Antwort lag in Vietnam. Der Krieg bot die Chance, Antiimperialismus und Antikapitalismus zu verknüpfen. In den Vereinigten Staaten griffen die Maoisten bereits vor dem Zwischenfall im Golf von Tonkin die Problematik auf. Sie kritisierten das wachsende Engagement der USA in Indochina und begannen, die Kritiker des Kriegs im May 2nd Movement (M2M) zusammenzuführen. Gegründet am 2. Mai 1964, legte das M2M bereits im November 1964 die erste »We won't go«-Erklärung vor und setzte damit den Auftakt zum Aufruf zur Wehrdienstverweigerung. Mitglieder des M2M wurden innerhalb der amerikanischen SDS aktiv und standen in Kontakt zur Progressive Labour Party, die, 1962 als maoistische Partei von der amerikanischen Kommunistischen Partei abgespalten, einen ihrer Organisationsschwerpunkte in Harlem hatte (Sale: 121 f., 160 f.). Die französischen Maoisten spalteten sich erst 1966 von der Kommunistischen Partei Frankreichs ab, um sich als Union des Jeunesses Communistes, UJC(ml), neu zu formieren. In sogenannten Basiskomitees – Comités Vietnam de Base (CVB) – versuchten auch sie an den französischen Universitäten gegen den Krieg zu mobilisieren und gaben zugleich die Parole aus, »Vietnam in die Fabriken« zu tragen. Eine Studenten-Arbeiter-Allianz beschwörend, forderten sie die Studenten und Studentinnen auf, in die Betriebe zu gehen, um die ungelernten, unorganisierten Arbeiter zur Unterstützung der vietnamesischen FNL zu mobilisieren.
Die Einschätzung der Befreiungsbewegungen in der »Dritten Welt« markierte einen zentralen Unterschied zwischen Kommunisten und Maoisten in Frankreich. Während erstere an die Formel der »friedlichen Koexistenz« gebunden waren, die, verkündet von Chruschtschow 1956, die Kommunistischen Parteien in der »Dritten Welt« auf einen friedlichen Weg zur Eroberung der Macht lenkte, verkündeten die Maoisten den revolutionären Weg zur Macht. Denn: »Die Macht kommt«, so Mao Tse-tung, »aus den Gewehrläufen.« »Es lebe der bewaffnete Kampf der unterdrückten Völker!«, »FNL wird siegen«, skandierten daher die französischen Maoisten, »Frieden in Vietnam« forderten die Kommunisten. Der sino-sowjetische Konflikt machte Distinktionskämpfe möglich, die im

Frankreich der sechziger Jahre denjenigen, die mit der Politik der Kommunistischen Partei unzufrieden waren, eine Chance der Abgrenzung gaben.
Bereits 1967 reiste eine Delegation französischer Maoisten nach Peking. Kaum gelandet, wurde sie befragt, wer denn der Chef der Delegation sei. Nach kurzem Zögern richteten sich die Blicke auf den Wortgewaltigsten unter ihnen: Robert Linhart. Die Folge dieser Designation überraschte: Linhart bekam ein Einzelzimmer, die anderen wurden in Mehrbettzimmern untergebracht. Indes, gleichbehandelt wurden alle am nächsten Morgen, bevor sie ihre ersten Gespräche mit Vertretern der chinesischen KP aufnahmen: Sie mußten zum Friseur und sich die Haare schneiden lassen. Was der kleinen Gruppe aus Frankreich in China widerfuhr, sollte bald weltweit die Maoisten auszeichnen. Während immer mehr Studierende und Jugendliche ihre Haare lang und länger wachsen ließen und darin ein Zeichen der Verweigerung sahen, galt für Maoisten der Kurzhaarschnitt. Es gab keine Ausnahme – und alle machten mit.
Neben dem imaginierten »Egalitarismus« und »Antiautoritarismus« sowie der Chance, sich politisch von der als erstarrt angesehenen alten Linken abzugrenzen, ist es eine andere Prämisse der Kulturrevolution, die westliche Intellektuelle bewegt. Mao geht davon aus, daß nicht das Sein das Bewußtsein schafft, sondern daß das Bewußtsein, vermittelt durch politische Aktion, das Sein prägt. Er sieht es nicht als hinreichend an, die Produktionsmittel in die Hände der Gesellschaft zu überführen, sondern geht von der Notwendigkeit aus, den Klassenkampf auch auf politisch-ideologischem Gebiet zu führen (Leonhard: 322 f.). Diese Aufhebung des strikten Basis-Überbau-Schemas übt eine magische Wirkung auf westliche marxistische Intellektuelle aus. Ex oriente lux, wie es scheint. Wertet der Maoismus doch den Faktor Kultur – Ideen, Denken, Vorstellungen von der Welt – sowie den Voluntarismus im Prozeß der Transformation der Gesellschaft entscheidend auf. Für den Soziologen Jeffrey Alexander, in den sechziger Jahren Mitglied der amerikanischen SDS in Harvard, heißt Revolution zu machen, »sich in einem intensiven Dialog zu engagieren und die Welt radikal neu zu interpretieren«.

Alexander, heute Professor für Soziologie in Yale, räumt ein, in den sechziger Jahren von den Schriften Louis Althussers beeinflußt worden zu sein (Alexander: 46).

Althusser, Philosoph an der École Normale Supérieure in Paris und Mitglied der französischen Kommunistischen Partei, hat eine Theorie der »ideologischen Staatsapparate« entwickelt. Er versteht darunter Kirchen, Schul- und Erziehungswesen, Gewerkschaften, Parteien, Familie, Presse, Radio, Fernsehen. Der »ideologische Staatsapparat«, so seine These, unterstützt den »repressiven Staatsapparat« – Regierung, Armee, Polizei, Bürokratie, Gerichte, Gefängnisse – bei der Reproduktion der Produktions- und Machtverhältnisse. Er strukturiert die Wahrnehmung der Wirklichkeit, indem er den Zweifel eliminiert, die Welt könne eine andere sein. Herrschende und beherrschte Klassen bilden Ideologien aus. Indes, noch der Protest gegen die herrschenden Ideologien drückt sich, so Althusser, vielfach in den Begriffen ihrer Sprache aus. Doch kann aus der Konkurrenz von Ideologien, so seine Hypothese, auch eine Verschiebung der Vorstellungen von der Welt resultieren. Ideologien können mithin »Effekte« haben, welche über die Veränderung der Wahrnehmung zu einer Veränderung der Einstellungen und Praktiken führen. Daraus folgt: Ideologien fällt eine aktive Rolle im Transformationsprozeß der Gesellschaft zu. Althusser propagiert daher den »ideologischen Klassenkampf«, für den gerade Denker, Theoretiker und insbesondere Philosophen prädestiniert seien. Junge Philosophen bildet er zeit seines Lebens aus. Viele der französischen Maoisten entstammen seiner Schule, »Althussers Soldaten« werden sie genannt. Einer von ihnen ist Régis Debray.

5. Der Gefangene 001 von Camiri: Régis Debray

Tagebuch eines Kleinbürgers zwischen zwei Feuern und vier Wänden: Im Frühjahr 1968 befindet sich Debray weit entfernt von Paris im Gefängnis von Camiri (Bolivien) in einer Zelle von 2,50 x 3 Metern ohne Fenster. Es ist die Hölle. Nur der Schlaf vermag ihn von der Selbstbefragung, Selbstumkreisung und den Selbstmordgedanken zu befreien. Er erscheint ihm als das einzige Gegengift, als eine Art Antigefängnismittel, als ein Serum gegen den Tod. Denn seine Gedanken stehen nicht still. Die Zelle wirft den Gefangenen auf sich selbst, immer wieder auf sich selbst zurück. Von der Außenwelt abgesperrt, ist ihm jegliche Fluchtmöglichkeit genommen, selbst diejenige mit den Augen durch ein Fenster. Mit sich selbst konfrontiert, beginnt Debray mit einer Arbeit der Kritik und Selbstkritik. Er beobachtet sich dabei. Auf und ab gehend in seiner Zelle, registriert und notiert er seine Selbstgespräche. Seine Gedanken legt er in einem Tagebuch nieder (Debray 1976).

Tariq Ali und Robin Blackburn von der Vietnam Solidarity Campaign haben ihn im Gefängnis von Camiri aufgesucht, wo er als Gefangener 001 firmiert. Doch liegt dieser Besuch Monate zurück. Er war noch vor Debrays Prozeß vor dem Militärgericht erfolgt. Als Photograph, für den er sich ausgab, hatte Ali von den bolivianischen Behörden eine Besuchserlaubnis bekommen und Blackburn, Soziologiedozent an der LSE, als seinen Assistenten in die Zelle mitgenommen. Beide gehörten zu einer Beobachtergruppe, die auf Anregung Jean-Paul Sartres im Auftrag der Russell Peace Foundation nach Bolivien gereist war. Der persönliche Sekretär Bertrand Russels, der Amerikaner Ralph Schoenman, Perry Anderson, der Herausgeber der New Left Review, sowie Lothar Menne vom deutschen SDS, letzterer ausgestattet mit einem Presseausweis der Zeitschrift *konkret*, gehörten ebenfalls dieser Gruppe an. Als sie einander gegenübertraten, war Blackburn von Debray, den er in Havanna kennengelernt hatte, sofort erkannt und mit einem Kopfnicken begrüßt worden. Die Zeit für die Photographien war jedoch knapp bemessen. Sie hatte gerade dazu gereicht, Debray zuzuflüstern, daß immer mehr Menschen seinetwegen nach Bolivien kämen und er daher unmöglich umgebracht werden könne (Ali: 173).

Auch Giangiacomo Feltrinelli ist nach Camiri gekommen. Gleich nach der Festnahme von Debray in Bolivien hat Fidel Castro ihn gebeten, den Prozeß zu verfolgen und die internationale Aufmerksamkeit auf den Fall zu lenken. Feltrinelli hat Debrays Schrift *Revolution in der Revolution? Bewaffneter Kampf und politischer Kampf in Lateinamerika* herausgebracht in einer Reihe, die sein Verlag zur Schulung politischer Aktivisten eingerichtet hat. Als Verleger Debrays hat er sich am 1. Juni 1967 in einem offenen Brief an den Präsidenten der Vereinigten Staaten, Lyndon B. Johnson, gewandt, und ihn im Namen »eines großen Teils der kulturellen Öffentlichkeit Italiens« aufgefordert, seinen Einfluß für die sofortige Freilassung Debrays geltend zu machen (Feltrinelli: 323). Feltrinelli war, als er mit Ali in der Hotelhalle zusammentraf, folgt man Alis Erinnerungen, »mit einem dicken Pelzmantel bekleidet. Er studierte eine große Landkarte von Bolivien und hatte das Guerillagebiet mit roten Sternen markiert«. Feltrinelli erklärte, »er sei mit Geld, viel Geld gekommen, um Ches Kämpfer mit dem Kauf von Waffen und Arzneimitteln zu unterstützen«. Er sagte dies so laut, daß er innerhalb von 24 Stunden gemeinsam mit seiner – von Ali als »juwelenbehängt« beschriebenen – Freundin des Landes verwiesen wurde (Ali: 176 f.). Sibilla Melega, die Feltrinelli begleitete, erklärte 2002, daß Feltrinelli in Bolivien ein Flugzeug gemietet habe, um zu Che Guevara in den Süden des Landes zu fliegen (Feltrinelli-Melaga: 88). Der bolivianische Minister Arguedas gab zu Protokoll, daß Feltrinelli den Bolivianern 50 Millionen Dollar für das Leben Che Guevaras angeboten habe (Feltrinelli: 330). Was immer Feltrinelli auch plante, die Ausweisung verhinderte die Durchführung seines Plans.

Auch die britische Beobachtergruppe verließ das Land vor Ende des Debray-Prozesses im November 1967. Als erster flog Ali zurück, nachdem er mit einem Leibwächter Guevaras verwechselt und verhaftet worden war. Zwar konnte die Verwechslung aufgeklärt werden, aber Schoenman bestand darauf, daß Ali das Land verlassen solle, um weitere Schwierigkeiten zu vermeiden. Die anderen folgten, nachdem es zu einem Streit unter ihnen gekommen war, wenig später nach. Der Streit war entbrannt, als Schoenman vorgeschlagen hatte, Lebensmittel und Medikamente zu kaufen und sie in das Lager Guevaras zu transportieren. Blackburn war gespalten gewesen gegenüber diesem Plan, Anderson hatte widersprochen und das »tollkühne Abenteuer« abgelehnt. Als Sohn eines Marineoffiziers hatte er kurz entschlossen das Kommando über die Beobachtergruppe ergriffen. Er hatte nicht weiterdiskutiert, sondern war mit Blackburn und Menne zum Flughafen gefahren. Die Faust schwingend war Schoenman dem Jeep hinterhergerannt. Vergeblich. Er versuchte schließlich im Alleingang, das Lager Guevaras zu erreichen, wurde jedoch festgenommen und aus Bolivien ausgewiesen. Die legale Einreise nach Großbritannien war ihm seitdem verwehrt. Er lebte fortan illegal in London. Bertrand Russel hatte durch das bolivianische Abenteuer seines engsten Mitarbeiters den Organisator des Vietnam War Crimes Tribunal verloren.

Auf 40 Grad steigt die Temperatur in der Zelle Debrays in Camiri am Mittag. Seit fast einem Jahr sitzt er, 27 Jahre alt, Ende März 1968 dort ein. Am 20. April 1967 ist er festgenommen worden, kurz nachdem er das Lager Che Guevaras verlassen hat. Vier Tage galt er als verschollen. In Paris wurde er bereits für tot erklärt. Debray hatte das Lager Guevaras aufgesucht, um eine Botschaft Castros zu überbringen. Ohne zu zögern, hatte er sich als Vermittler zur Verfügung gestellt, nachdem der Funkkontakt zwischen Guevara und Castro abgerissen war. Er unterstützte ihr Projekt, »zwei, drei ..., viele Vietnams« zu schaffen. Der Guerilla-Fokus, den Guevara in Bolivien seit November 1966 aufzubauen versuchte, sollte ein Anfang sein und Modellcharakter haben für die Strategie der Befreiungsbewegungen Lateinamerikas und den Aufbau einer »zweiten Front« im Kampf gegen den gemeinsamen Gegner: den amerikanischen Imperialismus. Um die Strategie des Guerillakampfes, die Castro und Guevara gegen die kommunistischen Parteien Lateinamerikas verfochten, der Öffentlichkeit zu erläutern, hatte Debray ein Buch geschrieben.

Binnen eines Jahres nur hatte er – begleitet von endlosen Gesprächen mit Castro – *Revolution in der Revolution?* zu Papier gebracht. Er war zum »Schreiber« des kubanischen Präsidenten geworden. Castro hatte den Absolventen der École Nomale Supérieure und Lieblingsschüler Althussers für diese Tätigkeit ausgewählt.

Ein Artikel in der von Jean-Paul Sartre und Simone de Beauvoir in Paris herausgegebenen Zeitschrift *Les Temps Modernes* hatte Castro und Guevara auf Debray aufmerksam werden lassen. Der Artikel, der den Titel »Der Castrismus: Der Lange Marsch Lateinamerikas« trug, war, von Castro initiiert, ins Spanische übersetzt worden. In deutscher Übersetzung lag er 1968 in dem von Rudi Dutschke zusammengestellten Band *Der Lange Marsch. Wege der Revolution in Lateinamerika* vor. Einer persönlichen Einladung Castros folgend, war Debray zur Jahreswende 1965/66 nach Kuba aufgebrochen, um an einer Konferenz der Trikontinentale teilzunehmen. Er war, obwohl er damals Philosophielehrer in Nantes war, auf Kuba geblieben und hatte seine Stelle in Frankreich gegen eine Dozentenstelle an der Universität von Havanna getauscht. Er verließ die Insel erst, als er sich auf seine bolivianische Mission begab. »Vergiß nie«, schrieb er zweiunddreißig Jahre später, 58jährig, über diesen Moment,

> »den Elfenbeinturm zu verlassen ist leichter, als in ihn zurückzukehren. Man verläßt ihn, getrieben von einer edlen Wut, einem zitternden Gefühl für soziales Unrecht: man kehrt zurück, indem man sich verleugnet, weil man seiner Jugend abschwört oder der Löwe ein ›gealterter Wauwau‹ geworden ist. [...] Wenn du einen Kampfanzug mit 20 anziehst, wirst du mit 50 unweigerlich als Deserteur angesehen werden.« (Debray 1998: 221)

Noch ist es nicht soweit. Eine Auseinandersetzung mit Kuba und seinen kubanischen Erfahrungen enthält das Tagebuch, an dem er in seiner Zelle in Camiri schreibt, nicht. Der kubanische »Apparat«, die »kleine warmherzige und rauhe Familie«, die er sich als Ersatz für seine eigene gewählt hat, bleibt sein »Heimathafen«. Eine Ablösung von Castro vollzieht er in Camiri nicht. Althusser hört auf, eine

Autorität für ihn zu sein, aber Castro bleibt es. Der Klang der Stimme Fidels verkörpert für ihn nun noch stärker als zuvor die Moral der Welt, die ganze menschliche Würde. »Kuba ist Castro«, »Castro ist Kuba« und Kuba ist für Debray »die Revolution in der Revolution«. Castro spricht in den Jahren 1966 bis 1968, aus der Sicht Debrays, für die »Dritte Welt«. Er charakterisiert ihn als »Mischung aus Prometheus und David in den Armenvierteln der Hemisphäre von Caracas bis Harlem«, als eine Ausnahmegestalt, der alle Herzen zufliegen, als »humanistischen Zorro«, als einen »autocrate en allocrate«, der auch Voltaire gefallen hätte (Debray 1996: 172, 173, 179). Er steht nicht allein in dem Bann, den er beschreibt. Mitglieder der amerikanischen SDS sind nach Kuba aufgebrochen ebenso wie junge Franzosen aus dem Spektrum der Gruppen links von der Kommunistischen Partei; aus der Bundesrepublik hat sogar ein mit dem Büchner-Preis ausgezeichneter Schriftsteller den Weg nach Kuba eingeschlagen.
Als die Autorin Enzensberger anläßlichlich einer Feier zum 25jährigen Bestehen des Berliner Wissenschaftskollegs auf seinen noch immer ausstehenden Kuba-Bericht anspricht, antwortet dieser gelassen. Da gebe es nichts zu berichten. Und ihr Vergleich mit Debray, der passe nicht. Sein Vater sei schließlich kein Multimillionär, und überhaupt, Debray habe stets die Nähe zur Macht gesucht, erst auf Kuba zu Castro, später in Frankreich zu Mitterrand. Auf die Seite der Mächtigen habe er, mittlerweile zwar Mitglied im Orden Pour le Mérite, sich nie gestellt – auch in Havanna nicht. Der Verleger Klaus Wagenbach argumentiert heute ähnlich. »Ja, der Régis –«, setzt er an, um sodann den Unterschied zu markieren, sei »aus dem Großbürgertum, und der deutsche Revolutionär – der Rudi, der Hans, die Ulrike –« komme eben »aus dem Kleinbürgertum«.
Debray ist im 16. Arrondissement von Paris aufgewachsen. Sein Vater ist Anwalt am Pariser Berufungsgerichtshof, seine Mutter Anwältin und seit 1947 unabhängige Stadträtin von Paris, sein Onkel Mitglied der Académie des sciences morales et politiques. Die Familie, über die Debray in seiner Autobiographie von 1547 Seiten keine einzige Zeile schreibt, wohnt in der Rue de Lubeck. Wie kommt man von der Rue de Lubeck im feinsten Pariser Viertel nach Havanna?

Debray war 16 Jahre alt, als er sich des Milieus, in dem er lebte, zu schämen begann. Er wollte sich vom Dienstmädchen nicht mehr »bedienen« lassen und führte seine Freunde auf schnellstem Wege durch die große Wohnung in sein Zimmer. Der Konflikt mit seinen Eltern brach auf, als er 1956 obsessiv die Presseberichte über den Krieg in Algerien verfolgte und erkannte, daß »in Algerien gefoltert wurde«. Sein Neffe, berichtete der Onkel kurz nach der Festnahme Debrays in Bolivien, sei derartig vom Algerienkrieg bewegt gewesen, daß er zu Hause zeitweilig auf dem Boden geschlafen habe, um seinen Protest gegen ein Leben in Luxus, während andere leiden, zum Ausdruck zu bringen (Todd: 14). 20jährig und gerade an der École Normale Supérieure angenommen, schloß er sich dem Kreis um den Verleger François Maspero an, der die Zeitschrift *Partisans* herausgab und den Leseclub La joie de lire führte, Orte, an denen man in Paris zu Beginn der sechziger Jahre die Probleme der »Dritten Welt« diskutierte. Im Moment der Schweinebucht-Invasion im April 1961 ist er gemeinsam mit seinem Freund Bernard Kouchner aus Empörung über den von den USA unterstützten Versuch, Castros Experiment zu beenden, zur kubanischen Botschaft gegangen, um sich als Freiwilliger zu melden und damit den Kampf Davids gegen Goliath zu unterstützen. Die Botschaft hat sich freundlich bedankt, aber die Offerte zurückgewiesen. Im Dezember 1961 ist er allein zu einer langen Reise von New York über Miami nach Kuba aufgebrochen und hat an einer Alphabetisierungs-Kampagne mitgewirkt. Er hat, wie er später im Film *Génération* erklärte, Kuba erlebt als ein Fest. Er hat sich, was er vor der Kamera nicht sagt, aber in seiner Autobiographie beschreibt, in eine Kubanerin verliebt, so daß seine Familie nur mit Druck seine Rückkehr nach Paris erwirken konnte. Er beugte sich, doch blieb niemandem seine Veränderung verborgen. Der »einstige Dandy« mit Krawatte und Bügelfaltenhose erschien nach seiner Rückkehr aus Kuba in großen alten Latschen und Lederjacke, redete nur noch über Moral und Politik sowie davon, »daß die Kubaner die einzigen sind, die...« Er ist – vorübergehend – in die Kommunistische Partei eingetreten und Mitglied der kommunistischen Studentenorganisation UEC geworden (Gilcher-Holtey 2007: 262 ff.).

Das alles hat er getan, um sich, wie er in Camiri in sein Tagebuch schreibt, abzugrenzen von seiner Familie, die ihre Ehre 1940 verloren habe, als sie gegenüber der Besetzung des Landes durch nationalsozialistische Truppen passiv geblieben sei.

Er habe seinen natürlichen Vater geleugnet, schreibt Debray, in seiner Zelle sitzend, in sein Tagebuch, und andere, »wahre« Väter gesucht. Drei nennt er mit Initialen: »M., A., F.«. »M.« steht für Jacques Muglioni, seinen Philosophielehrer auf dem Gymnasium, ein Philosoph ohne Werk, wie Debray ihn nennt, dessen Wirkung in der Erziehung zur Unfügsamkeit bestanden habe, die er seinen Schülern vermittelte. »A.« steht für Althusser, seinen Lehrer an der École Normale Supérieure, der Mitglied der Kommunistischen Partei Frankreichs war und als Intellektueller zugleich in ihr opponierte. »F.« steht für Fidel. Er habe, so Debray, den Horizont für das Mögliche erweitert, einen Horizont, der außer Reichweite, sich in dem Maße, in dem man sich auf ihn zu bewegte, vorwärtsschob, so daß er ein permanentes In-Bewegung-Bleiben verlangte (Debray: 1996, 176). Indes, Ende März/Anfang April 1968 sitzt Debray fest. Das Militärgericht in Camiri hat ihn zu 30 Jahren Haft verurteilt, weil es den Tatbestand der Zugehörigkeit Debrays zu einer »bewaffneten, organisierten Bande« für erwiesen angesehen hat aufgrund der Tatsache, daß sein Buch *Revolution in der Revolution?* der bolivianischen Armee beim Räumen des Lagers Guevaras in die Hände gefallen war und Guevara und die Guerilla nachweislich mit dem Buch gearbeitet hatten. Das Gericht hatte der Erklärung Debrays, daß er lediglich als Reporter in das Lager gereist war, keinen Glauben geschenkt, nicht zuletzt, weil er nach längerem Aufenthalt im Lager bei seiner Festnahme weder einen Photoapparat noch Notizen bei sich trug. Noch keine 30 Jahre alt, ist er seitdem mit der Aussicht auf 30 Jahre Haft konfrontiert.

6. Zwei Attentate im April: Martin Luther King und Rudi Dutschke

Am 4. April 1968 wird Martin Luther King in Memphis (Tennessee) erschossen. Ein Vorkämpfer gegen die Unterdrückung der afroamerikanischen Bevölkerung in den USA, ein Prediger der Gewaltlosigkeit, 1964 mit dem Friedensnobelpreis ausgezeichnet, wird Opfer der Gewalt. Tom Hayden, mit der Nachricht konfrontiert, reagiert, wie er selbst rückblickend analysiert, in irischer Weise: Er sitzt, zerrissen von Schmerz, vor dem Fernseher, schaut sich immer wieder die Wiederholung von Kings legendärer Rede »I have a dream« an und betrinkt sich gemeinsam mit einem Freund und Mitbegründer der afroamerikanischen Studentenorganisation SNCC. Bernardine Dohrn bricht in Tränen aus, als sie die Nachricht vom Tode Kings hört, und schließt sich Aktivisten in New York an, die ziellos am Times Square Fensterscheiben einwerfen. Stokely Carmichael, Vertreter des SNCC und der Black Panther, zieht, wie er Hayden berichtet, einem Berserker gleich, durch die Straßen von Washington und ruft die schwarze Bevölkerung auf, sich zu bewaffnen. In der Hauptstadt gehen ganze Straßenzüge in Flammen auf. In 75 Städten der USA kommt es zu Aufständen. 45 Menschen finden den Tod. Als Tom Hayden Tage später nach Washington kommt, steigt immer noch Rauch auf, brennen immer noch Teile der Stadt (Hayden 1988: 269 f.). Es wird ihm schlagartig klar, daß das Attentat auf King Folgen für die Zusammenarbeit zwischen schwarzen und weißen Aktivisten haben wird. Die Separation, d. h. der Wunsch, getrennt von den Weißen zu leben, mit der das SNCC auf die Segregation reagierte, wird sich fortsetzen, die Chance für das von ihm im *Port Huron Statement* (1962) skizzierte »interracial movement of the poor« schwindet. Seit Dezember 1967 werden Weiße, die im SNCC mitgearbeitet haben, aus der Organisation ausgeschlossen. Die Entscheidung ist äußerst knapp zustande gekommen, mit 19 zu 18 Stimmen für den Ausschluß bei 24 Enthaltungen. Dennoch hat sie Folgen für die Zusammenarbeit der amerikanischen SDS mit dem SNCC in verschiedenen Stadtteilprojekten. Hayden persönlich hat sie allerdings noch nicht zu spüren bekommen. Noch wird seine Arbeit im Ghetto von Newark, dessen Straßen er in seinem Volkswagen durchquert (Miller: 274), akzeptiert.

Er fungiert als Vermittler, man betrachtet ihn als eine Art »weißen Stokely Carmichael«, der für die Öffentlichkeit an der Ostküste den Vorteil hat, daß er mit ihr sprechen und die Vorgänge in den Ghettos erklären kann. »Laßt uns mit Hayden reden«, skizziert dieser selbst rückblickend seine Rolle, »wir können nicht mit den Schwarzen reden, aber wir können mit Hayden reden, er hat die Universität besucht, hat Mills gelesen und die anderen, und er spricht unsere Sprache. Also kann er uns erklären, was passiert.« Hayden hat für die *New York Review of Books* geschrieben und wird von Reportern dieses und anderer Magazine immer wieder aufgesucht. Ob er wisse, wie man einen Molotow-Cocktail herstelle, hat ihn bei einem dieser Gespräche Andrew Kopkind von der *New York Review of Books* in einem Kaffeehaus gefragt. Hayden hat zu einer Serviette gegriffen und ihm eine Zeichnung gemacht (Miller: 276; Hayden 1988: 165). Die Herausgeber haben daraus ein Titelblatt gestaltet. (Man stelle sich vor, was passiert wäre, hätte *Der Spiegel* in Deutschland eine ähnliche Zeichnung von Rudi Dutschke gedruckt ...)

In Frankreich steht Cohn-Bendit wegen des »Cocktail Dany (inefficace)« ein Disziplinarverfahren bevor. In den USA bleibt das Titelbild aus der Feder Haydens ohne Konsequenzen. Das Netz, in dem Hayden sich bewegt, wird jedoch enger durch ein »anti-riot amendment«, das der Kongreß nach dem Attentat auf King beschließt. Auf dieser gesetzlichen Grundlage wird später ein Verfahren gegen ihn eröffnet werden, wie Debray sieht er sich bald mit einer Freiheitsstrafe bedroht. Noch ist es allerdings nicht soweit. Hayden verläßt am 9. April, dem Tag, an dem Martin Luther King begraben wird, Newark mit dem Ziel Chicago. Er ist Koordinator des National Mobilization Committee Against the War in Vietnam (Caute: 168) und beauftragt, die Protestaktionen anläßlich des Parteitags der Demokratischen Partei im August vorzubereiten. Er hält zugleich den

Kontakt zu Robert Kennedy aufrecht, dessen Chance, sich als Präsidentschaftskandidat gegen Senator McCarthy durchzusetzen, beständig wächst. Hayden bereitet sich auf eine neue Etappe in seinem Leben vor, trennt sich von seiner Frau, mit der er seit 1961 verheiratet ist. Er will die Verantwortung nicht, die aus Liebe erwächst, auf jeden Fall will er in diesem Moment keine Familie. »Perhaps«, schreibt er in seiner Autobiographie, »I was beginning to seek Destiny more«. Es fällt ihm schwer, dies alles seiner Frau zu erklären, die im Rahmen des SNCC tätig war und gemeinsam mit Mary King das Manifest der neuen Frauenbewegung *Sex and Caste* (1966) geschrieben hat. Er habe »eine Odyssee vor sich«, hat er, wie sie sich erinnert, schließlich gesagt (Hayden 1988: 272).

»Sind Sie Rudi Dutschke?« fragt am 11. April 1968 in Westberlin auf dem Kurfürstendamm ein junger Mann Rudi Dutschke, der etwa 50 Meter vom SDS-Zentrum entfernt auf seinem Fahrrad sitzt und vor einer Apotheke wartet, um ein Medikament für seinen Sohn zu kaufen. Er hat den Mann in seinem Auto kommen sehen und ihn beim Einparken beobachtet. Als er sich ihm direkt gegenüberstellt und ihn anspricht, antwortet Dutschke: »Ja.« Der Mann reißt eine Pistole aus seiner Jackentasche und schießt. In seiner Erinnerung »schmeißt« Dutschke sich »automatisch auf ihn los«. Was danach geschieht, weiß er später nicht mehr. Geblieben sind ihm lediglich »leere Stellen im Gehirn über die nächsten Minuten und Stunden [...], mit kurzen Zwischenmomenten« (Dutschke-Klotz 1996: 197). Zeugen geben an, Dutschke habe »Vater und Mutter« sowie »Mörder« gerufen (Chaussy: 248). In kritischem Zustand wird er in ein Krankenhaus eingeliefert, wo ein Gehirnchirurg ein Geschoß aus seinem Kopf entfernt. Dutschke übersteht die Operation, doch sein Sprachzentrum ist gestört. Er kann weder lesen noch sich ausdrükken. Er erkennt seine Frau, vermag aber nicht ihren Namen zu sagen, und antwortet auf ihre Frage: »Weiß[t] du, wer Lenin war?« mit: »Nein« (Dutschke-Klotz 1996: 201).

Fünfmal haben Dutschke und seine Frau in den Wochen seit dem Vietnam-Kongreß mit ihrem kleinen Sohn die Wohnung gewechselt. An ihrem vorletzten Wohnort haben Unbekannte Stinkbomben durch den Briefkastenschlitz geworfen und mit roter Farbe an die Tür geschrieben: »Vergast Dutschke«. Konfrontiert mit dieser Aggression in der Stadt, hat das Ehepaar den Entschluß gefaßt, vorübergehend ins Ausland zu gehen. Auch Kritik aus den Reihen des SDS am Personenkult um Dutschke, ausgelöst durch die Veröffentlichung eines Titelbildes der Zeitschrift *Capital*, das ihn in grauem Mantel, mit rotem Schal und Marx' *Kapital* unter dem Arm zeigt, und die Forderung nach seinem Ausschluß haben bei ihrer Entscheidung eine Rolle gespielt. Seine Pläne hat Dutschke einem Fernsehreporter kurz vor dem Attentat mitgeteilt. Gesendet worden ist der Beitrag jedoch noch nicht, als auf dem Kurfürstendamm die Schüsse fallen, abgegeben von einem jungen arbeitslosen Anstreicher aus rechtsradikalem Milieu, der unmittelbar nach der Tat von der Polizei gestellt wird.

Die Nachricht vom Attentat auf Rudi Dutschke löst eine Welle von Wut und Empörung aus, die sich in gewaltsamen Aktionen Luft macht. Noch am Abend des 11. April, einem Gründonnerstag, stürmen 2000 Demonstranten das Springer-Hochhaus nahe der Berliner Mauer, da sie die Springer-Presse als verantwortlich für die Hetzkampagne gegen Dutschke ansehen. Im Verlauf der Ostertage beteiligen sich in der Bundesrepublik und Westberlin circa 50 000 Menschen – darunter nicht nur Studenten, sondern auch Schüler und Lehrlinge – an Blockadeversuchen vor Springer-Druckereien. In München kommen zwei Personen, ein Student und ein Photograph, ums Leben. Über 1000 Demonstranten werden festgenommen.

Auch in London gehen Demonstranten auf die Straße. Die Vietnam Solidarity Campaign (VSC) fordert die Teilnehmer des von der Campaign for Nuclear Disarmament (CND) organisierten Ostermarsches dazu auf, nach der Abschlußkundgebung im Hyde Park zur deutschen Botschaft zu ziehen. Etwa 2000 Demonstranten folgen der Aufforderung. Vor der Botschaft kommt es zu handgreiflichen Auseinandersetzungen mit der Polizei. Ein Botschaftsangehöriger empfängt eine Delegation der Demonstranten. Er zeigt sich, so Tariq Ali, der die Delegation anführt, zutiefst erschüttert über die jahrelange Kampagne der Springer-Zeitungen. Wenn der SDS verboten werde, kündigt Ali an, würden alle westdeutschen Botschaften in Europa belagert werden. In den dreißiger Jahren sei dies nicht geschehen, daraus gelte es nun, die Konsequenz zu ziehen und die Rechte des SDS als Studentenorganisation zu schützen (Ali: 208 f.). Von der deutschen Botschaft ziehen die Demonstranten weiter zum *Daily Mirror*-Gebäude, dem Sitz des Londoner Springer-Büros. Die vehementen Proteste veranlassen die Zeitung, den demonstrierenden Studentinnen und Studenten eine Seite zur Verfügung zu stellen, auf der sie erklären können, warum sie protestieren.

Auch in New York, Berkeley, Toronto, Paris, Rom, Mailand, Prag und Belgrad löst das Attentat auf Dutschke Proteste aus. In Paris greift Daniel Cohn-Bendit als Repräsentant der Bewegung des 22. März im Rahmen einer Solidaritätsdemonstration erstmals zu einem Megaphon. »Das hat mich damals auf die Landkarte gebracht«, erklärte er später (Fraser: 194). Seine Gruppe hat die Solidaritätsdemonstration so organisiert, daß politische Gruppen, die miteinander aus ideologischen Gründen nicht kommunizieren, sich ihr an verschiedenen Stellen anschließen können, um am Ende auf der Place de l'Odéon gemeinsam zu protestieren. In Rom werden die Fenster des *Corriere della Sera*, der als Pendant der Springer-Presse betrachtet wird, eingeworfen, man beschuldigt später Feltrinelli, die Demonstration organisiert zu haben (Feltrinelli: 355). In New York kommt es zu Straßenkämpfen mit der Polizei, bei denen erstmals diejenigen Gruppen gemeinsam agieren, die bald die Columbia-Universität besetzen werden (Fraser: 194 f.).

7. Die Besetzung der Columbia-Universität

New York, 23. April: »Action-Fraction« nennt sich die Fraktion der amerikanischen SDS, die am 23. April die Besetzung initiiert. Ihr Sprecher Mark Rudd ist gerade von einer Reise nach Kuba zurückgekehrt und mit nur 21 Jahren zum Präsidenten der SDS-Gruppe an der Columbia gewählt worden. Anläßlich einer Trauerfeier für Martin Luther King hat er am Tag zuvor der Universität die Legitimation bestritten, den Toten zu ehren. Unmittelbar nachdem die Repräsentanten der Hochschule unter Leitung von Präsident Grayson Kirk »We shall overcome« gesungen haben (Gitlin: 306), hat er ihnen vorgehalten, daß die Universität daran mitwirke, die »Krawall-Kontrolle« zu erforschen, schwarze Arbeiter daran hindere, sich gewerkschaftlich zu organisieren, und Studenten für gewaltlose Demonstrationen bestrafe. Angeprangert hat er auch den Bau einer Sporthalle in einem direkt an Harlem angrenzenden öffentlichen Park, die einen getrennten Eingang für die Bewohner des vorwiegend von Schwarzen bewohnten Stadtteils vorsieht (Sales: 435). Der Marsch zum Büro des Präsidenten, den er am Morgen des 23. April anführt, ist jedoch nicht gänzlich ohne Eigeninteresse. Gemeinsam mit fünf anderen Mitgliedern der SDS hat er im März 1968 gegen das von Präsident Kirk verhängte Demonstrationsverbot innerhalb der Universität verstoßen und sich der Aufforderung, sein Verhalten gegenüber dem Dekan zu erklären, widersetzt. Nur eines, hat er dem Präsidenten geschrieben, sei zu sagen: »Up against the wall, motherfucker, this is a stick up. Yours for freedom, Mark« (»Stell dich mit dem Gesicht zur Wand, Arschloch, und nimm die Hände hoch. Auf die Freiheit!«) (zit. nach Caute: 166). Er und die fünf anderen sind seitdem »auf Bewährung«.

»Up against the wall, motherfucker« ist einem Gedicht von Amiri Baraka entlehnt, der wegen Widerstands gegen die Staatsgewalt im Verlauf der Unruhen nach dem Tod von Martin Luther King festgenommen worden ist. Normalerweise wird der Satz von Polizisten verwandt, wenn sie in den Ghettos Schwarze kontrollieren. Eine Gruppe von Aussteigern, Künstlern und Hippies, die in der Lower East Side von New York leben, hat sich »Motherfuckers« genannt und damit aus der Fremd- eine Selbstbezeichnung gemacht. Rudds »action-fraction« zerschlägt das Glas in der Tür zum Büro von Präsident Kirk und besetzt seinen Arbeitsplatz, über dem ein echter Rembrandt hängt, das »Porträt eines holländischen Admirals«. Ein Dekan wird als Geisel genommen und 26 Stunden festgehalten. Die Polizei, die, von Kirk gerufen, auf das Universitätsgelände kommt, rettet zunächst den Rembrandt. Kaum ist das Bild in Sicherheit gebracht, klettern die Studenten durch das Fenster in das Büro des Universitätspräsidenten zurück. Sie rauchen seine Zigarren, trinken seinen Sherry und stellen fest, daß viele der Bücher in seinem Büro noch unaufgeschnitten sind. Präsident Kirk nimmt am zweiten Tag der Besetzung erstmals Stellung zum Krieg in Vietnam. Er fordert das Land auf, sich aus Vietnam »herauszuziehen« und führt als Hauptbegründung dafür an, daß »der Krieg zivilen Widerstand in eine Tugend« verwandle (zit. nach Gitlin: 306). Fünf Gebäude der Columbia-Universität bleiben acht Tage lang besetzt. Separation zeichnet, so die Vorgabe des SNCC, die Besetzung aus. Die Hamilton Hall wird von schwarzen Studenten eingenommen, die Fayerweather Hall von weißen, die Avery Hall von Studenten der Architekten-Schule, die Low Library und die Mathematics Hall von radikalen SDS-Mitgliedern. Unter den Besetzern der Mathematics Hall befinden sich die »Motherfuckers« und auch Tom Hayden.

Er sitzt gerade im Büro der SNCC in New York, als dort die Nachricht von der Besetzung und Geiselnahme an der Columbia eintrifft. Um Rat und Unterstützung gebeten, zögert er nicht, sondern nimmt die U-Bahn zum Campus. Die Columbia, die zu den angesehenen Ivy-League-Universitäten zählt, verkörpert für ihn exemplarisch das, was die SDS »Komplizenschaft mit Krieg und Rassismus« nennen. Die Hochschule kooperiert mit dem Institute for Defense Analysis (IDA), das, so Hayden, Waffenforschung für das Verteidigungsministerium betreibt und die Techniken des Antiguerillakampfes in Vietnam evaluiert. Präsident Kirk, der die Studierenden als »Zugvögel« ansieht, hat ihnen jegliche Mitspracherechte verwehrt, auch in Disziplinarangelegenheiten. Alle disziplinarische Macht wird einzig und allein, wie eine Reglung aus dem Jahre 1764 es vorschreibt, vom Universitätspräsidenten ausgeübt, »with no legal proceedings or due process provided the students« (Hayden 1988: 273). Diese Situation scheint sich, wie Hayden nicht ohne Verwunderung registriert, umgekehrt zu haben. Die Studenten haben »die Macht in ihre eigenen Hände« genommen. Gerüchte gehen um, daß einige schwarze Studenten sich sogar bewaffnet haben. Die Wut ist groß unter den schwarzen Studierenden, nicht erst seit dem Attentat auf King. Sie sind bereit, zu militanten Formen des Protests überzugehen. Die »action-fraction« zieht mit. Gewalt ermögliche es, so die Vorstellung, die Köpfe zu revolutionieren oder, wie Rudd es formuliert, ein »gehobenes Bewußtsein« zu schaffen (Gitlin: 307). Deutlich und vehement setzt sich die »action-fraction« innerhalb der SDS damit von der »praxis-axis« ab, einer maoistisch inspirierten Gruppe, die nicht Transformation durch Konfrontation propagiert, sondern Organisation, »base-building« zur Voraussetzung jeglicher erfolgreichen Protestbewegung erklärt und daher den Aufbau von Zellen nicht nur an der Universität, sondern auch außerhalb des Campus in den Betrieben und Büros anstrebt.

Für die »praxis-axis« ist Rudd ein »action-freak«. Hayden empfindet sich vom neuen Typus des studentischen Anführers à la Rudd durch »eine Welt« getrennt. Rudd ist neun Jahre jünger als er, Sohn eines Exoffiziers. Sein Vater, Jacov Smuel Rudnitsky, ist 1917 aus Polen in die USA eingewandert. Die Vorfahren seiner Mutter stammen aus Litauen. Ein Vorstadtkind aus New Jersey nennt Hayden, geboren in Detroit, Rudd und ordnet ihn als weit entfernt von den »SDS-Intellektuellen« ein, zu denen er selbst sich zählt. Rudd setzt nicht auf Transformation durch Partizipation, sondern auf Konfrontation. Er glaubt durch eine Studentenrevolte das ganze »System« aus den Angeln heben zu können. Hayden nimmt ihn als sarkastisch, selbstgefällig, dogmatisch und in Ansätzen fanatisch wahr. Wissend, daß er diese neue Generation von SDS-Führern weder lenken noch anleiten kann, möchte er an der neuen Etappe des Kampfes trotz allem teilhaben. Am 26. April kehrt er auf den Campus zurück. 29jährig wird Hayden von den Jüngeren der Vorsitz in der Kommune der Mathematics Hall übertragen. Er akzeptiert und läßt sich in den folgenden fünf Tagen auf ein Experiment ein, das aus seiner Sicht der Pariser Kommune von 1870/71 gleicht. Die Besetzer haben, so sieht es Hayden, die Chance, in »ihrer eigenen Welt« zu leben, einer Welt mit Grenzen zwar, die jederzeit zusammenbrechen können, da Verhaftung und Gewalt sie beständig bedrohen, doch immerhin können sie vorübergehend eine Kommune bilden, die sich selbst bestimmt, direkte Demokratie ausübt oder, mit den Worten des SDS-Grundsatzprogramms: »participatory democracy« in Praxis überführt (Hayden 1988: 277). Der Dichter Stephen Spender, der Hayden Ende April auf Schritt und Tritt verfolgt, ohne sich anfangs zu trauen, ihn anzusprechen, vergleicht ihn mit einem »General, der ein Schlachtfeld besichtigt« (zit. nach Miller: 292). Viel Zeit wird darauf verwandt, zu beraten, was geschehen soll, wenn die Polizei das Gebäude stürmt. Debatten über Sicherheit und Verteidigungsstrategien rauben Zeit für Grundsatzfragen. Als sie ausgetragen werden, zeichnen sich unter den circa 150 Besetzern zwei Lager ab: Das eine verfolgt das Ziel, eine Restrukturierung der Universität vorzunehmen dergestalt, daß zukünftig die Studierenden ernst genommen und ihnen Mitbestimmungsrechte eingeräumt werden, die es ihnen erlauben, über die Prioritäten der Columbia mitzuentscheiden. Das andere hält Mitbestimmung für einen »opportunistischen Kompromiß«, der nur diejenigen begünstige, die schon durch ihren Zugang zur Universität privilegiert seien. Es fordert daher nicht »Studentenmacht«, sondern eine »Studenten-Arbeiter-Allianz« oder, wie Rudd und seine »action-fraction« es nennen, eine Allianz mit den »Verdammten der Erde«, die Frantz Fanon beschrieben hat. Rudds Pläne sehen eine »provisorische Regierung« vor, zusammengesetzt aus Studenten, Angestellten und Bewohnern von Harlem (Hayden 1988: 278). In einem Zeitungsartikel mit dem Titel »Zwei, drei, viele Columbia« pointiert Hayden die Alternative: Die Studenten wollen »eine neue und unabhängige Universität, die gegen den Hauptstrom der amerikanischen Gesellschaft steht, oder sie wollen überhaupt keine Universität«.

Hayden selbst stimmt keinem der Lager zu. Die Vorstellungen der »Restrukturierer« sind, aus seiner Sicht, zu moderat, Rudds Pläne hingegen zu radikal. Sie setzen die Selbstaufgabe der Universität voraus. Die Hochschule als »Agentur des sozialen Wandels« ansehend, plädiert Hayden dafür, sie grundlegend zu reformieren. Eine Reform muß jedoch, so seine Prämisse, die Rechte der Studenten konkretisieren, damit sie Mitsprache und Kontrolle auch wahrnehmen können. Da er kein Student der Columbia-Universität ist, verzichtet er darauf, diese Position zu profilieren. Er lenkt die Debatte nach dem Grundsatz: »Laßt die Leute selbst entscheiden.« Je länger die Besetzung dauert, desto häufiger kommen Dozenten vorbei, um mitzudebattieren. Es zeigt sich, daß Verhandlungen möglich und fruchtbar sein können. Es zeigt sich auch, daß Hierarchien und Barrieren fallen können; eine für viele Studenten unvergeßliche Erfahrung. »Befreite Zone« wird die Mathematics-Hall genannt, in der es auch zu einer Hochzeitszeremonie kommt, bei der das Private und das Politische zusammengebracht werden zur »Hochzeit in der Revolution« (Fraser: 198). Indes, am 30. April 1968 ist es vorbei. Die Polizei rückt auf den Campus vor. Die Strom-, Wasser- und Telefonleitungen werden gekappt. Die Polizei bereitet sich auf den Sturm des Gebäudes und auf Massenfestnahmen vor. Die Demonstranten im Inneren zünden Kerzen an und inspizieren die Barrikaden, die sie vor allen Eingängen errichtet haben. Sie singen, warten und haken die Arme ineinander, als die Polizei die Tür aufbricht. Diese geht, so Haydens Sicht, mit »unbarmherziger Effizienz« vor, teilt Prügel gegen die passiv auf dem Boden sitzenden Studenten aus, die gewaltlosen Widerstand leisten. Hayden verläßt New York und bricht nach Chicago auf. Der Gewinner in Columbia heißt für ihn Rudd. Mit seiner »action-fraction« habe er entscheidend zur Schaffung des Bildes einer revolutionären Studentenbewegung beigetragen, die die Prioritäten der Gesellschaft bedroht (Hayden 1988: 282). Auf den Treppen der Columbia diskutiert eine Frau mit den Studenten, die das anders sieht: Hannah Arendt.

8. Hannah Arendt denkt nach über Gewalt

Macht und Gewalt: Das Attentat auf King, Besetzungen und Geiselnahme an der Columbia-Universität sowie das Pathos der Gewalt in der Sprache der Neuen Linken veranlassen Hannah Arendt, die in New York lebt und an der Columbia-Universität als Gastdozentin gelehrt hat, über das Phänomen der Gewalt nachzudenken. Wie kommt es dazu? Wie lassen sich die Eskalation und die Rhetorik der Gewalt erklären? Vier Gründe werden von Arendt genannt. Das Pathos der Gewalt der Neuen Linken hängt, so ihre Überzeugung, erstens, »aufs engste zusammen mit der unheimlichen, selbstmörderischen Entwicklung der modernen Waffen«. Aufgewachsen »im Schatten der Atombombe«, haben die Repräsentanten der Neuen Linken, so Arendt, »das leise Ticken der Bombe im Lärm der Gegenwart« gehört (Arendt: 17, 21). Der »Trend zur Gewalt« in ihrem Denken werde zweitens verstärkt durch die von der Generation der Väter ererbte Erfahrung des Verbrecherstaates, des massiven Einbruchs der Kriminalität in die Politik, durch das Bescheidwissen »über Konzentrations- und Vernichtungslager, über Völkermord, Folter und Terror. Diese Erfahrung habe die Bereitschaft zur Rebellion bestärkt, und zwar aus der »Furcht«, wie Arendt unter Rückgriff auf Noam Chomsky, einen der vehementesten Gegner des Vietnamkriegs, argumentiert, »sich wie die sogenannten ›guten‹ Deutschen« zu verhalten (Arendt: 17 f.). Um die Gewalt-Rhetorik zu erklären, verweist sie, drittens, auf eine weitere »Erfahrung«, die ohne Beispiel und Analogie sei, »die Erfahrung, daß gerade der ›Fortschritt‹ in mancherlei Hinsicht das Leben auf der Erde katastrophal« bedrohe. Mit dem »Fortschritt« und seinen wissenschaftlichen Grundlagen an den Universitäten vertraut gemacht, hätten die Studenten gelernt, »daß die Wissenschaften nicht nur unfähig scheinen, die verhängnisvollen Folgen ihrer eigenen Technik rückgängig zu machen«, sondern daß ein Stadium erreicht sei, »where there's no damn thing you can do that can't be turned into war« (Arendt: 20;

engl. Zitat im deutschen Text). Diese »unheimlich destruktiven Tendenzen des rasanten technischen ›Fortschritts‹« hätten das Denken der Neuen Linken geprägt. Konfrontiert mit unkontrollierbarem technischen Fortschritt und einer in keiner Weise sicheren Zukunft, suche die Neue Linke nach einem Ausweg, bleibe dabei aber ihrerseits dem Fortschrittsdenken verhaftet. Ihre Annahme, Gewalt sei »schöpferisch«, resultiere aus einer Vorstellung von Geschichte als kontinuierlichem Prozeß, dessen Fortschreiten in der einmal eingeschlagenen Richtung automatisch vonstatten gehe und nur durch Kriege und Revolutionen unterbrochen werden könne. Kein Gewalttheoretiker habe bislang auf diesen Zusammenhang hingewiesen. Ihr erscheint er jedoch unzweifelhaft. Sie schreibt den destruktiven Studentenaktivitäten unter Rückgriff auf einen Begriff von Giorgio Agamben deshalb eine »violenza sacra« zu, deren Ritual dazu diene, den homogenen Fluß der profanen Zeit zu unterbrechen (Arendt: 34 f.). Ein noch nicht aufgebrauchter »Vorrat an Vertrauen in die Möglichkeit, durch Handeln die Welt zu verändern«, schaffe die psychologische Voraussetzung dafür (Arendt: 19). Nahezu ausschließlich aus moralischen Motiven aufbegehrend, entdeckten die rebellierenden Studenten eine Dimension menschlicher Existenz neu, die das 18. Jahrhundert »öffentliches Glück« nannte; ein Glück, das »irgendwie zum vollständigen ›Glück‹« gehöre, sich aber nur demjenigen erschließe, der öffentlich handele (Arendt: 109).

Noch im Dezember 1967 war ihr Urteil skeptischer ausgefallen. Im Theatre for Ideas, einem Treffpunkt der New Yorker Intellektuellen, unterschied sie im Gespräch mit dem Sprachwissenschaftler Noam Chomsky, dem irischen Politiker, Schriftsteller und Publizisten Conor Cruise O'Brien und dem amerikanischen Dichter Robert Lowell zwischen Macht und Gewalt und argumentierte: »Allgemein gesprochen, erwächst Gewalt immer aus Ohnmacht. Sie ist die Hoffnung derjenigen, die keine Macht haben« (zit. nach Young-Bruehl: 565). Sie griff damit auf eine Unterscheidung zurück, die für ihre Studie *On Revolution* (1964), die eine weite Verbreitung in Studentenkreisen gefunden hatte, zentral war. Wie die anderen Teilnehmer der Diskussionsrunde blieb Arendt in ihren Ausführungen zur Gewalt theoretisch und abstrakt. Warum die Diskussion nicht deutlicher auf die Frage eingehe, die alle bewege, wollte nach einer Weile Susan Sontag wissen, die sich unter den Zuhörern befand. Die Frage, um die sich aus ihrer Sicht alles drehe, sei: »ob wir in diesem Raum und die Menschen, die wir kennen, demnächst Gewalt anwenden oder nicht?« (Young-Bruehl: 565) Es sei gut, daß sie es ausspreche, gab Arendt Sontag zu verstehen. Sie habe diese Frage immer im Hinterkopf gehabt. Der Wortwechsel der beiden veranschaulicht, daß der Einsatz von Gewalt an der Jahreswende 1967/68 bis in die Kreise der *New York Review of Books*, die zum Gespräch geladen hatte, als Herausforderung des Denkens und Handelns betrachtet wurde. Die Auseinandersetzung mit der Gewaltfrage bestimmte den öffentlichen Diskurs, und die Rhetorik der Gewalt durchzog noch die private Korrespondenz. Ob sie an einer »Bombe bastle«, wollte Mary McCarthy von Hannah Arendt wissen, nachdem sie längere Zeit keine Publikationen von ihr gesehen hatte (Arendt/McCarthy: 316).

Im Theatre for Ideas verteidigte Arendt gemeinsam mit Chomsky die Notwendigkeit sowie »die enorme Macht der Gewaltlosigkeit«, bis ein erneuter Zwischenruf sie unterbrach. Tom Hayden hielt es nicht mehr aus. »[...] solange Sie – nicht sprachlich, nicht theoretisch, sondern praktisch – keine ernsten Beweise dafür haben, daß Sie etwas gegen den Vietnamkrieg und gegen den amerikanischen Rassismus tun können, dürfen Sie nicht die Gewalt derjenigen verurteilen, die nicht auf Sie warten können«, hielt er Arendt vor. Die Aufstände in den Ghettos wie Newark seien eine berechtigte und verständliche Reaktion auf die Unmöglichkeit, mit gewaltlosen Mitteln Veränderungen herbeizuführen. In der Friedensbewegung gegen den Krieg in Vietnam müsse daher Platz für Gewalt sein. Nicht bereit, dem zuzustimmen, hielt Arendt ihm die gesamte Geschichte und nicht zuletzt das Beispiel der europäischen Geschichte vor, um klarzumachen, daß nichts so schnell verpuffe wie ein gewaltsamer Aufstand. Die Lektion, die sie Hayden erteilte, der irischer Abstammung ist, was sie vielleicht nicht wußte, veranlaßte Conor Cruise O'Brien, der auf dem Podium saß, für Hayden, der aus dem Publikum sprach, zu intervenieren. Er rezitierte für Arendt ein irisches

Sprichwort, das besagt, daß »manchmal Gewalt die einzige Möglichkeit [ist], ein Verhandeln über Mäßigung zu erzwingen« (Young-Bruehl: 566).

Als sie ihre Überlegungen zur Gewalt niederschreibt, bezieht Arendt diesen Denkanstoß ein. »Mit Gewalt heizt man«, argumentiert sie nun, »weder die Lokomotive des Fortschritts noch der Geschichte oder der Revolution, aber sie kann durchaus dazu dienen, Mißstände zu dramatisieren und die öffentliche Aufmerksamkeit auf sie zu lenken.« So wie es manchmal zweckmäßig sei, das Unmögliche zu wollen, um Mögliches zu erreichen, könne auch manchmal, »wie Conor Cruise O'Brien, den gleichnamigen irischen Agitator aus dem vorigen Jahrhundert zitierend, gelegentlich bemerkte – einige Gewaltsamkeit vonnöten sein, um der Stimme der Mäßigung Gehör zu verschaffen.« Die Schlußfolgerung, die sie daraus zieht, lautet: Gewalt sei, »im Gegensatz zu dem, was ihre Propheten uns glauben machen wollen, [...] erheblich geeigneter, Reformen zu erzwingen, als Revolutionen auszulösen« (Arendt: 78 f.). Bewiesen sieht Arendt ihre These durch die jüngste Entwicklung an den Hochschulen. Ohne die Unruhen an der Columbia hätte niemand, so ihre These, auch nur im Traum daran gedacht, daß die Universität reformbedürftig sein könnte. Und es treffe vermutlich zu, »daß in der Bundesrepublik die Existenz ›andersdenkender Minoritäten ohne Provokation überhaupt nicht wahrgenommen wird (Rudi Dutschke)‹« (Arendt: 79).

Diese Rezeption Dutschkes durch Arendt wird in der gegenwärtigen Debatte über Dutschke als Theoretiker der Gewalt ebenso übersehen wie der internationale Kontext sowie die begriffliche Unschärfe der Gewaltdebatte. »Ich hätte meinen Essay über die Gewalt niemals ohne die Diskussion geschrieben, die mir deutlich machte, welch eine Verwirrung bei uns allen in dieser Frage herrscht«, schrieb Arendt an Shirley Broughton, die das Theatre for Ideas in New York organisierte (zit. nach Young-Bruehl: 473). Nicht nur die Alltagssprache, sondern auch die Fachsprache unterscheidet, wie sie feststellen muß, nicht zwischen den Schlüsselbegriffen Macht, Stärke, Kraft, Autorität und Gewalt (Arendt: 44). Ein Artikel über »Violence« fehlt in der 1968 aktuellen *Encyclopedia of the Social Sciences*. Arendt unterrichtet, während sie ihren Essay *On Violence* schreibt, an der New School for Social Research in New York. Ihr Seminar trägt den Titel »Politische Erfahrung im 20. Jahrhundert«. Die Ereignisse in den USA seit dem Attentat auf Martin Luther King setzen ihr zu. Sie beginnt sich unwohl zu fühlen in dem Land, das sie aufgenommen hat, als sie vor den deutschen Truppen aus Frankreich fliehen mußte. Sie überlegt, ihr Haus zu verkaufen, in die Schweiz zu ziehen (Young-Bruehl: 574). Auf jeden Fall aber will sie gleich nach Semesterende im Mai oder, wenn es geht, noch früher nach Europa fahren (Arendt/McCarthy: 320). Der Gesundheitszustand ihres Mannes, der im Frühjahr 1968 mehrere leichte Herzinfarkte erleidet, läßt jedoch diese Reise nicht zu.

So verfolgt sie über Radio, Fernsehen und Zeitungen, wie parallel zur Radikalisierung der Proteste in den USA in Europa der Mobilisierungsprozeß der Studentenbewegung von Woche zu Woche an Dynamik gewinnt. Sie verfolgt die Ereignisse mit Empathie. »Die Studenten demonstrieren«, erklärt sie im April, »und wir alle stehen ihnen zur Seite.« Ein Freund aus den Tagen des Exils in Paris, Chanan Klenbort, ein ehemaliger Kommunist, holt sie auf den Boden der Tatsachen zurück. Er weist sie darauf hin, daß sie ja nicht draußen demonstriere, sondern im Restaurant speise und diskutiere (Young-Bruehl: 567). Er trifft den Punkt. Arendt mag Menschenmengen und Massenversammlungen nicht. Sie nimmt an keinem Friedensmarsch teil. Sie sucht das Gespräch mit Studenten in kleinen Zirkeln. Sie unterstützt ihren Protest gegen die Weitergabe von Noten an die Musterungsbehörden, sie billigt das Mittel der Besetzungen. »Sit-ins und Besetzungen von Gebäuden sind«, wie sie schreibt, »etwas anderes als Brandstiftung und bewaffnete Revolte, und der Unterschied ist kein bloß gradueller.« Arendt tritt daher der Vorstellung entschieden entgegen, es gelte »vom Dissens zur Verschwörung, vom passiven Widerstand zum bewaffneten Aufstand« fortzuschreiten (Arendt: 49).

Arendt ist von dem, was um sie herum geschieht, fasziniert. Eine Studentenrebellion, die, spontan entstanden, aus moralischen Erwägungen agiert, gehört für sie zu den völlig unerwarteten Ereignissen dieses Jahrhunderts (Arendt: 108 f.). Neugierig die Nachrichten aus Paris verfolgend, stößt sie in den Zeitungen im Mai auf den Namen Daniel Cohn-Bendit. »Kennst du ihn?« fragt sie ihre Freundin, die Schriftstellerin Mary McCarthy, die als Ehefrau des amerikanischen Botschafters in Frankreich lebt. Arendt möchte von ihr wissen, ob sie helfen kann, eine Verbindung zu Cohn-Bendit herzustellen, der in der Presse als »roter Dany«, als »Jude« und »Deutscher« und »unerwünschte Person« bezeichnet und von der französischen Regierung aus Frankreich ausgewiesen worden ist (Arendt/McCarthy: 327). Als die Verbindung hergestellt ist, schreibt sie Cohn-Bendit, mit dessen Eltern sie und ihr Ehemann Heinrich Blücher in den Jahren ihres französischen Exils in Paris und Montauban befreundet waren: »Ich möchte Dir nur zwei Dinge sagen: erstens, daß ich ganz sicher bin, daß Deine Eltern, und vor allem Dein Vater, sehr zufrieden mit Dir sein würden, wenn sie noch lebten. Und zweitens, daß, falls Du in Ungelegenheit gerätst und vielleicht Geld brauchst, sowohl Chanan Klenbort wie wir immer bereit sein werden, nach Möglichkeit zu helfen« (zit. nach Young-Bruehl: 562).

9. Die Nacht der Barrikaden in Paris

Paris, 10./11. Mai: Seit Freitag, dem 3. Mai, hat auch Frankreich eine Studentenbewegung und mit Daniel Cohn-Bendit eine Symbolfigur des Protests. Ein Artikel Georges Marchais', des Vorsitzenden der Kommunistischen Partei Frankreichs (PCF), erschienen in *L'Humanité* an diesem Tag, hat dazu beigetragen, daß die Pariser Studenten sich mit ihm solidarisieren. Gemeinsam mit acht Kommilitonen aus Nanterre soll er sich am 6. Mai vor dem Disziplinarrat der Sorbonne verantworten, der in Disziplinarverfahren für Nanterre zuständig ist. Um auf diese Vorladung aufmerksam zu machen und zugleich gegen sie zu protestieren, haben sich einige hundert Studenten am Mittag des 3. Mai im Innenhof der Sorbonne eingefunden. Sie reagieren mit Hohn und Spott, als einer von ihnen, ein Trotzkist, den Artikel Marchais' vorliest, der aufruft, die »falschen Revolutionäre« zu demaskieren und insbesondere auf die Bewegung des 22. März verweist, die angeführt werde »vom deutschen Anarchisten Daniel Cohn-Bendit«. Die versammelten Studenten fühlen sich bestätigt in ihrer Ablehnung der PCF.

In Kenntnis gesetzt, daß Cohn-Bendit und seine Gruppe in den Innenhof gekommen sind, hat der Rektor der Sorbonne, aus Furcht, die Studenten könnten einen Hörsaal besetzen, Kontakt zur Polizei aufgenommen. Der Polizeichef von Paris, Maurice Grimaud, hat ihm die Hilfe der Polizei zugesagt für den Fall, daß er in Schwierigkeiten gerate. Erpicht darauf, einen Einsatz in der Sorbonne durchzuführen, ist Grimaud nicht. Er ist erst seit Januar 1967 im Amt und hat Maurice Papon, den Repräsentanten des Vichy-Regimes und Kollaborateur der Nationalsozialisten, abgelöst. Grimaud ist kein Befürworter repressiver Polizeieinsätze. Er sucht den Dialog. Ihm wäre es lieber, wenn die Pariser Sicherheitskräfte nicht in der Sorbonne zum Einsatz kämen, sondern Rektor und Dekane eine andere Lösung finden würden. Doch als Rektor Jean Marie Roche gegen 15 Uhr den Polizeieinsatz anfordert, »um die Ordnung im Inneren der Sorbonne wiederherzustellen und die Störer zu vertreiben«, ist Grimaud nicht in seinem Büro, sondern in der Luft: in einem Helikopter, gemeinsam mit Journalisten, auf einem Rundflug über Paris.

Die Zahl der Studenten im Innenhof der Sorbonne ist zu diesem Zeitpunkt auf ca. 500 gewachsen. Ihre Unruhe hat sich gesteigert durch das Gerücht, daß hundert »Faschisten« von der Gruppe Occident im Anmarsch auf die Sorbonne seien. Um sich gegen deren Angriff zu wappnen, haben maoistische und trotzkistische Studenten damit begonnen, Helme aus Plastiktüten zu ziehen und Tischbeine von Tischen zu lösen. Doch statt der erwarteten Hundertschaft der rechtsextremen Gruppe Occident dringen Hunderte von Polizisten in den Innenhof ein. Ein Sakrileg. Niemals zuvor hat die Polizei die Sorbonne betreten, nicht einmal unter der deutschen Besatzung. Während einige Studenten überlegen, Widerstand zu leisten, handelt Alain Krivine von der trotzkistischen Gruppe JCR mit dem Einsatzleiter einen friedlichen Abzug der Demonstranten aus. Krivine, 27, ist kein Student mehr, sondern arbeitet als Aushilfslehrer an einem Pariser Gymnasium. Der Sohn eines Zahnarztes, dessen Familie Ende des 19. Jahrhunderts aus der Ukraine nach Frankreich gekommen ist, um dem Antisemitismus zu entfliehen, hat sich seit seinem 16. Lebensjahr politisch engagiert. Er ist Mitglied der kommunistischen Jugendorganisation und des kommunistischen Studentenverbandes gewesen, bevor er sich 1966 von diesem gelöst und die trotzkistische Studentenorganisation JCR gegründet hat, die auf dem Campus von Nanterre 25 Mitglieder und ca. 40 Sympathisanten – vor allem aus den Reihen der Vietnamkriegsgegner – hat. Seine politische Erfahrung sagt ihm, daß Widerstand in dieser Situation zwecklos ist. Kaum hat er gemeinsam mit Cohn-Bendit an der Spitze der Demonstranten den Innenhof verlassen, sehen sie Polizeiwagen vor sich stehen. Was für die Polizei Routine ist, wirkt auf die Demonstranten wie ein Schock. Die Beamten wollen die Identität der Störer feststellen. Angesichts der großen Menge kann und soll das nicht vor Ort geschehen, sondern auf dem Präsidium. Die Demonstranten – ihre Anführer voran – müssen daher in Polizeifahr-

zeuge einsteigen, jeweils fünfundzwanzig pro Wagen. Die Türen schließen sich. Sie werden abtransportiert.
Von den umstehenden Studenten wird dies als Festnahme angesehen, ein Affront. »Befreit unsere Kameraden«, schallt es aus ihren Reihen und »CRS – SS«, obwohl nur städtische Polizisten anwesend sind und nicht die nationale Spezialeinheit zur Auflösung von Unruhen, Streiks und Demonstrationen, die Compagnie républicaine de sécurité (CRS). Die Gleichsetzung ist, aus der Sicht der Demonstranten, keine Übertreibung. Sie ist aber vor allem als Warnung zu verstehen, daß die Logik der Unterdrückung Polizisten in SS-Männer verwandeln könne (Auron: 255). Sie spielt zudem auf zwei Ereignisse an, die sich in Paris unter der Ägide Papons ereignet und in das Gedächtnis der studentischen Neuen Linken eingeschrieben haben: gewalttätige Übergriffe der Polizei auf Demonstranten im Kontext von Kundgebungen für die Unabhängigkeit Algeriens am 17. Oktober 1961 und 8. Februar 1962 in Paris, bei denen jeweils Demonstranten getötet worden waren. Diese Übergriffe, ausgeübt von Polizisten, die von Papon in hohem Maße aus ehemaligen Soldaten rekrutiert worden sind, haben ebenso wie die Folter, durchgeführt von französischen Soldaten in Algerien, zahlreiche französische Jugendliche politisiert, unter ihnen viele jüdische Radikale: Kinder der Überlebenden von Auschwitz.
Sich nicht als Opfer, sondern als Kinder von Opfern sehend, haben sie aus der Geschichte für sich eine Lehre gezogen: sensibel zu sein für alle Anzeichen von Unterdrückung, solidarisch mit den Opfern von Gewalt und stets auf der Seite der Minderheit, die leidet (Auron: 96 ff., 70). Aufgeschreckt durch den Algerienkrieg, haben sich viele seitdem kontinuierlich engagiert: für die kubanische Revolution und gegen die amerikanische Invasion in der Schweinebucht, für den Vietcong und gegen die US-Militärintervention in Vietnam, für die Black Panthers und einige auch für die Palästinenser. Die Kinder der Überlebenden von Auschwitz sind in Frankreich unter den Gruppen der Neuen Linken so stark vertreten, daß deren nationale Repräsentanten, wenn sie gewollt hätten, über alle politischen Gegensätze hinweg miteinander jiddisch hätten sprechen können

(Cohn-Bendit 1975: 11 f.). Viele sehen sich als »existentialistische Juden« im Sinne Sartres oder sind, wie Alain Finkielkraut, der sich ihnen zurechnet, es nennt, »imaginäre Juden«, insofern sie ihr Jüdisch-Sein nicht aus Religion und Kultur herleiten, sondern über die Shoah konstruieren. Was sie in den sechziger Jahren verbindet, ist zudem die Überzeugung, Antisemitismus, Ausbeutung und Unterdrückung entgegenwirken zu können durch eine sozialistische Revolution. Umstritten sind lediglich die Wege dorthin. Der Polizeieinsatz am 3. Mai in der Sorbonne überbrückt ihre Differenzen und führt herbei, was jahrelange politische Agitation nicht vermochte: Die Kommilitoninnen und Kommilitonen beginnen, sich mit ihnen zu solidarisieren.

Die Polizisten werden angesichts der kritischen Reaktion der Studenten nervös, sie stoßen die ersten Demonstranten zurück. Der Druck, der dadurch entsteht, erzeugt Gegendruck: »Nieder mit der Repression« hallt es ihnen entgegen. Während von außen, durch die Rufe herbeigelockt, immer mehr Schaulustige herandrängen, wächst die Spannung im Innern des Zirkels an. Es kommt zu einem Handgemenge zwischen Polizisten und Demonstranten, Knüppel werden gezogen, die Studenten weichen, stoßen aber immer wieder zurück. Unter ihnen befinden sich viele Frauen, die von Anfang an den Protest gegen die Polizei getragen haben und sich auch jetzt nicht zurückziehen. Die Sicherheitskräfte setzen Tränengas ein. Nebel umhüllt binnen kurzem Demonstranten wie Passanten und auch die Gäste der beiden Cafés an der Place de la Sorbonne. In der allgemeinen Verwirrung bemerken zunächst nur wenige, was dann geschieht. Es ist 17.30 Uhr, als der erste Pflasterstein fliegt. Ein Brigadier bricht hinter der Windschutzscheibe seines Polizeiwagens zusammen. Dem ersten Stein werden viele folgen, doch zunächst einmal treibt dieser Stein die Geschichte voran.

Die Nachricht, daß einer ihrer Kollegen schwer verletzt worden sei, verbreitet sich in Windeseile unter den Beamten. Die Bedrohung wächst und mit ihr die Gewalt. Die Unterschiede zwischen Demonstranten und Passanten verwischen sich in den Straßen des Quartier Latin. Die Polizei geht gegen jeden vor, der ihr im Wege steht.

Insgesamt werden 574 Personen festgenommen, 300 an der Sorbonne und 274 in den umliegenden Straßen. Cohn-Bendit beschreibt später, wie die Situation auf dem Kommissariat von Stunde zu Stunde drückender wurde. Ein Polizist spricht den Wunsch nach Vergeltung offen aus: »Auge um Auge, Zahn um Zahn.« Ein anderer läßt sich zu dem Ausspruch verleiten: »Mein Kleiner, du wirst zahlen. Es ist schade, daß du nicht in Auschwitz krepiert bist mit deinen Eltern, weil man es dann heute nicht tun müßte.« (Cohn-Bendit 1975: 33)

Cohn-Bendit wird schon am Samstag, dem 4. Mai, freigelassen, doch 13 Studenten bleiben in Gewahrsam. Einer von ihnen wird in einem Schnellgerichtsverfahren am Wochenende freigesprochen, acht zu Gefängnisstrafen mit Bewährung und vier zu sofort wirksam werdenden Gefängnisstrafen von zwei Monaten verurteilt. Unter den vier Verurteilten befindet sich der Präsident der Vereinigung christlicher Studenten an der Sorbonne, Jean Clement, 22, der als Organisator der Wallfahrten nach Lourdes vehement bestreitet, während der Demonstration gewalttätig geworden zu sein. Die Strafen sind, aus der Sicht Grimauds, ungewöhnlich streng. Er ist unzufrieden, doch unterschätzt auch er noch, wie er später einräumt, die Wirkung auf das Studentenmilieu. »Befreit unsere Kameraden« wird eine der drei Grundforderungen der französischen Studentenbewegung. Auch die zweite ihrer Forderungen richtet sich gegen die Polizei, wenngleich diese nur indirekt für den Tatbestand verantwortlich ist. Der Rektor der Sorbonne hat am Freitag abend die Universität schließen lassen, zum ersten Mal in ihrer Geschichte. Sie ist seitdem von Polizeieinheiten umstellt. Abzug der Polizeikräfte aus dem Quartier Latin und Wiedereröffnung der Sorbonne lauten daher die beiden anderen Forderungen. Wider Willen hat Rektor Roche mit seiner Anforderung des Polizeieinsatzes die Solidarisierung zwischen Aktivisten und bislang unpolitischen Studenten sowie zwischen den verschiedenen Organisationen gefördert. Die Formierung der Studentenbewegung in Frankreich erfolgt also spontan aus einem sich gleichsam selbsterzeugenden Handlungsprozeß heraus.

In einem Wechselspiel von studentischer Aktion und staatlicher Repression steigert sich, einer Kettenreaktion gleich, in den nächsten

Tagen die Mobilisierung, wobei die Dynamik der Aktionen immer mehr Schüler und Jugendliche (darunter vereinzelt auch junge Arbeiter) auf die Seite der Studenten bringt.

Die Bewegung formiert sich dabei vor dem Hintergrund einer schon länger schwelenden allgemeinen Krise der Universitäten. Die Ausweitung der tertiären Bildung, die sich in den sechziger Jahren in allen westlichen Industrieländern vollzieht, hat die Studentenzahlen in Frankreich von 200 000 (1960) auf 587 000 (1968/69) anwachsen lassen. Damit ist Frankreich an die Spitze der europäischen Bildungsstatistik gerückt. Als Folge der sozialen Öffnung der sekundären Bildungsinstitutionen sind verstärkt Studenten aus dem mittleren bzw. Kleinbürgertum an die Hochschulen gelangt, die auf sozialen Aufstieg durch Bildung hoffen. Während die Erwartungen der Studierenden dadurch gestiegen sind, sind ihre real garantierten Chancen gesunken. Das Hochschulstudium ebnet nicht mehr automatisch den Zugang zu einem akademischen Beruf. Diese Erfahrung struktureller Deklassierung wird durch die Struktur des Lehrkörpers verstärkt. Um den Zustrom der Studenten aufzufangen, ist die Zahl der Assistentenstellen erhöht worden, während sich die der Professorenstellen nur geringfügig verändert hat. Der Effekt ist ein doppelter: Die Kommunikation zwischen Studenten und Professoren nimmt ab. Zugleich verringern sich die Aufstiegschancen der Assistenten. Die Unzufriedenheit macht sich in wachsender Kritik an den Professoren Luft. Gibt es doch, wie Raymond Aron, Professor an der Sorbonne, freimütig einräumt, zwischen einem französischen Professor und Gott nichts.

Indes, nicht die Strukturkrise der französischen Universität führt die allgemeine Eskalation im Mai 1968 herbei, sondern ein »kritisches Ereignis«, das die Wahrnehmung der sozial heterogenen Gruppen synchronisiert: die Nacht der Barrikaden vom 10. auf den 11. Mai.

Eine Woche nach Schließung der Sorbonne besetzen Studenten und Jugendliche, im Anschluß an eine friedliche Demonstration für ihre drei Grundforderungen, eine Enklave innerhalb des Quartier Latin und beginnen, Barrikaden zu bauen. Sie entstehen ohne Plan und sind symbolischer Ausdruck des studentischen und jugendlichen

Protests, der sich überlieferter Formen bedient und sich doch einfachen historischen Analogien entzieht. Die Barrikaden, die in der Nacht errichtet werden, sind ein Zitat. Die Schüler und Studenten beziehen sich auf das Vorbild der Kommune (1871) und der Befreiung der Stadt von der deutschen Besatzung (1944) und beschwören so Erinnerungen an historische Vorbilder herauf. Die Barrikaden haben keinen instrumentellen, sondern expressiven Charakter. Erst im Verlauf dieser provokativen Aktion und des folgenden Polizeieinsatzes werden die Proteste der Studenten politisiert: durch das Echo der Medien, die Reaktion der Öffentlichkeit sowie die Maßnahmen der Regierung und der Gewerkschaften.

Der Aktionismus der Studenten zieht die Massenmedien an. Durch die Vermittlung zweier Radioübertragungswagen, die unmittelbar nach Errichtung der ersten Barrikaden in das besetzte Gebiet gefahren sind, wächst die Außenwirkung der Bewegung. Sie sprengt nicht nur die Grenzen des Quartier Latin, sondern wirkt weit über die Hauptstadt hinaus. Durch Berichterstattung wird eine Öffentlichkeit konstituiert, die aufmerksam registriert, was passiert, und sich eine eigene Meinung bildet. Die Proteste springen von Paris auf die Provinz über.

Polizeipräsident Grimaud greift auch dann noch nicht ein, als nach Schätzung der Polizei bereits 25 Barrikaden entstanden sind. Er wartet auf die Anweisungen der Regierung und hofft, daß die Schüler und Studenten mit der letzten Metro nach Hause fahren. Alain Touraine, Professor in Nanterre und einer der Vordenker der intellektuellen Neuen Linken, hält kurz vor Mitternacht das Warten nicht mehr aus. Aus Angst vor einer möglichen Eskalation dringt er zur Polizeiabsperrung um die Sorbonne vor und sucht gemeinsam mit anderen Kollegen ein Gespräch mit Rektor Roche. An seiner Seite befindet sich sein Student Cohn-Bendit. Die Polizisten erkennen ihn sogleich. Wortgewandt weist Touraine ihre Einwände, der Rektor wolle Cohn-Bendit nicht sehen, zurück. Er werde zunächst mit dem Rektor sprechen, danach könne dieser selbst entscheiden, wen er empfangen wolle. Die Beamten lassen sich darauf ein. Zunächst wird eine Delegation von Professoren empfangen, danach auch Studenten. Niemand weist den Rektor darauf hin, daß auch Cohn-Bendit darunter ist. Auf die Frage des Rektors, was aus seiner Sicht zu tun sei, antwortet Cohn-Bendit: »Das ist sehr einfach. Sie lassen die Polizei abziehen, öffnen die Sorbonne wieder, und ich finde drei oder vier Orchester, und es gibt ein Fest.« Die spielerische Definition der Wirklichkeit provoziert, doch die Situation entfaltet sich nicht. Bevor der Rektor reagieren kann, läutet das Telefon. Der Erziehungsminister ist am Apparat. »Sie haben Cohn-Bendit vor sich«, klärt er den Rektor auf. Der Rektor weist diese Unterstellung entschieden zurück: »Keineswegs«, teilt er dem Erziehungsminister mit. »Wie, haben Sie nicht einen Jungen vor sich, ein wenig protzig und rot?« insistiert dieser und hört am anderen Ende der Leitung den Rektor sagen: »Ja, hier ist so einer.« Auf diese Weise erfährt Rektor Roche, was Millionen von Franzosen bereits wissen. Um 0.35 Uhr hat RTL nämlich bekanntgegeben, daß eine Studentendelegation die Sorbonne betreten hat, zehn Minuten später hat Europe I gemeldet, daß Cohn-Bendit darunter ist. Der Rektor bricht die Verhandlungen ab. Die Regierung gerät in Zugzwang, wobei ihr Legitimitätsverlust droht, gleichviel, ob sie nachgiebig reagiert oder repressiv. In dieser Situation fehlt es ihr an einer überzeugenden Strategie sowie an Entscheidungsfähigkeit, da Premierminister Georges Pompidou in Afghanistan weilt. Den zuständigen Ressortministern fällt es schwer, sich zu koordinieren. Präsident Charles de Gaulle ist wie stets früh zu Bett gegangen. Keiner der Minister traut sich, ihn zu wecken. Doch als alle Vermittlungsversuche gescheitert sind, handeln sie so, wie er es ihrer Meinung nach tun würde: Sie definieren die demonstrierenden Studenten als Aufständische, ihre Proteste für ihre drei Forderungen als »Aufruhr«. Nach langem Zögern läßt Innenminister Christian Fouchet die Barrikaden in den frühen Morgenstunden des 11. Mai durch Polizei- und CRS-Truppen räumen. Die Polizisten gehen mit äußerster Härte vor, bis um 5.30 Uhr auch die letzte Barrikade geräumt ist. Es ist eine »Schlacht ohne Gnade«, wie *Der Spiegel* schreibt. Die Brutalität des Polizeieinsatzes ruft noch in der Nacht vehemente öffentliche Proteste hervor und führt am 11. Mai zur Solidarisierung der französischen Gewerkschaften mit den Studenten. Sie rufen für den 13. Mai zu einem landesweiten 24stündigen Generalstreik und zu Kundgebungen auf, um gegen die Repression zu protestieren und den Forderungen der Studenten Nachdruck zu verleihen.

Die dramatischen Ereignisse in der Nacht vom 10. auf den 11. Mai wurden also weniger durch den Bau der Barrikaden als durch die Reaktion der Regierung und der Polizei herbeigeführt. Das »kritische Ereignis« durchbricht den Alltag und die normale Ordnung der Dinge, fordert zur Stellungnahme heraus, macht die Zeit zur öffentlichen Zeit, schafft eine Situation, aus der heraus neue soziale und politische Konstellationen, Optionen und Verhaltensweisen entstehen. Es gibt jedoch einen, der sich dem allen entzieht, indem er ziellos, kreuz und quer mit der Metro durch Paris fährt, in sich versunken, mit sich allein: Peter Handke.

10. Die Gewalt der Sprache – Peter Handkes »Kaspar« im Frankfurter TAT

Frankfurt, 11. Mai: Während in Paris der Generalstreik geplant wird, inszeniert die Außerparlamentarische Opposition (APO) in der Bundesrepublik einen »Sternmarsch« auf Bonn, wo im Parlament die zweite Lesung der Notstandsgesetze ansteht. Diese sollen den Ausnahmezustand regeln, der im Fall äußerer und innerer Bedrohung des Staates eintreten kann, und sehen gravierende Einschränkungen der Grundrechte vor. 25 000 bis 50 000 Demonstranten der APO – die Angaben schwanken, zeigen beide aber auf jeden Fall die größte Demonstration der APO an – sind gekommen, um ihr Veto zu formulieren und dadurch den, wie sie es sehen, Anfängen zu wehren. In der Weimarer Republik hatte es der Artikel 148 der Reichsverfassung dem Reichspräsidenten ermöglicht, Grundrechte außer Kraft zu setzen und mit Notverordnungen zu regieren. Vor diesem Hintergrund liegen die Folgen der Notstandsgesetze für die Demonstranten auf der Hand: der Parlamentarismus soll ausgehöhlt, der erneute Aufstieg des Faschismus eingeleitet werden. Doch das wollen sie verhindern. Der SDS ist entschlossen, zu intervenieren, und hat zu diesem Zweck Bündnispartner gesucht und gefunden in der Kampagne für Demokratie und Abrüstung (Ostermarschbewegung), unter den Gewerkschaften (IG Metall, IG Druck und IG Chemie) sowie unter Künstlern und Intellektuellen. Auf der zentralen Kundgebung in Bonn spricht Heinrich Böll neben dem Vorsitzenden des SDS, KD Wolff, und den Gewerkschaftsfunktionären Georg Benz (IG Metall) und Werner Vitt (IG Chemie).

Die Studenten fordern die Gewerkschaften auf, dem französischen Beispiel zu folgen und auch in der Bundesrepublik einen Generalstreik auszurufen. Die Arbeitnehmervertreter reagieren verhalten. Generalstreik ist kein gängiges Mittel im Kampf der deutschen Gewerkschaftsbewegung – sieht man von Ausnahmen wie dem Widerstand gegen den Kapp-Putsch im März 1920 ab. Auch sind die Reihen der Gewerkschaften in der Ablehnung der Notstandsgesetze

gespalten. Nur eine Minderheit der Einzelgewerkschaften ist im Kuratorium Notstand der Demokratie vertreten, das, 1966 gegründet, die außerparlamentarische Opposition gegen die Notstandsgesetze repräsentiert und koordiniert. Die Mehrheit folgt der Devise des Deutschen Gewerkschaftsbundes (DGB), durch innerparlamentarische Opposition den Gesetzen ihren Stachel zu nehmen. Seine Richtlinie für den 11. Mai heißt, getrennt zu demonstrieren. Er ruft daher zeitgleich zum »Stermarsch« alle Einzelgewerkschaften zu einer zentralen Kundgebung in die Westfalenhalle nach Dortmund. 10 000 Menschen folgen dem Appell. Die Spaltung der Opposition gegen die Notstandsgesetze tritt deutlich hervor.
Gehör finden die studentischen Demonstranten in Bonn mit einem zweiten Vorschlag, am Ende der Großkundgebung nach Bad Godesberg vor die französische Botschaft zu ziehen und dort gegen die Repression in Paris zu protestieren. Einer der Demonstranten, die an diesem Tag nach Bonn gefahren sind, ist Claus Peymann. Gern hätte auch er seinen Zorn über die französische Polizei und seine Solidarität mit den Pariser Studenten bekundet. Aber er kann nicht. Er muß zurück nach Frankfurt, wo ihm am Abend noch ein zweiter »Sternmarsch« bevorsteht, derjenige der Theaterkritiker.
Auf dem Programm des Theaters am Turm (TAT), an dem er als Regisseur wirkt, steht die Premiere von *Kaspar*, Peter Handkes neuestem Theaterstück. Die Erwartungen sind hoch und gespannt. Kann Handke als Dramatiker fortsetzen, was er mit der *Publikumsbeschimpfung* begann, die im Juni 1966 uraufgeführt worden ist?
Handke hat sich dem Premierentrubel entzogen und ist in Paris untergetaucht. *Kaspar* ist sein bislang ehrgeizigstes Projekt. Nicht Personen (Charaktere) werden darin zur Darstellung gebracht, sondern die Sprache selbst. Gezeigt wird, wie die Sprache die Wirklichkeit zementiert, wie sie den Menschen zum Opfer ihrer Logik macht. »Sprechfolterung«, so Handke, könne das Stück auch heißen, demonstriert es doch die Gewalt der Sprache, die der Authentizität des Individuums enge Grenzen setzt, insofern sie dessen Vorstellungen und Phantasien dem einschnürenden Zwang von Begriffen und Schablonen unterwirft.

Auf der Bühne wird die Geschichte von Kaspar gezeigt, eines an Kaspar Hauser angelehnten sprachlosen Mannes, »der durch Sprechen zum Sprechen« gebracht wird. »Ich will so werden wie einer, der einmal gewesen ist«, ist das einzige, was er sagen kann, als das Stück beginnt. Die »Einsager«, anonyme Stimmen, die aus Lautsprechern auf ihn einreden, treiben ihm diesen Satz aus. So wird der schweigende Kaspar zu neuem Leben erweckt. Die »Einsager« geben ihm dazu Versatzstücke ein. Wehrlos ist er ihren auf ihn einprasselnden Phrasen ausgesetzt. Die Sprache wird in ihn, wie in einen Computer, »eingefüttert«. Man stattet ihn mit einer Ordnung aus, die sich in dieser Sprache realisiert. Während er zu sprechen lernt, wird er mit den Mechanismen synchronisiert, die die Zivilisation organisieren: mit der Grammatik und dem Vokabular der zu einem einzigen großen Gemeinplatz erstarrten Sprache (Schings: 4).

In dem Maße, in dem Kaspar über die Sprache zu verfügen glaubt, verfügt sie über ihn (Malkin: 22 ff.). Wörter sind, so Handke, das Gegenteil von Denken. Die einzige Wahl, die sie dem Individuum lassen, ist, wie er in *Die Innenwelt der Außenwelt der Innenenwelt* schreibt: »PARIER oder KREPIER« (Handke 1969: 96 f.). Die Zuschauer im Frankfurter TAT, die »Solidaritätskaspars«, wie Handke sie nennt, nehmen diese Weltsicht nicht an. »Sei doch ungehorsam! Geh ab!« fordern sie den Kaspar-Darsteller Wolf Redl auf, als er, den Anweisungen der »Einsager« folgend, mühsam um sprachliche und körperliche Ausdrucksformen ringt. Die antiautoritäre Frankfurter Linke will nicht tatenlos zusehen, wie die aufgezwungene Ordnung den Sieg erringt. Der Lyriker Hans Imhoff klettert auf die Bühne und versucht, eine Pressekonferenz gegen Siegfried Unseld, Handkes Verleger, abzuhalten. Die Intervention mißlingt. Das Publikum will, daß weitergespielt wird (Koberg: 93).

Am Ende schlagen Peymann die Buh-Rufe entgegen, die eigentlich Handke gelten, der wohlweislich nicht erschienen ist. Parteilosigkeit werfen die Kritiker im Saal ihm vor – während die Theaterkritik sich mit Lob überschlägt. Handkes *Kaspar*, zeitgleich in Frankfurt und Oberhausen uraufgeführt, wird ein »Theaterereignis« genannt und zum »Stück des Jahres« 1968 gewählt. Die Uraufführung am Tag des

»Sternmarsches« der Gegner der Notstandsgesetze sei ein Zufall, schreibt Peter Iden in *Theater heute*, doch formuliere Handke in seinem Stück, »worum es in dieser Gesellschaft jetzt geht« (Iden: 28). Literatur ist für Handke Sprachkritik. Sprache ist eine Realität für sich, die nicht an den Dingen, die sie beschreibt, sondern lediglich an den Dingen, die sie bewirkt, geprüft werden kann (Handke 1972: 34). Über Sprachkritik versucht Handke zu einer authentischen Wahrnehmung seiner selbst vorzudringen. Diese authentische Wahrnehmung setzt die Zerschlagung von Sprachschablonen voraus, die Aufhebung der sprachlichen Entfremdung des Individuums. So gesehen ist Sprachkritik auch Gesellschaftskritik, deckt sie doch die regulierende Macht der Sprache über das Denken und die Wahrnehmung von Individuen auf. Handke akzentuiert und dramatisiert die sogenannte zweite oder »kulturelle« Entfremdung, die, herbeigeführt durch die Sprache, tiefer und unumkehrbarer noch als die ökonomische in das Leben der Menschen eingreift. Er zeigt die Sprache derer, die sich von der Sprache vergewaltigen lassen. Der Vorwurf der »Parteilosigkeit«, den das Frankfurter Publikum gegen ihn erhebt, trifft ihn nicht. Er schreibt vom Standpunkt eines Mannes, der, dem System der Sprache unterworfen, ein Opfer der Repression der Wörter geworden ist, und fordert auf zu einem kontrollierenden Gebrauch der Sprache, zu einer Kritik ihrer normierenden, strukturierenden und reproduzierenden Macht.

»[E]in aufstand gegen die sprache ist«, wie Handkes Vorbild Oswald Wiener schreibt, »ein aufstand gegen die gesellschaft« (Wiener 1969: CXLIV). Handke warnt vor der Bedrohung der Autonomie des Individuums durch die Sprache, vor den Folgen unkritischer Übernahme von Sätzen, vor einer Versprachlichung, die Untertanen erzeugt. Er will aufrütteln, »Ekel« erzeugen vor der Sprache und dadurch »Bewußtsein schaffen« für die ihr innewohnende Gewalt (Malkin: 12). Je mehr Kaspar die Ordnung der Dinge durch die Sprache durchschaut, desto mehr begehrt er auf: »Jeder Satz ist für die Katz«, reklamiert er auf der Bühne in rhythmischer Form. Seine Versuche, die Ordnung der Sätze zu durchbrechen, die Grammatik zu zerschlagen, enden jedoch im Nonsens, in sinnlosen Sprachfragmenten. Läßt sich die »Manipulierbarkeit des einzelnen durch die öffentlich verordnete Sprache«, die im Zentrum von *Kaspar* steht (Strauß: 64 f.), nicht überwinden? Läßt sich Sprachkritik nur in Sprachskepsis überführen?

Die französische Avantgarde denkt radikaler. Bereits seit Ende der fünfziger Jahre kritisieren die Situationisten, eine transnationale Avantgardegruppe in der Tradition der Dadaisten, Surrealisten und Lettristen, den Verlust einer Sprache der Kommunikation. Gesellschaftskritik, so ihre Prämisse, muß sich einer neuen Sprache bedienen. Diese könne nur eine »Sprache des Widerspruchs« sein, dialektisch in ihrer Form und ihrem Gehalt sowie gekennzeichnet durch den Stil der Negation. Gruppiert um Guy Debord in Paris, haben sie versucht, eine solche »neue« Sprache zu schaffen, beispielsweise durch die Umkehrung der etablierten Beziehungen zwischen den Begriffen. »Entwendung« von Begriffen nennen sie das Konzept, Bedeutungsgehalte zu verfremden und subversiv mit neuen Ideen aufzuladen (Debord 1996: 1973 f.). Was die Situationisten dabei tun, ist, »entwendete« Worte »arbeiten«, soll heißen: tradierte Sinn- und Bedeutungsmuster durchbrechen zu lassen. Diese Wortarbeit durch »Entwendung« von Begriffen wird von den Situationisten als ein »Gewaltakt« verstanden, der jede bestehende Ordnung stört und daher, so Debord, als eine Form der Kritik an der Gesellschaft angesehen werden kann (Debord 1996: 176).

Der »Gewaltakt«, mit dem die Situationisten gegen das Gehäuse der Sprache und den von ihm ausgehenden Zwang aufbegehren, beruht auf einer Redefinition bzw. »Entwendung« des Gewaltbegriffs. »Gewaltakt« umschreibt die »Tat« der schöpferischen, nonkonformistischen Durchbrechung von Semantiken und alltäglichen Situationen, von Sprach- und Spielregeln mit dem Ziel, regelverletzend die authentische Expressivität des Individuums zu steigern, verlorene oder abgebrochene Kommunikation wiederherzustellen sowie Klassifikations- und Wahrnehmungsschemata zu verändern. Diese eher symbolische Gewalt verknüpft sich mit einem Begriff der Subversion, der in dieselbe Richtung zielt. Die Subversion, welche die Situationisten einleiten wollen, ist weder auf die Eroberung der staatlichen Macht noch auf die Veränderung von Gesetzen, Regeln, Werten gerichtet. Die subversive Aktion der Situationisten zielt auf eine Veränderung der Regeln der Regeln, das heißt auf die Veränderung von Denk-, Wahrnehmungs- und Klassifikationsschemata der sozialen Welt.

Die Situationisten sind dabei, als am am Abend des 13. Mai die am Vormittag wiedereröffnete Sorbonne von den Studenten »besetzt« wird. »Ich nehme meine Träume für die Wirklichkeit, weil ich an die Wirklichkeit meiner Träume glaube«, schreibt einer von ihnen ins Treppenhaus der alten Universität, in der nicht länger Rektor Roche das Hausrecht hat, sondern ein »Besetzerkomitee« über die neue Ordnung der Dinge und die Einhaltung der neuen Regeln wacht. Clive Goodwin von der britischen Vietnam Solidarity Campaign, der, unmittelbar nach der Barrikadennacht nach Paris gesandt, diese Zeilen liest, erklärt gegenüber Tariq Ali am Telefon: »Hier ist eine Revolution im Gange« (Ali: 217).

11. Generalstreik in Frankreich und der Ruf nach »autogestion«

Paris, 13. Mai: Der französische Premierminister, Georges Pompidou, am Abend des 11. Mai aus Afghanistan zurückgekehrt, hat vierzehn Stunden nach der gewaltsamen Räumung des Quartier Latin in einer Fernsehansprache den Studenten die Erfüllung ihrer drei Forderungen zugesagt. Durch diese Entscheidung hat er in erheblichem Maße dazu beigetragen, das »kritische Ereignis« Barrikadennacht in einen »kritischen Moment« (Bourdieu) zu überführen, einen Zustand, »in dem gegen die alltägliche Erfahrung der Zeit als bloßer Weiterführung der Vergangenheit oder einer in der Vergangenheit angelegten Zukunft – alles möglich wird (oder doch erscheint), in dem die Zukunft wirklich kontingent, das Kommende wirklich unbestimmt, der Augenblick wirklich als solcher erscheint – in der Schwebe, abgehoben, ohne vorhergesehene noch vorhersehbare Folgen (Bourdieu: 287).
Anders als vom Premierminister erwartet, halten die Gewerkschaften an ihrem Streikaufruf fest und reagieren auf die Zugeständnisse der Regierung mit einer Erhöhung ihrer Forderungen. Jetzt verlangen sie eine demokratische Reform des Unterrichts, Vollbeschäftigung und eine Transformation des ökonomischen Systems durch und für das Volk. Am Demonstrationszug in Paris am 13. Mai nehmen Hunderttausende teil – 200 000 bis 300 000 nach Schätzung der Polizei, eine Million nach Schätzung der Demonstranten. Studenten- und Arbeiterbewegung verbinden sich. Nicht nur in Paris, sondern auch in anderen Städten Frankreichs wird protestiert: In Lyon gehen 35 000 auf die Straße, in Toulouse 40 0000, in Marseilles 50 000. Der 13. Mai ist der zehnte Jahrestag des Putsches französischer Generale in Algerien und mithin der Jahrestag eines Ereignisses, welches das Ende der Vierten Republik und die Machtübernahme Charles de Gaulles einleitete; einem Generalstreik an diesem Tag fällt notwendigerweise eine den Konflikt übergreifende, symbolische Bedeutung zu. Plakate

mit der Aufschrift »Zehn Jahre sind genug« unterstreichen diese Dimension des Konflikts (Gilcher-Holtey 2001: 259-266).

Die Dynamik des Mobilisierungsprozesses wird deutlich, als am 14. Mai junge Arbeiter der Flugzeugfabrik Sud-Aviation in Nantes die Arbeit nach dem auf 24 Stunden befristeten Generalstreik nicht wiederaufnehmen, sondern die Werkhallen besetzen, das Gelände abriegeln und den Betriebsleiter festsetzen. Sie folgen mit ihrer Aktion dem Beispiel der Pariser Studenten, die am Vorabend nach Abschluß der Großdemonstration in Paris die Sorbonne besetzten, sowie der Agitation der anarchosyndikalistischen Gewerkschaft Force Ouvrière (FO), die in Nantes einen Organisationsschwerpunkt hat. Seit langem haben deren Vertreter die direkte Aktion als Mittel zur Durchsetzung der Arbeiterforderungen propagiert. Vergeblich. Erst in der politisch-sozialen Konstellation, die zwischen dem 11. und 13. Mai entstanden ist, setzen sie sich mit ihrer Strategie durch. Die Fabrikbesetzung in der Provinz, von den Akteuren in der Hauptstadt zunächst kaum registriert, löst in den nächsten Tagen eine Kettenreaktion aus. Der spontane Streik der Arbeiter springt über auf die Renault-Werke und von dort auf andere Betriebe. Ohne Appell der Gewerkschaftszentralen befinden sich binnen weniger Tage 7,5 bis 9 Millionen Arbeiter im Ausstand.

Eigentlich befindet sich die französische Volkswirtschaft am Vorabend der Mai-Ereignisse nicht in einer Krise, der spontane Mobilisierungsprozeß kann ökonomisch-strukturell also kaum erklärt werden. Zwar gibt es Verteilungskonflikte – insbesondere im Bereich der unteren Einkommen – und die Arbeitslosigkeit nimmt zu, doch die französische Wirtschaft leidet unter der Rezession des Jahres 1966 weit weniger als die der Bundesrepublik und unterliegt daher geringeren ökonomischen Brüchen und Schwankungen. Frankreich gilt, aus der Sicht der Experten, 1968 als krisenfestes und stabiles Land (Gilcher-Holtey 2001: 270-284). Latente Unzufriedenheit, die nicht allein auf sozial-ökonomische Ursachen zurückgeführt werden kann, sondern aus den betrieblichen Autoritätsstrukturen resultiert, schlägt im Mai 1968 in kollektive Handlungsbereitschaft und eine manifeste Protesthaltung um, die der gewerkschaftlichen Führung entgleitet. Der Erfolg der Studenten bei der Durchsetzung ihrer Forderungen gegen die Regierung ermutigt die Arbeiter, auch die Erwartungen anderer Gruppen steigen. Neue Aktionsformen erweitern die Handlungsbereitschaft. »Wenn die Regierung den Studenten nachgibt«, so die Aussage eines Arbeiters, die die Stimmung unter der Arbeiterschaft wiedergibt, »warum dann nicht auch uns?« (Gavi: 82 f.) Es tritt ein Zustand ein, in dem alles möglich wird – oder zumindest erscheint.

Es sind die Arbeiter der verstaatlichten Industrieunternehmen, die die Streikbewegung auslösen. Unter ihnen stellen die jungen Arbeiter den radikalen Kern, der die Belegschaft mobilisiert. Es ist der »État patron«, den sie mit ihrer direkten Aktion zum Nachgeben zwingen wollen. Sie können sich auf eine Tradition innerhalb der Arbeiterbewegung stützen und bündeln kollektive Handlungsbereitschaft, ohne diese auf ein konkretes Ziel hin zu orientieren. So kann die Okkupation der Betriebe ein Druckmittel sein, um den Staat und die Unternehmer zu Verhandlungsbereitschaft und Konzessionen zu zwingen. Sie kann die Selbständigkeit der betrieblichen Basis gegenüber den Apparaten der Gewerkschaftsorganisationen der alten Linken zum Ausdruck bringen. Betriebsbesetzungen können aber auch der Auftakt zur umfassenden Transformation der Betriebs-, Unternehmens- und Wirtschaftsstruktur gemäß der anarchistisch-syndikalistischen Strategie sein, die nun zur Konzeption der Neuen Linken wird. Es kommt auf die Intentionen der Akteure an. Die Streikenden entwickeln wie die Studenten ihre Ziele aus der Dynamik des Interaktionsprozesses heraus.

Die ersten Forderungen der Streikkomitees weisen keine wesentlichen Abweichungen von den gewerkschaftlichen Forderungen des Vormai auf, doch die Bewegung ist mehr als ihre gedruckten Worte. In den Vollversammlungen der besetzten Betriebe drückt sich eine kreative Unruhe aus. Die nichtkommunistische Gewerkschaft Confédération française démocratique du travail (CFDT), in der Orientierungen, welche der studentischen Neuen Linken nahestehen, am stärksten verbreitet sind, bringt die Erwartungen auf den Begriff, indem sie am 16. Mai, zwei Tage nach Ausbruch der spontanen

Arbeitsniederlegungen, die Losung ausgibt, welche dem Streik eine neue Dimension verleiht: »autogestion«. Mit dieser Forderung strebt die CFDT eine Veränderung der Lenkungs- und Entscheidungsstrukturen in den Betrieben und Unternehmen an, den Abbau von Herrschaft und Hierarchien, die Freisetzung der Kreativität der Arbeiter durch Selbstbestimmung und Selbstverwaltung. Zwar bleibt offen, wie »autogestion« institutionell und rechtlich entwickelt und konkretisiert werden soll, aber die antihierarchische, antiautoritäre Komponente reicht aus, um Studentenbewegung und Arbeiterschaft in der Zielrichtung zu einen. Der Demokratisierung der Universitäten soll die der Betriebe folgen: »Die industrielle und administrative Monarchie muß durch demokratische Strukturen auf der Grundlage der ›autogestion‹ abgelöst werden« (Detraz: 53). Es ist »eine durch gemeinsame Bestrebungen, Hoffnungen und Erwartungen konstituierte Gemeinschaft« (»communauté d'aspiration«), welche Arbeiter- und Studentenbewegung eint.

Es ist das erstemal, daß das nationale Gewerkschaftsbüro der CFDT den Begriff »autogestion« in einer öffentlichen Erklärung verwendet. Wenngleich die internen Debatten der Gewerkschaft über die Konzeption der »autogestion« bis in das Jahr 1963 zurückreichen, ist der Begriff nicht offiziell eingeführt, das Konzept ist umstritten. Die Forderung nach »autogestion« unterscheidet sich von der klassischen Transformationskonzeption der »alten Linken«. Sie rückt die Macht- und Entscheidungs-, nicht mehr die Besitz- und Eigentumsverhältnisse in den Mittelpunkt einer in den Betrieben beginnenden gesamtgesellschaftlichen Transformationsstrategie. »Autogestion« ist ein Programm zur Demokratisierung der Lenkungs- und Entscheidungsstrukturen in den Betrieben, zur Entflechtung von Kompetenzmonopolen in Institutionen. Es erstrebt den Abbau von Herrschaft und Hierarchien, die Freisetzung der Arbeiter durch Selbstbestimmung und Selbstverwaltung. Kurz: Es ist ein Programm zur Verwandlung von Heteronomie in Autonomie, zur Erreichung einer sich demokratisch selbstbestimmenden neuen Gesellschaft.

Nicht alle bestreikten Betriebe werden nach dem 16. Mai auch besetzt. Die Okkupation wird, wie betriebssoziologische Studien zeigen, in den Betrieben, in denen die CFDT über eine Mehrheit verfügt, weitaus häufiger durchgeführt als in denjenigen, in denen der Einfluß der kommunistischen Gewerkschaft Confédération générale du travail (CGT) dominiert. Die Forderung nach »autogestion« wird nicht in erster Linie in den traditionellen Wirtschaftssektoren (Bergbau-, Metall-und Texttilindustrie), sondern in den modernen, technisierten Unternehmen und wissenschaftlich-technischen Institutionen erhoben, mithin nicht von der alten, sondern der »neuen Arbeiterklasse«. Differenziert man die Streikbewegung jedoch nicht nach Wirtschaftssektoren, sondern teilt man die gesamte Arbeiterschaft in Altersgruppen ein, so stellen vor allem die 20- bis 24jährigen die Träger der »Autogestion«-Konzeption. Unterscheidet man zwischen expandierenden und stagnierenden Wirtschaftssektoren, zeigt sich, daß nur die ersteren offen für die Forderung nach »autogestion« waren.

Die autonome Willensbildung in den bestreikten und besetzten Betrieben wird auf überbetrieblicher Ebene nicht vernetzt. Es bilden sich keine regionalen oder nationalen Repräsentationsorgane nach rätedemokratischem Vorbild heraus. Gegen die Schaffung solcher Institutionen hat die CGT bereits zu Beginn der Streikbewegung ihr Veto eingelegt; die CFDT schließt sich wenig später an. Das gemeinsame Interesse an der Wahrung ihres Repräsentations- und Verhandlungsmonopols eint die in ihren Deutungen, Strategien und Zielen divergierenden Gewerkschaftsorganisationen (Gilcher-Holtey 2001: 308 ff.). »Autogestion« wird jedoch nicht nur in den Betrieben erprobt, sondern auch in den Kulturinstitutionen.

»Die Zukunft ist zu ergreifen«, steht an den Wänden des Pariser Theaters Odéon seit dem 16. Mai – »denn die Zukunft ist mit einer alten Regierung verloren.« »Erfinden heißt, die Macht von morgen zu ergreifen« (Bouyer: 7). Tausende kommen täglich, um dem Prozeß der Schaffung einer neuen Zukunft beizuwohnen. Das Theater gleicht einem Platz der permanenten Selbstinszenierung des Publikums. Studenten aus Nanterre und Künstler, darunter der Happeningkünstler Jean-Jacques Lebel, der seit 1967 mit den Studenten von Nanterre in Kontakt steht, sowie der Mitbegründer des Living

Theatre, Julien Beck, haben am 13. Mai den Plan zur Besetzung des Odéon gefaßt. Nach der großen Demonstration, die erstmals Studenten- und Arbeiterbewegung zusammengeführt hat, sind sie, die Instrumentalisierung der Bewegung durch die Gewerkschaften und Parteiapparate fürchtend, zu dem Entschluß gekommen, durch eine symbolische Aktion der Bewegung neue Ziele zu weisen. Nicht politischer Protest ist es, der, aus ihrer Sicht, die Demonstranten auf die Straße treibt, sondern kultureller Protest. Nicht die Ersetzung der alten durch eine neue Regierung oder eine wie auch immer geartete Reform der Universität können daher das Ziel sein. Es geht um mehr, um eine neue Sprache, ein neues Denken, ein neues Zuhören; mit anderen Worten, um neue Formen der Kommunikation und Lebensführung. Angestrebt wird, wie es im Grundsatzpapier der Gruppe »Kultur und Kommunikation» aus Nanterre heißt: die Aufhebung der individuellen Entfremdung durch Analyse und Kritik der Gesellschaft, in der die Kultur zur Ware geworden und dadurch ihres kreativen und kritischen Potentials beraubt worden ist (Duteuil: 232). Der ursprüngliche Plan sah vor – dafür hatten auch die Happening-Künstler plädiert –, die Besetzungsaktion zwei Tage lang vorzubereiten. Indes, die Ereignisse bei Sud-Aviation, die Okkupation der Sorbonne und anderer Fakultäten, setzten die Künstler unter Druck. Wie von einem kollektiven Fieber erfaßt, drängten die vielfach erst durch die Ereignisse der letzten zwei Tage Mobilisierten die Mobilisierer zur Tat. Nur wenige Minuten blieben den Initiatoren, um eine Resolution zu formulieren:

> *»Die Phantasie übernimmt die Macht*
> Der revolutionäre Kampf der Arbeiter und Studenten, der auf der Straße ausgebrochen ist, dehnt sich jetzt auf die Arbeitsstätten und die Pseudowerte der Konsumgesellschaft aus. Gestern bei Sud-Aviation in Nantes, heute im Theater genannt ›de France‹ im Odéon.
> Theater, Film, Malerei, Literatur usw. ... sind zu Industrien geworden, die eine ›Elite‹ zum Zweck der Entfremdung und des Merkantilismus an sich gerissen hat.

Sabotiert die Kulturindustrie!
Besetzt und zerstört ihre Einrichtungen!
Erfindet das Leben neu!
Die Kunst, das seid ihr! Die Revolution, das seid ihr!
Freier Eintritt ins Ex-Théâtre de France ab heute.«

(Lebel u.a.: 183)

12. Blockaden, Boykotte und Besetzungen in Berlin und Frankfurt

Berlin, 21. Mai: Am 21. Mai spricht Daniel Cohn-Bendit auf der Vollversammlung der »Kritischen Universität« in Berlin und zieht aus den Ereignissen in Frankreich den Schluß, daß die gesamte Arbeiterschaft sehr wohl immer noch für eine Sache mobilisierbar sei. Er widerspricht damit der These Herbert Marcuses, der in seiner Studie *Der eindimensionale Mensch* eine vollständige Integration der Arbeiter in die spätkapitalistische Gesellschaft festgestellt hat. Es geht in Frankreich momentan, so Cohn-Bendits These, um mehr als Lohnerhöhungen, Mindestlohn und Mitbestimmung (Lönnendonker u.a.: 97). Bleibt die Frage, worin dieses »Mehr« besteht? Henri Lefebvre, einer der Vordenker der intellektuellen Neuen Linken, hat »autogestion« 1966 als »Öffnung hin zum Möglichen« charakterisiert, »als den Weg, die Lösung, die Kraft«, die es zustande bringen kann, »dem kolossalen Druck entgegenzuwirken, der auf der Gesellschaft lastet und sie niederdrückt«. »Autogestion« zeige, so Lefebvre, den Weg, »auf dem das Leben verändert werden kann, hin zu dem, was heute noch von der Losung, dem Ziel und dem Sinn einer Revolution übriggeblieben« sei (zit. nach Gorgi: 258).
Auch die »Kritische Universität« in der Freien Universität (FU) Berlin, in deren Rahmen Cohn-Bendit spricht, versteht sich als Experimentierfeld auf dem Weg zu einer anderen Gesellschaft. Was die Träger des Projekts eint, ist die Forderung nach einer Demokratisierung der Hochschule in einer demokratischen Gesellschaft. Konkurrierend sind ihre Konzeptionen. Demokratisierung durch Mitbestimmung und damit Machtteilhabe oder Demokratisierung durch Selbstbestimmung und damit Aufbau von Gegenmacht, das ist die Frage. Der SDS hat in seiner Denkschrift *Hochschule in der Demokratie* (1965) die Einführung einer Drittelparität (Professoren, Assistenten, Studenten) in den Gremien als einen Schritt auf dem Weg zur Demokratisierung der Gesamtgesellschaft definiert (Nitsch

u. a.). Die Formel vom »langen Marsch durch die Institutionen«, von Rudi Dutschke lanciert, umfaßt den Kampf für die Erweiterung von Teilhabe- und Mitspracherechten innerhalb der Institutionen (Hochschule, Parteien), geht darin aber nicht auf (Dutschke-Klotz 1996: 102). Dutschke und der antiautoritäre Flügel innerhalb des SDS fordern zur Formierung von Gegenmacht außerhalb bestehender Institutionen auf und sehen in der »KU« ein Kampfinstrument zur »Mobilisierung von Minderheiten«.

Es sind kleine »radikale Minderheiten«, die, so ihre Prämisse, durch »aufklärende Gegensignale« Anstöße zur Transformation der Gesellschaft geben. »Der lange Marsch durch die Institutionen« ist für sie daher »die subversive Verwertung der Widersprüche und Möglichkeiten in und außerhalb des staatlich-gesellschaftlichen Gesamtapparates, um diesen innerhalb eines langen Prozesses zu zerstören« (Dutschke 1980: 22 f.). Es sei der Staatsbegriff, schreibt Hannah Arendt in *Macht und Gewalt*, der von der 68er-Bewegung in Frage gestellt worden sei. Seit dem 18. Jahrhundert habe jede größere Umwälzung im Ansatz eine Staatsform entwickelt, die sich unabhängig von allen Theorien aus der Erfahrung des Miteinander-Handelns und des Miteinander-Wollens ergeben habe: das Rätesystem. Die internationalen Protestbewegungen, die 1968 kulminieren, bestätigen, aus ihrer Sicht, diese Diagnose. Auch der antiautoritäre Flügel innerhalb des SDS strebt rätedemokratische Formen an. »Wenn wir sagen *außer*parlamentarisch«, so Dutschke in einem Fernsehinterview 1967, »soll das heißen, daß wir ein System von direkter Demokratie anzielen, und zwar von Rätedemokratie.« Kern des Rätesystems ist für Arendt ein Mitbestimmen-Wollen, Voraussetzung ein »öffentlicher Raum«, um dieses zu Gehör zu bringen (Arendt: 132). Möglichkeiten, »öffentlichen Raum« zu besetzen und mit rätedemokratischen Formen zu experimentieren, bieten die in den USA erprobten und von dort übernommenen neuen, unkonventionellen Protestformen: »Sit-ins«, »Teach-ins«, »Free Universities« und Universitätsbesetzungen. All diese Möglichkeiten werden Ende Mai in Westberlin und in der Bundesrepublik genutzt.

Frankfurt, 22. Mai: Mit einem Sitzstreik versperren Studenten und

Studentinnen am 22. Mai in Frankfurt am Main, dem zweiten Zentrum des antiautoritären Lagers, den Eingang zur Universität. Ihre »flexible Blockade« soll diejenigen, die das Gebäude trotzdem betreten wollen, zwingen, über die Notstandsgegner hinwegzusteigen. Über dem Eingang zur Universität sind die Worte: »Dieser Eingang ist offen für NS-Befürworter und Fachidioten« angebracht. Sie werden flankiert von einem Transparent mit der Aufschrift »Kapitalismus führt zum Faschismus«. In der vor dem Universitätsgebäude gelegenen Mertonstraße wird ein »Dauer-Teach-in« durchgeführt, auf dem am Vormittag Daniel Cohn-Bendit über die französische Studentenbewegung spricht. Er erklärt, der Generalstreik in Frankreich müsse so lange geführt werden, bis das gaullistische Regime zur Abdankung gezwungen sei. Seit einigen Stunden ist ihm die Rückreise nach Frankreich verwehrt. Eine flapsige Bemerkung, ausgesprochen in Amsterdam, über die französische Tricolore, die, aus seiner Sicht, zertrennt und in eine rote Fahne verwandelt werden sollte, hat, so Cohn-Bendit, den französischen Innenminister veranlaßt, ein Einreiseverbot gegen ihn zu verhängen.
Indes, es waren andere Gründe, die das Innenministerium in Alarmbereitschaft versetzten. Ihm lagen Informationen vor, nach denen einerseits ein Anschlag auf ein öffentliches Gebäude seitens der Studentenbewegung unmittelbar bevorstand und andererseits ein Attentat auf Cohn-Bendit, sobald dieser von seiner Reise durch die Bundesrepublik und die Niederlande zurückkehre. Der Innenminister nahm, so der Eindruck des Polizeipräfekten von Paris, Grimaud, die Warnungen ernst, zumal für die erste Information niemand anderes als der Generalsekretär der Kommunistischen Partei, Waldeck Rochet, die Quelle war (Grimaud: 223-225). Auch Giangiacomo Feltrinelli wurde in Frankreich auf die Liste der unerwünschten Personen gesetzt, weil man der Meinung war, daß er die halbe außerparlamentarische Linke in Paris finanzierte (Feltrinelli: 358). Grimaud kritisierte, obwohl auch ihm Informationen über mögliche Aktionen vorlagen, die Entscheidung des Innenministers als kurzsichtig, da sie hervorrufen konnte, was verhindert werden sollte: studentische Protest- und Soldaritätsaktionen (Grimaud: 230). Er

sollte recht behalten: Spontan demonstrierten in Paris 4000 Studenten unmittelbar nach Bekanntwerden der Ausweisung Cohn-Bendits gegen die Entscheidung des Innenministers. Sie zogen durch das Quartier Latin und skandierten: »Wir sind alle deutsche Juden« und wandelten damit die Parole »Wir sind eine kleine radikale Minderheit« ab, die auf der Demonstration im Anschluß an den Vietnam-Kongreß in Berlin geprägt worden war.

Solidarität wird Cohn-Bendit auch in der Bundesrepublik zuteil. Tausend Studenten – darunter der SDS-Vorsitzende KD Wolff, Gaston Salvatore und der Liedermacher Franz-Josef Degenhardt – ziehen gemeinsam mit Cohn-Bendit zur deutsch-französischen Grenze bei Saarbrücken. In einem Mercedes fährt eine BBC-Korrespondentin mit. Entsandt, um für London eine Direktreportage zu machen, hat sie sich in den Studentenführer verliebt. Die international zusammengesetzten Demonstranten gehen auf die Grenze zu und schwingen dabei Vietcong-Fahnen und singen die Internationale. Sie fordern die freie Einreise für Cohn-Bendit und lassen sich zu einem Sitzstreik vor der – durch Stacheldraht, berittene Polizeikräfte und Hundestaffeln kurzfristig verstärkten – Grenze nieder. Der Schlagbaum öffnet sich nicht. Doch die Bilder der »Internationalen Solidaritätsaktion«, wie es auf mitgeführten Transparenten heißt, gehen um die Welt. Cohn-Bendit erklärt, er werde andere Wege finden, um nach Frankreich zurückzukehren.

New York, 21./22. Mai: Etwa 1500 Studenten demonstrieren ihre Solidarität mit Marc Rudd, der aufgefordert worden ist, vor dem Dekan zu erscheinen, dies aber unter Verweis auf das schwebende Gerichtsverfahren sowie die Suspension seiner Rechte als Student abgelehnt hat. Um ihre Solidarität mit Rudd zu bekräftigen und gegen die Bewachung des Columbia-Campus durch die Polizei zu protestieren, beginnen einige Studenten damit, Barrikaden an beiden Enden des Weges zu bauen, der zur Hamilton Hall führt. Auch an anderen Eingängen zum Campus werden Absperrungen errichtet. Was die Pariser Studenten konnten, soll auch in New York möglich sein. Indes, die Polizisten überraschen die Studenten damit, daß sie in der Hamilton Hall auftauchen, auch ohne den Gehweg zu beschreiten. Sie umgehen die Barrikaden, indem sie ein unterirdisches Tunnelsystem benutzen. »Cops must go!« rufen die Studenten ihnen entgegen (Kunen: 50 f.).

Paris, 28. Mai: Cohn-Bendit macht seine Ankündigung wahr. Er kehrt nach Paris zurück. Am 28. Mai – die Zwischenzeit hat er der BBC-Korrespondentin gewidmet (Fraser: 223) – tritt er, das rotblonde Haar schwarz gefärbt und die blauen Augen hinter einer schwarzen Sonnenbrille versteckt, im Großen Amphitheater der besetzten Sorbonne auf. Erst als er die Sonnenbrille abnimmt, erkennt ihn das Auditorium und begrüßt ihn mit fünfminütigem frenetischen, stehenden Beifall, in den hinein Cohn-Bendit mehrfach ruft: »Wir pfeifen auf die Grenzen.« Er hat dabei, wie er später gesteht, Tränen in den Augen. Die Emotion, die den ganzen Saal erfaßt, weckt die Erwartung, daß der triumphalen Rückkehr eine Rede folgen müsse. Diese Erwartung stellt den rhetorisch begabten und agitatorisch geschulten Studenten vor ein Problem. Er habe nichts zu sagen gewußt, bekennt er später. Es sei ihm darauf angekommen, nach Frankreich zurückzukehren. Danach hätte er schweigen sollen. Doch in der konkreten Situation gibt er dem Druck nach und ruft zur Gründung von Aktionskomitees in ganz Frankreich auf, um, wie er erklärt, »der Gewalt mit Gewalt zu begegnen und die Regierung niederzuwerfen« (Gilcher-Holtey 2001: 377 f.).

Der französische Rundfunk unterbricht sein Programm, um die Rückkehr Cohn-Bendits in die besetzte Sorbonne zu melden (Joffrin: 265; Cohn-Bendit 1975: 56). Die Journalisten umlagern ihn. Doch die Bewegung des 22. März schreitet ein. Auf der für den nächsten Vormittag einberufenen Pressekonferenz erscheinen statt seiner seine Kommilitonen und erklären der Presse: »Cohn-Bendit, das sind wir.« Cohn-Bendit, dem sie entgegenhalten, »keine Stars« zu wollen, kehrt nach Frankfurt zurück. Es ist für ihn, wie er mit 20 Jahren Abstand sagt, eine Flucht (Hamon/Rotman I: 557). Gemeinsam mit seinem Bruder Gabriel beginnt er in den nächsten Wochen in einem Hotel *Linksradikalismus. Gewaltkur gegen die Alterskrankheit des Kommunismus* zu schreiben, ein Buch, das seine Deutung der Mai-Ereignisse enthält. In Deutschland bringt der Rowohlt Verlag

das Buch heraus, in Italien weist Feltrinelli das Manuskript zurück. Fünfmal ruft Cohn-Bendit im Verlag an, um zu fragen, warum man sein Buch nicht wolle. »Ich veröffentliche keine Bücher von Anarchisten«, erklärt Feltrinelli kühl (Feltrinelli: 359).
Auch in Frankfurt ist die Universität in der letzten Maiwoche besetzt. In Reaktion auf die Absage aller Prüfungen und Lehrveranstaltungen sowie die Schließung des Hauptgebäudes der Universität, sind am 27. Mai 2000 Studierende, unter ihnen Josef (»Joschka«) Fischer, in das Rektorat eingedrungen und haben es binnen kurzem in eine Aktionszentrale »umfunktioniert«. Wie die Besetzer der Columbia-Universität oder des Verwaltungsgebäudes der Fakultät Nanterre haben sie sich die Roben des Rektors übergeworfen, seine Zigarren geraucht, seinen Sherry getrunken und bei Anrufen seinen Telefonhörer abgenommen. Daneben haben einige von ihnen an der Großkundgebung gegen die Notstandsgesetze auf dem Römerberg teilgenommen, die 15 000 Demonstranten zusammenführte, während andere Abstecher in Frankfurter Betriebe gemacht haben, um die Arbeiter dazu zu bewegen, die Besetzung der Universität zu unterstützen (Fraser: 264). Die Frankfurter Universität ist unterdessen in »Karl Marx Universität« umbenannt worden. Eine »Politische Universität« hat Themen und Fragestellungen der APO aufgenommen: »Autoritärer Staat und Faschismus«, »Geschichte und Gewalt«, »Analyse der BRD – Zur Politischen Theorie der APO«, »Politisierung der Wissenschaft«, »Autoritäre Schule und Widerstand« sowie »Psychoanalyse und Politik« (Kraushaar 1998: I 334).
Nicht nur in Frankfurt, sondern auch in Berlin, Bochum, Hamburg, Hannover, Köln, Mannheim, München und Weinheim suchen Studenten den Dialog mit der Arbeiterschaft, fordern die Arbeiter auf, mit ihnen gegen die Notstandsgesetze zu demonstrieren, und hoffen darauf, daß sie am 29. Mai in einen eintägigen Generalstreik treten. Mehrere Gewerkschaftsgremien der Stadt München, darunter die Ortsverbände der IG Metall und der IG Druck und Papier, sprechen sich für einen Generalstreik aus (Frankfurter Rundschau: 27.5.). In Frankfurt beschließt die Bezirksversammlung der IG Druck und Papier, am 27. Mai die Arbeit um 13 Uhr niederzulegen und ruft

die Beschäftigten zur Teilnahme an einer für 15 Uhr geplanten Großkundgebung auf. Eine Abordnung der Städtischen Bühnen erscheint auf der Veranstaltung mit dem Skelett eines Soldaten, das als »Opfer der Gesetze von 1933« ausgewiesen wird (FR: 25.5.). Das Ensemble des Theaters am Turm unterbricht Strindbergs Trauerspiel *Fräulein Julie*, um Texte gegen die Notstandsgesetze zu verlesen.
Auch in anderen deutschen Theatern wird protestiert und über die Notstandsgesetze diskutiert (FR: 27.5). Bei der *Frankfurter Rundschau* legen die Journalisten für 10-15 Minuten die Arbeit nieder. Zahlreiche Studenten der Universität Heidelberg treten in einen Hungerstreik (FR: 27.5.) In München imitieren Studenten in SS-Uniform den Marsch auf die Feldherrenhalle. Der DGB-Landesbezirk Hessen plädiert beim DGB-Vorstand dafür, für den 27. Mai zumindest zu einem befristeten Warnstreik aufzurufen (Schneider 1986: 255), um potentielle wilde Streiks zu unterbinden und den Protest zu kanalisieren.
Einen Tag bevor in Bonn der Bundestag am 30. Mai über die Notstandsgesetze beschließt und die außerparlamentarische Opposition auf Straßen und Plätzen, in Betrieben und Universitäten im gesamten Bundesgebiet und Westberlin gegen die Annahme dieser Gesetze aufbegehrt, landet in Baden-Baden vor der Residenz des Kommandanten der V. französischen Armee, General Massu, ein Helikopter. Ihm entsteigt um 14.50 Uhr der Präsident der französischen Republik, Charles de Gaulles. Er hat kurz zuvor die Radaranlagen an der deutsch-französischen Grenze unterflogen. General Massu empfängt einen gebrochenen Staatsmann, der – noch auf dem Rasenplatz bei dröhnenden Rotoren – dem einstigen Kampfgefährten und langjährigen Vertrauten seine Ohnmacht erklärt sowie seinen Entschluß, sich aus der Politik zurückzuziehen: »Tout est foutu«, »Alles ist verloren« (Massu: 79 f.).

13. De Gaulles Flucht nach Baden-Baden

Paris, 29. Mai: De Gaulle macht im Gespräch mit Massu die Kommunisten für die totale Paralyse des Landes verantwortlich. Sie sind jedoch nicht die treibende Kraft im Kampf gegen die Regierung sowie das gaullistische System. Die kommunistische CGT ist nicht auf die Forderung nach »autogestion« als Ziel eines gesamtgesellschaftlichen Wandlungsprozesses eingeschwenkt, sondern hat sie als »inhaltslose Formel« abgelehnt. Wo immer möglich, hat sie einen direkten Kontakt zwischen Studenten und Arbeitern in den Betrieben verhindert und sich vehement von der Symbolfigur der Studentenbewegung, Daniel Cohn-Bendit, abgegrenzt. Die CGT hat ihre ganze Organisationsmacht eingesetzt, um die soziale Bewegung, deren Mobilisierung potentiell eine revolutionäre Situation hätte herbeiführen können, in die geregelten Bahnen des intermediären Interessenausgleichs zu überführen. Als treibende Kraft einer schnellen tarifvertraglichen Schlichtung, die in die Vereinbarungen von Grenelle (27. Mai) mit Vertretern von Regierung und Unternehmern mündete, die Lohnerhöhungen vorsah, hat sie mithin die soziale Krise zu entdramatisieren versucht. Ihre Strategie und ihre Ziele an der Basis durchzusetzen, hat sie indes bis zum 29. Mai noch nicht vermocht.

Als de Gaulle in Baden-Baden landet, begehren in Frankreich die Vollversammlungen in den Betrieben gegen die Vereinbarungen von Grenelle auf. Die Arbeiter plädieren dafür, den Generalstreik fortzusetzen. Doch auch nachdem die Vereinbarungen von Grenelle gescheitert sind, behalten die Gewerkschaften die Kontrolle über die Streiks. Sie leiten auf Betriebs- und Branchenebene Verhandlungen über die Neugestaltung der Arbeitsbeziehungen und Lohnskalen ein. Die Streikbewegung wird dadurch zu einem geregelten Arbeitskonflikt. Radikale Veränderungen der Unternehmensverfassung oder gar der Wirtschaftsordnung stehen nicht länger auf der Tagesordnung. Allerdings wäre es ohne den Druck der Streiks niemals zu einem solchen Dialog zwischen Arbeitgebern und Gewerkschaften gekommen. Und in den Vereinbarungen von Grenelle haben sich die französischen Unternehmer zum ersten Mal bereit erklärt, die Arbeitnehmerorganisationen in den Betrieben überhaupt anzuerkennen und ihnen zentrale Rechte für die Gewerkschaftsarbeit zu garantieren (Jansen u. a.: 36). Die institutionelle Stellung der französischen Arbeiter war damit zwar im Vergleich zu ihren Kollegen jenseits des Rheins immer noch schwach, doch Mitbestimmung im Sinne der deutschen Gewerkschaftstradition hatten sie auch nie gefordert, da diese aus ihrer Sicht ihren Handlungsspielraum begrenzt hätte. Die Parole »autogestion« brachte zwar eine Stimmung zum Ausdruck, fand jedoch ebenfalls keine institutionalisierte Form. Der Aufbau von Selbstverwaltung in den Betrieben wurde nur in wenigen Fällen erprobt. Die Mehrzahl der Streikenden suchte die Lösung der Krise auf der politischen Ebene. Sie machte den Gegner nicht in der »Macht der Unternehmer«, sondern im Gaullismus fest. Sie forderte einen Machtwechsel als Voraussetzung sozialer Strukturreformen. Damit verschoben sich die Ziele und die Mittel zur Lösung des Konflikts. Die Gewerkschaften traten nach dem Scheitern der Vereinbarungen von Grenelle als Akteure hinter die politischen Parteien zurück. Die soziale Bewegung wurde mit einer neuen Arena konfrontiert, auf die ihre zentralen Trägergruppen aufgrund ihres spontanen und antiparteilichen Charakters konzeptionell nicht vorbereitet waren. Entscheidend bedingt wurde die dramatische Zuspitzung der politischen Krise in Frankreich durch die konkurrierenden Strategien von Premierminister Pompidou und Staatspräsident de Gaulle.

Prinzipiell bieten sich Politikern zwei Strategien, um auf Proteste zu reagieren: Tolerierung oder Repression. Tolerierung impliziert die Anerkennung der Anliegen der Bewegung und Dialog- und Verhandlungsbereitschaft, zumindest gegenüber ihren gemäßigteren Vertretern. Repression bedeutet Abwehr der sozialen Bewegung, ihre Anliegen werden in der Regel als unrealistisch oder illegitim verworfen. Der Status quo wird durch Verbote (von Aktionen bzw. Organisationen) und den Einsatz staatlicher Gewaltmittel verteidigt. Beide Strategien können sich in der Realität verbinden oder abwechseln, so daß Mischformen entstehen. Das Handeln der staatlichen Instanzen in Frankreich im Mai 1968 ist ein Beispiel hierfür. Es zeigt, wie der Wechsel sowie das Nebeneinander konkurrierender Handlungsstrategien Spannungen erzeugen, die die Dynamik der Bewegung verstärken können. Der Kampf um die Durchsetzung divergierender Strategien wird im Mai 68 zudem – und das macht einen Teil der Dramatik des französischen Falles aus – überlagert durch die persönliche Rivalität zwischen de Gaulle und Pompidou, die das auf Kooperation angewiesene bikephale politische System des Landes nachhaltig störte.

Die auf Befriedung, Entpolitisierung und Institutionalisierung gerichtete Strategie Pompidous und die auf Mobilisierung, Politisierung und plebiszitäre Herrschaftssicherung gerichtete Strategie de Gaulles behinderten sich gegenseitig. Die Politik, mit der Pompidou unmittelbar nach seiner Rückkehr aus Kabul auf die Ereignisse der Nacht der Barrikaden reagierte, hob de Gaulles Position »Der Staat gibt nicht nach« nicht nur auf, sondern machte sie, wie Raymond Aron konstatierte, »lächerlich« (Aron: 335). Der Machtkampf zwischen Pompidou und de Gaulle spitzte sich während der Streiks zu. Während der Premierminister alles auf die Karte der Tarifverhandlungen setzte, dramatisierte der Staatspräsident die Machtfrage, indem er ein Referendum ankündigte, durch das die Bürger ihm ihr Vertrauen aussprechen sollten. Mit dieser Ankündigung politisierte er den Konflikt jedoch weiter und erschwerte so eine ökonomisch-soziale Lösung der Krise. Das Referendum ermöglichte es den Kritikern des gaullistischen Systems, ihr Motto »Zehn Jahre sind genug« in eine politische Entscheidung zu überführen. Das Scheitern der Vereinbarungen von Grenelle sowie die Antizipation der Niederlage de Gaulles im Referendum gaben den Oppositionsparteien im Parlament die Chance, Pläne zur Ablösung der Regierung zu formulieren.

Dabei ergriff ein Mann die Initiative, der schon einmal in einer Krisensituation das Amt des Regierungschefs übernommen hatte und größte Popularität in weiten Kreisen der Öffentlichkeit besaß: Pierre Mendès-France. 1954 hatte er, damals noch Mitglied der Radikalen Partei, an der Spitze einer parteienübergreifenden Regierung den Indochinakrieg beendet und den Rückzug der französischen Armee aus Vietnam eingeleitet. Am 19. Mai 1968 forderte er, mittlerweile Repräsentant der Unabhängigen Sozialistischen Partei (PSU), öffentlich den Rücktritt der französischen Regierung. Mendès-France und seiner kleinen Partei, die nur über zwei Prozent der Wählerstimmen verfügte, schwebte die Bildung einer »Übergangsregierung« vor, die einen Regimewechsel einleiten und mit dem gaullistischen System brechen sollte. Es ging um nichts weniger als eine andere Republik.

Die in der Fédération de la Gauche Démocratique Socialiste (FGDS) vereinigte nichtkommunistische Linke und die Kommunistische Partei forderten dagegen ein Mißtrauensvotum gegen die Regierung Pompidou, zunächst allerdings ohne klare Alternative zur bestehenden Koalition. Erst als das Mißtrauensvotum im Parlament scheiterte und de Gaulle das Referendum ankündigte, stellten auch diese Parteien die Machtfrage. François Mitterrand, der Spitzenkandidat der FGDS, erklärte sich am 28. Mai bereit, die Verantwortung in einer »provisorischen Regierung« zu übernehmen. Auch er sprach von einem Machtvakuum und teilte somit die Analyse Mendès-France', verfolgte jedoch eine andere Strategie.

Mitterrands Plan sah eine Regierung unter Mendès-France vor, er reklamierte für sich nach dem Rücktritt de Gaulles das Amt des Staatspräsidenten. Mendès-France schwenkte auf die von Mitterrand vorgezeichnete Linie ein. Die Kommunistische Partei reagierte, das Bild der Einheit der Linken beschwörend, mit der Forderung nach einer »Volksregierung«. Sie erklärte, daß es keine Regierung ohne die Kommunisten geben könne, und grenzte sich entschieden von Mendès-France ab, der Teile der Protestbewegung in seine »provisorische Regierung« integrieren wollte. Da die KP sich jedoch nicht an einer Koalition unter Mendès-France beteiligen wollte, rief sie unter der Parole der Schaffung einer »Volksregierung« zu einer Großdemonstration am 29. Mai auf, durch die sie die Strategien der beiden anderen Parteien blockieren wollte. Der verbale Radikalismus, mit dem sie ihre Forderung vorbrachte, rief in gaullistischen Kreisen die

Vorstellung wach, die KP plane, gestützt auf die Streikbewegung und Massendemonstrationen, im Alleingang die Transformation des Systems.

»Man will mich nicht mehr«, erklärt de Gaulle General Massu in Baden-Baden. Neben Madame de Gaulle ist auch sein Sohn Philippe mitsamt seiner Ehefrau und vier Kindern nach Baden-Baden gekommen (Massu: 79 ff.). General Massu setzt alles daran, de Gaulle von seinen Rücktrittsplänen abzubringen. »Mein General«, attackiert er ihn, »vous êtes dans la merde, il faut y rester encore«. (»Sie stecken in der Scheiße, aber Sie müssen noch darin bleiben«) (Massu: 90). Für Massu ist keine andere Lösung denkbar als die Rückkehr de Gaulles nach Frankreich. Nach einem zweistündigen Gespräch fliegt de Gaulle zurück.

In Paris haben es die linken Oppositionsparteien in der Zeit, in der de Gaulle verschwunden war und nicht einmal Premierminister Pompidou wußte, wo er sich befand, nicht vermocht, sich auf ein einheitliches Vorgehen zur Ablösung der Regierung zu einigen. Der Dissens innerhalb der alten Linken hat die Bildung einer einheitlichen linken Opposition gegen die gaullistische Regierung unmöglich gemacht. Die nichtkommunistische Neue Linke hat gar keine politische Handlungskonzeption entwickelt. Sie ist in Verteidiger einer basisdemokratischen Mobilisierung von Aktionsgruppen, die sich auf nationaler Ebene nach rätedemokratischem Vorbild koordinieren wollen, und Verfechter einer neuen linken Parteigründung gespalten und dadurch blockiert. Die Chance eines Machtwechsels realisiert sich nicht (Gilcher-Holtey 2001: 348 ff.).

Noch am Abend seiner Rückkehr kündigt de Gaulle eine Radioansprache für den 30. Mai an. Er verzichtet darin auf ein Referendum und gibt statt dessen seine Entscheidung für Neuwahlen des Parlaments bekannt. In Paris kommt es zu einer Großdemonstration des gaullistischen Lagers. 300 000 bis 400 000 Menschen versammeln sich, um über die Champs Élysées zur Étoile zu ziehen, sie skandieren Parolen wie »Räumt die Sorbonne aus«, »Frankreich den Franzosen«, »Cohn-Bendit nach Deutschland«, »Cohn-Bendit nach Dachau«. Die Entscheidung für Neuwahlen verlagert den Konflikt in die institutionalisierten Bahnen des Parteiensystems. Die große Parallelaktion von Studenten- und Arbeiterbewegung, welche die französische Gesellschaft erschütterte und das gaullistische Regime ins Wanken brachte, zerfällt. Die politische und soziale Krise löst sich auf. Zuvor ist der revolutionäre Funke jedoch auf Italien übergesprungen.

14. Die Entdeckung des Politischen in der Lebenswelt

»Die Ergreifung des Wortes«: Wie Frankreich hat auch Italien in den sechziger Jahren eine beispiellose Expansion des tertiären Bildungssystems erlebt, die eine Strukturkrise an den Universitäten ausgelöst hat. Die Hochschulen des Landes erwiesen sich dem Ansturm der Studierenden nicht gewachsen. War die Zahl der Studenten und Studentinnen in Frankreich von 200 000 (1960) auf 587 000 (1968/69) gestiegen, hatte sie sich in Italien im gleichen Zeitraum ebenfalls fast verdoppelt: von 268 000 (1961) auf über 500 000 (1968). Auch die italienische Regierung war gezwungen, auf die offensichtlichen Mängel der Hochschulstrukturen mit einer Reforminitiative zu reagieren. Dagegen machten die Studentenorganisationen Front. Es waren allerdings nicht sie, sondern es war eine Minderheit von Studierenden, die mit provokativen Aktionen und Besetzungen in Trient, Pisa, Mailand und anderen Städten Wissenschaft als Instrument der Reproduktion von Herrschafts- und Autoritätsstrukturen enthüllten und dadurch die Formierung der italienischen Studentenbewegung anstießen.

Durch Diskussionen in den okkupierten Instituten wurden Probleme »am Arbeitsplatz« und in »den Institutionen« thematisiert. Es stellte sich bald heraus, daß die Studierenden weniger durch Gespräche über hochschulpolitische oder ideologische Themen mobilisiert werden konnten als vielmehr durch Diskussionen, bei denen Zusammenhänge »zwischen persönlichen und kollektiven Problemen« sowie internalisierte Zwänge, Autoritäts- und Repressionsstrukturen aufgedeckt wurden. Die wichtigsten Kennzeichen der spezifischen Situation in Italien notierte Carlo Donolo, der in den sechziger Jahren in Turin und Frankfurt studierte und heute Professor für Soziologie in Rom ist, bereits im Juni 1968 in einem Artikel in der von Hans Magnus Enzensberger herausgegebenen Zeitschrift *Kursbuch*:

> »a) die Okkupation hatte die Autoritäten vorläufig aus der Universität eliminiert, somit war der geschriebene und ungeschriebene repressive Verhaltenskodex außer Geltung gesetzt worden; in dieser relativ herrschaftsfreien Sphäre hatten die Studenten – die erstmals eine solche Erweiterung des eigenen Wirkungsraumes in einer Kampfsituation erlebten – ein gewisses Omnipotenzgefühl; b) die Lage war trotzdem prekär, weil man wußte, daß die Okkupation nicht unendlich sein würde – draußen stand die Polizei als Mahnung an die zu erwartenden gesellschaftlichen Sanktionen. Man handelte in einem institutionell nicht gesicherten Raum und in einer Situation von äußerster Status-Unsicherheit. Dennoch stammte die unterschwellige Angst weniger aus der drohenden äußeren Gewaltanwendung als aus dem unglücklichen Bewußtsein, daß die in Gang gesetzten Reflexionsprozesse in gewisser Hinsicht ein Phänomen von kurzer Dauer sein würden; c) die kollektive Diskussion erlaubte eine bis dahin von den meisten noch nicht erlebte Artikulation einer persönlich und politisch bedeutenden Problematik; es gab emanzipatorische Gruppenprozesse im Verein mit dem Bewußtsein der Notwendigkeit des eigenen politischen Engagements. In den besten Momenten traten sie in der neuerworbenen Fähigkeit zutage, komplexe Zusammenhänge verbal zu artikulieren: gegen die bis dahin internalisierte, durch Familie und Schule geforderte Unterdrückung der Reflexionsfähigkeit. Man hatte in nuce eine Kulturrevolution erlebt.« (Donolo: 66)

Diese Kulturrevolution bestand in einer veränderten Wahrnehmung des Politischen. Sie setzte die Schaffung eines Raumes voraus, der kritisches Denken und überdies eine Veränderung der Universität von innen heraus ermöglichte. Geschaffen wurde dieser Raum durch die Überschreitung von »Spielregeln«: durch Okkupation und Unterrichtsboykott, die Störung von Veranstaltungen und die Gründung von Gegenuniversitäten. Raum wurde mithin weniger als Territorium oder Ort verstanden, sondern vielmehr als ein dynamisches Gebilde relationaler Verflechtungen von Menschen, die Regeln zur

Disposition stellten. Zur Hauptzielscheibe avancierten dabei die autoritären Strukturen an den Universitäten. In Interviews erinnerten sich die Studenten, die 1968 den Palazzo Campana in Turin besetzten, zwanzig Jahre nach den Ereignissen vor allem an den Eindruck, den die Entzauberung von Autoritäten sowie der Übergang von marternder und bedrückender Vereinzelung zu einem Gefühl, Teil eines Ganzen zu sein, sowie die Aneignung neuer Räume in Ort und Zeit auf sie gemacht haben (Passerini 1988: 47 f.).

Durch die Besetzungen wurde die Politik der repräsentativen studentischen Interessenvertretungen in Frage gestellt und mit direktdemokratischen Verfahren konfrontiert. Die Studentenbewegung experimentierte mit einem anderen Politikmodell und einer neuen Politisierungsstrategie. Diese erweiterte die Grenzen des Politischen von der Arena institutionalisierter Willensbildungs- und Entscheidungsprozesse auf eine Vielzahl von Kommunikationsräumen, in denen Regeln des Zusammenlebens, Abhängigkeitsverhältnisse und Entscheidungsmechanismen performativ und diskursiv hinterfragt und redefiniert wurden. Politik war nicht länger auf turnusmäßige Stimmabgabe oder Mitarbeit in intermediären Organisationen (Parteien, Interessenverbänden, Vereinen) beschränkt, sondern bedeutete nun, öffentlichen Raum zu erobern und in einem kommunikativen Prozeß zu einem Ort selbstbestimmten Handelns zu machen (vgl. auch Kurz: 319).

»Die Politik nicht den Politikern überlassen«, hieß auch die Parole, mit der die Jugendorganisation der SPD, die Jungsozialisten, in den deutschen Bundestagswahlkampf 1969 zogen (Strasser: 129 f.). Schnell hatte die innerparteiliche von der außerparlamentarischen Opposition gelernt. Auch in den Neuen Sozialen Bewegungen und in der Neuen Frauenbewegung sollten das neue Politikmodell sowie die neue Politisierungsstrategie in den siebziger Jahren Schule machen.

In Italien trieben die Ereignisse in Frankreich die Studentenbewegung jedoch über die »artikulierte Politisierung« (Donolo) hinaus zu anderen, militanteren Aktionsformen. »Wir entdeckten die Stadtguerilla«, erklärte Andrea Valcarenghi »die Lektion des französischen

Mai«. Als Demonstrant gegen den »kleinen Bruder von Springer«, den *Corriere della Sera*, ist er am 7. Juni dabei, als in Rom in der Via Solferino Autobarrikaden errichtet werden, um die Auslieferung des Blatts zu verhindern. Er sieht, wie Demonstranten Pflastersteine gegen Polizisten werfen, sich mit Knüppeln ausstatten und das beginnt, was die Zeitungen »die Schlacht in der Via Solferino« nennen: 3000 Studenten gegen 5000 Polizisten. Indes, ein »französischer Mai« findet in Italien nicht statt. Die gewaltsame Aktion der italienischen Studenten provoziert staatliche Repression, erzeugt aber keinen Solidarisierungseffekt in der Bevölkerung. Auch in den Vollversammlungen wendet sich eine Mehrheit von Studenten von der radikalen Minderheit ab, die den Einsatz von Gewalt propagiert (Kurz: 278 f.), oder bleibt den Debatten gänzlich fern. Die exemplarische Aktion kleiner Gruppen, die bis dahin öffentliche Aufmerksamkeit erzeugt und den Mobilisierungsprozeß vorangetrieben hat, verliert ihre Wirkung, als die Minderheit mit Gewalt experimentiert.

Den Protest hinaus in die Betriebe zu tragen ist eine zweite Lektion, die Teile der italienischen Studentenbewegung aus den Ereignissen in Frankreich ziehen.

Mit der Gründung der Lega Studenti-Operai im Juni 1968 wird ein Verbindungsglied zwischen Studenten und Arbeitern konstituiert, das, zusammengesetzt aus hundert Arbeitern, fünfzig Studenten und einer kleinen Gruppe von Angestellten, vor Betrieben Flugblätter verteilt, die Diskussion mit den Belegschaften sucht, Informationen über Arbeitsbedingungen sammelt. Von Studenten initiierte »Fabrikkommissionen« bestehen vereinzelt schon seit Februar 1968. In Trient, wo das antiautoritäre Lager besonders stark ist, haben Repräsentanten von Potere Studentesco versucht, den Antiautoritarismus auch in den Betrieben populär zu machen, und die Selbstbestimmung durch Bildung von Gegenmacht propagiert. Getreu dem antiautoritären Denkmuster haben sie Situationsdeutungen offeriert, aber keine Lösungsvorschläge für konkrete Probleme in den Betrieben gemacht. Sie haben Flugblätter verteilt mit dem Ziel, die Arbeiter zum Schreiben von Flugblättern und damit zur Selbsttätigkeit, Selbstreflexion und zum politischen Engagement anzuregen. »Niemand schenkt uns die Lösung für unsere Probleme, wir müssen sie selbst finden«, heißt es in einem von Arbeitern eines Elektrobetriebs verfaßten Flugblatt, das das Aufbegehren gegen die institutionalisierten Gewerkschaften widerspiegelt.

Die Hinwendung zur Arbeiterschaft stärkt die operaistischen und marxistisch-leninistischen Gruppen in der italienischen Studentenbewegung, während der Einfluß des antiautoritären Lagers um Potere Studentesco schwindet, das die Hochschule als Ausgangspunkt der Mobilisierung und die Studenten als revolutionäres Subjekt betrachtet. Für die Operaisten sind die Studenten lediglich »Arbeitskräfte in Ausbildung« und bilden als solche keine selbständige und unabhängige Kraft. Zwar setzen auch sie sich für eine Demokratisierung der Universitäten ein, als eigentliches Forum ihrer Tätigkeit sehen sie jedoch die Betriebe an. Der Operaismo, der die These einer in das spätkapitalistische System integrierten Arbeiterklasse stets zurückgewiesen hat, rückt zur verbindenden Klammer zwischen Studenten- und Arbeiterbewegung auf und wirkt zugleich als vermittelnder Faktor zwischen den marxistisch-leninistischen Gruppen und dem antiautoritären Lager.

Dem Modell der leninistischen Kaderpartei, die die Arbeiterschaft »von außen« aufklärt, setzen die Operaisten das Konzept der »internen Massenavantgarde« entgegen, die die Vorstellungen und Bedürfnisse der Arbeiter erkennt und ihr politisches Bewußtsein zum Ausdruck bringt. Wie das antiautoritäre Lager versuchen auch sie, das Verhältnis von Führung und Basis in der Aktion zu verändern, hierarchische Strukturen durch basisdemokratische zu ersetzen. Selbstverwaltung, »autogestione«, heißt auch in Italien die Maxime. Eine Synchronisierung von Studenten- und Arbeiterprotesten tritt jedoch zunächst nicht ein. Die Studentenbewegung verliert durch die Ausrichtung ihrer Aktionen auf die Arbeiterschaft im Hochschulmilieu an Unterstützung. Die aktive Beteiligung der Studenten geht zurück. Zwischen den Aktivisten, die sich auf die »Fabrikarbeit« konzentrieren, und dem Rest der Bewegung tut sich eine Kluft auf. Doch dann unterbrechen die Sommerferien die Aktionen beider Gruppen.

Auch in Frankreich sieht es so aus, als schicke sich die Revolution an, in Urlaub zu fahren. Das Theater Odéon wird am 16. Juni geräumt, zwei Tage später beendet die Polizei die Besetzung der Sorbonne, zwei zentrale Foren des »Redemarathons« der letzten Monate sind nun geschlossen. Dabei war »die Ergreifung des Wortes«, wie Michel de Certeau unter dem unmittelbaren Eindruck der Ereignisse schrieb, ein Symbol des revolutionären Umsturzes, der sich mit der Mai-Bewegung anbahnte. Non-stop, 7 x 24 Stunden die Woche, hatten die Menschen, wie Jean-Louis Barrault notierte, im Saal seines Theaters diskutiert, in dem seit der Besetzung keine einzige Aufführung stattgefunden hatte. Statt dessen hatten sich Repräsentanten aller Schichten und Gruppen zu Wort gemeldet: Studenten und Arbeiter, Hausfrauen und Polizisten, Mitglieder religiöser Sekten und gelegentlich auch Paranoiker.

Kritik wurde vorgetragen. Revolution war eines der am häufigsten gebrauchten und zugleich am wenigsten definierten Worte. Man sprach davon, alles zu zerstören, um es neu wiederaufzubauen. »Autogestion« und »cogestion« wurden als Konzepte angeführt, doch entbehrten auch sie einer konkreten Definition. Enthusiasmus hüllte das Bild der Zukunft ein. Das Vertrauen auf die kreative Kraft der mobilisierten, von Zwängen befreiten Masse bestärkte den Enthusiasmus, von dem einige annahmen, daß er die Führung der Bewegung übernehmen, sie leiten konnte. »Das ist eine Basisbewegung. Es gibt hier keine Spitze und keine Direktiven, es ist an uns allen in den Aktionskomitees, denen wir uns anschließen müssen, zu entscheiden, was wir tun werden«, lautete die immer wiederkehrende Antwort auf die Frage nach der Zukunftsordnung.

Die spontane Expressivität der Menge verlangte jedoch bereits binnen kurzem nach einer Einführung von Strukturen, um das Recht auf freie Meinungsäußerung zu garantieren. Die Vertreter des »Comité d'action révolutionnaire«, wie sich der innere Zirkel der Besetzer nannte, sahen sich gezwungen, den Saal in zwei Ebenen einzuteilen, die der traditionellen Ordnung des Raumes entsprachen; in Bühne und Publikumsraum. Auf der Bühne nahmen, dem Vorschlag des Komitees entsprechend, an einem Tisch die besten Redner Platz, die bereit und in der Lage waren, auf die Fragen des Publikums Antworten zu geben. Die Fragesteller bzw. Debattenredner wurden aufgefordert, einzeln und nacheinander auf die Bühne zu kommen. Nach vier Tagen wurde diese Regelung zugunsten einer die hierarchische Zweiteilung verschärfenden wieder aufgehoben. Um den Saal besser »kontrollieren« zu können und die Inbeschlagnahme der Bühne durch einzelne Redner zu verhindern, wurde bestimmt, daß jeder von seinem Platz aus reden und die Bühne dem Comité d'action révolutionnaire vorbehalten bleiben sollte. Es war in achtzehn Unterkommissionen aufgeteilt. An seiner Spitze stand seit dem ersten Tag eine vierköpfige Gruppe, die allein berechtigt war, das Projekt des besetzten Odéon nach außen zu vertreten.

Die Vierergruppe eignete sich binnen vier Tagen zudem den Führungsanspruch im Inneren an. Setzte sie doch durch, daß im Fall eines Polizeiangriffs auf das Odéon jeweils einem von ihnen die absolute Entscheidungsgewalt hinsichtlich der zu ergreifenden Maßnahmen übertragen werden sollte. Die revolutionäre Führerequipe forderte damit den Vorwurf heraus, eine neue Herrschaftsordnung zu konstituieren. Möglich geworden war die Aneignung eines Repräsentationsmonopols und die Konzentration von Entscheidungsmacht in den Händen weniger nicht zuletzt durch den Rückzug der Vertreter der Commission Culture et Créativité aus den internen Organisationsdebatten – sie lehnten entsprechend den Leitlinien der Bewegung des 22. März jede Organisation strikt ab – sowie fast aller derjenigen, die seit dem 13. Mai die Besetzung geplant hatten, darunter Jean-Jacques Lebel, der Happening-Künstler, und Julian Beck vom Living Theatre. Sie hatten das Odéon zwei Tage nach der erfolgreichen Inbesitznahme verlassen.

Ziel der Neuen Linken könne es, so Oskar Negt in Frankfurt, nicht sein, »*ein* politisches Herrschaftssystem durch ein *anderes* zu ersetzen, sondern politische Herrschaft selber und dadurch gleichzeitig Politik als eine von den gesellschaftlichen Lebenserscheinungen getrennte Sphäre abzuschaffen« (Negt 1971: 174; Gilcher-Holtey 2001: 432 ff.). Selbstbestimmung, Selbsttätigkeit, Selbstorganisation, Selbstverwaltung avancieren auch in der Bundesrepublik Deutschland zu Stichworten einer neuen politischen Kultur, deren Organisationsprinzipien gegen Allmacht und Allzuständigkeit staatlicher Institutionen gerichtet ist. Die Neue Linke kritisiert die Reduktion der Demokratie auf die Organisationsform der Stellvertretung, des Repräsentierens. Experimentiert wird mit neuen Formen der politischen Identitätsbildung, die politisch bei der Unmittelbarkeit des eigenen Lebensumkreises und dessen identitätsbildenden Strukturen ansetzen. »Nicht Aggregate abstrakter Wahlbürger, sondern Kollektivitäten des gesellschaftlichen Lebens, deren Mitglieder sich wechselseitig unter dem Gesichtspunkt der Zugehörigkeit zu dieser Kollektivität definieren und anerkennen«, so das Fazit Claus Offes (Mitautor der Hochschuldenkschrift des SDS und heute Professor für Soziologie in Berlin) mit Blick auf die siebziger Jahre, »werden, wie es scheint, zu adäquaten Medien politischen Handelns erklärt.« Der Band *Parlamentarisches Ritual und politische Alternativen*, in dem er dies schreibt, ist Rudi Dutschke gewidmet. Er zeigt Kristallisationspunkte neuer kollektiver Identitäten und politischen Bewußtseins auf, die an die Experimente der 68er-Bewegung anknüpfen – von den Alternativbewegungen und Bürgerinitiativen bis zur Ökologiebewegung (Offe: 35).

15. Die Zeit als große Reise von einem *Weniger* zu einem *Mehr*

Einer ist nicht dabei, als Anfang Juni in Italien die Studentenproteste eskalieren: Giangiacomo Feltrinelli. Am 20. Mai hat ihm Fidel Castro, ohne einen Grund zu nennen, eine dringende Einladung gesandt. Feltrinelli ist sofort nach Havanna aufgebrochen. Dort hat er erfahren, daß Castro François Maspero und ihm eine Kopie des Tagebuchs Che Guevaras übergeben möchte, das vom bolivianischen Innenminister Antonio Arguedas aus La Paz herausgeschmuggelt worden ist. Ohne zu zögern, hat Feltrinelli das Angebot angenommen, sich in eine alte Villa zurückgezogen und binnen weniger Nächte das spanische Manuskript ins Italienische übersetzt. Die Nachtaktion des Verlegers hat es möglich gemacht, daß das *Bolivianische Tagebuch* Guevaras vor der französischen Ausgabe bereits im Juli 1968 in Italien erscheinen kann. Um für das Buch zu werben, setzt Feltrinelli ein Photo Guevaras aus dem Jahre 1961 ein. Es zeigt Guevara während einer Trauerfeier mit Baskenmütze und entschlossenem Blick. Der Photograph Alberto Korda hat die Aufnahme gemacht und Feltrinelli 1967 ein Negativ geschenkt. Der Öffentlichkeit liegen zu diesem Zeitpunkt nur wenige Bilder, Photographien oder Filmaufnahmen von Guevara vor. Die Propaganda der kubanischen Revolution war auf Castro zentriert. Guevaras Gesicht, auf Zelluloid gebannt, wird weltweit erst nach seinem Tod bekannt. Feltrinellis Entscheidung, Kordas Photo nicht nur auf den Umschlag des *Bolivianischen Tagebuchs* zu setzen, sondern aus ihm ein Poster machen zu lassen, trägt entscheidend dazu bei. »Che in the sky with jacket« wird bald auf allen Straßen und Plätzen der westlichen Welt, auf denen es 1968 zu Protestkundgebungen kommt, zu sehen sein. Es wird eines der meistgedruckten Bilder des 20. Jahrhunderts (Feltrinelli: 332 f.). Den Erlös des *Tagebuchs* und des Posters, das Korda zum Millionär gemacht hätte, wenn Kuba die Copyright-Konvention anerkannt hätte, spendet Feltrinelli den Befreiungsbewegungen der »Dritten Welt«.

Wofür steht das Bild, das die Demonstranten durch die Metropolen der Welt tragen? Régis Debray hat Guevara im August 1967 als Gefangener in Camiri in einem Interview mit Radio Luxemburg einen »Heiligen« genannt, der im 12. Jahrhundert eine Art heiliger Franz von Assisi geworden wäre. Seine Heiligkeit habe er durch einen übermenschlichen Willen und eine sehr tiefe geistige Überzeugung erworben (Debray 1967b: 6). Exemplarisches Handeln aus dem Geist einer tiefen Überzeugung kennzeichnet den »militant« (Debray 1975b: 16 f.). Nach exemplarischem Handeln und nach Authentizität strebte auch Debray, doch als Guevara ihn vor die Wahl stellte, bei ihm zu bleiben oder das Lager zu verlassen, hat er die zweite Option gewählt. Er hat eine Tätigkeit außerhalb des Lagers, die Aufklärung der internationalen Öffentlichkeit über Guevaras bolivianisches Unternehmen, dem Kampf mit der Waffe vorgezogen. Vor Gericht hat er sich später »unschuldig all der Beschuldigungen«, die man gegen ihn erhob, bekannt, zugleich aber schuldig »in dem Glauben an den letztendlichen und baldigen Sieg des Che, schuldig, die irreversible Verpflichtung erfüllen zu wollen, die jeden bindet, der den Che leben, denken und kämpfen gesehen hat, die Verpflichtung, ihm treu zu bleiben und seinem Beispiel zu folgen nach dem Maße seiner Fähigkeiten bis zum Ende« (Debray 1968b: 77).

Auch Peter Weiss hat in seinem Nachruf das Exemplarische im Leben Guevaras unterstrichen. »Er, der unentbehrlicher war als jeder andere«, schrieb Weiss im Januar 1968 im *Kursbuch*, »zeigt uns, was er für das einzig Richtige hielt. Er zeigte mit seinem eigenen Leib: Wenn ihr andern es nicht tut, dann tue ich es. [...] Er zeigte: Das einzige Richtige ist, ein Gewehr zu nehmen und zu kämpfen.« Doch wie Debray hat sich auch Weiss gegen das Gewehr entschieden. »Wir müssen diejenigen auf unsere Seite bringen, auf die es in allen Klassenkämpfen ankommt«, die »Arbeiter«, lautete seine Antwort auf die Frage, was in Europa zu tun sei. Wortgewaltig begehrte er gegen die Grenzziehung in den Köpfen auf: die Einteilung der Welt in eine erste, zweite und dritte, gegen die Hinnahme von »fernem« Unrecht, gegen die »Sprache der Unterdrücker«, die von »unterentwickelten

Ländern« spricht, sowie gegen die Verdrehungen der Medien. Er hofft auf den Tag, der »den Anfang vom Ende« des Imperialismus markiert, den Tag, an dem »Millionen Arbeiter die Fabriken und Werkstätten verlassen«, weil sie begriffen haben, daß der Kampf der Befreiungsbewegungen in Asien, Afrika und Lateinamerika auch sie betrifft (Weiss 1968a: 1 ff.).

Giangiacomo Feltrinelli wartet nicht. Er handelt, verändert sein Leben. Er interessiert sich nicht mehr für seinen Verlag, der mit Gabriel García Márquez' *Hundert Jahre Einsamkeit* 1968 einen Bestseller hat, sondern zieht sich mit Stapeln von Papieren mehr und mehr in die Wohnung seiner Freundin Sibilla zurück. Er plant eine Guerilla-Aktion in Italien. Die Strategie ist aus seiner Sicht nicht nur für Lateinamerika, Asien und Afrika geeignet, sondern auch für viele Länder des fortgeschrittenen Kapitalismus, insbesondere dann, wenn die Errichtung eines autoritären Regimes droht. Feltrinelli sieht Sardinien und Sizilien als Teil der »Dritten Welt« an und rechnet, nach dem Putsch in Griechenland im April 1968, auch in Italien mit einem Staatsstreich. Der Augenblick scheint gekommen, für das Unvermeidliche gewappnet zu sein: die Involution der italienischen Demokratie, die die Revolution auf die Tagesordnung setzt. Feltrinelli sucht Kontakt zu ehemaligen Partisanengruppen, an deren Seite er 1944 als Schüler einige Wochen gekämpft hat. Er beginnt damit, Guerilla-Brennpunkte in Städten und auf dem flachen Land, in Schulen und Wohnbezirken zu planen. Vorerst bleibt jedoch alles Theorie. Seine Autoren beschweren sich, seinen Freunden scheint er nicht mehr der »alte« zu sein; sein Sohn notiert, daß Papa sich schlecht benimmt. Aber all das ändert nichts: Feltrinelli hält den Moment für gekommen, den er unbedingt ergreifen muß, der seinen Einsatz erfordert (Feltrinelli: 339, 344, 361, 430).

Während »die Pflicht«, die Revolution zu machen, für Feltrinelli zum Problem der unmittelbaren Gegenwart wird, beginnt Debray in seiner Gefängniszelle in Camiri mit einem Prozeß, den er »Entpflichtung« nennt. Niemals hat er daran gedacht, Guerilla-Stützpunkte in Europa zu propagieren, seine Schrift *Revolution in der Revolution?* sieht er ausschließlich für Lateinamerika bestimmt.

Mit wachsendem Abstand zur Begegnung mit Guevara zeichnet er in seinen Erinnerungen ein kritischeres Bild des Che. Es ist das Bild eines »tragischen Helden« ohne Land und Volk, der aufbrach, um einen Kontinent von 300 Millionen zu befreien, und am Ende nur noch über 22 Kameraden verfügte, die in dem Land, das sie befreien wollten, fremd waren (Debray 1974: 169 f.). Guevara erscheint in den Erinnerungen Debrays als ein in sich gekehrter, verschlossener Anführer, der sich, von Asthmaanfällen geplagt, den größten Teil des Tages abseits der Gruppe aufhielt und seine Umgebung über seine nächsten Schritte grundsätzlich im dunkeln ließ. Mit langfristigen Zielen beschäftigt, sorgte er sich um die näher liegenden wenig. Seine Parole »Schaffen wir zwei, drei, viele Vietnams« habe, so das rückblickende Urteil Debrays, diese Einstellung bestätigt, schließlich sei nie klargeworden, wie dies unter den Bedingungen Boliviens hätte aussehen sollen. Der Che habe alles politisiert, ohne ein Experte der Politik zu sein. Aber gerade dies habe seine Ausstrahlung ausgemacht. Er habe einen Kampf um Erlösung geführt, nicht um Ruhm, und nicht über eine angemessene Strategie für seinen Krieg in Bolivien verfügt. Von der realistischen Sicht der asiatischen Guerillastrategen (Mao, Giap oder Hô Chi Minh) habe er sich daher grundsätzlich unterschieden. Seine Guerilla sei eine religiöse Guerilla gewesen, sein Wille ein Glaube (Debray 1996: 218-221).

Bleibt die Frage, was Debray dazu brachte, Guevaras Glauben zu teilen und den Willen zu artikulieren, ihm zu folgen bis ans Ende? Auf die Frage, ob bei seiner Entscheidung seine katholische Herkunft eine Rolle gespielt habe, gibt er 2002 zu Protokoll: »Nein ... nein ... doch, natürlich, die Idee der Erlösung, der Glaube an eine Kollektivschuld und die Vorstellung des Heils, das man sich verdient, bestimmen jegliches radikale Engagement.« (Debray 2002: 58) Als Gefangener in Camiri 1968 hebt er in seinem Tagebuch die Suche nach Sinn, den Versuch, dem Leben eine Bedeutung zu geben, es zu gestalten, bevor es eine Gestalt annimmt, der nicht mehr zu entkommen ist, als eine seiner Eigenschaften hervor. Den selbstauferlegten Zwang, eine Entscheidung zu treffen, welcher Art auch immer, auf jeden Fall aber »dramatisch«, charakterisiert er in einer

»Anklagerede« als Handlungsdisposition von Jugendlichen, die »einer Krankheit verfallen« seien: »dem Existentialismus« (Debray 1970: 1746). Gehört auch Debray dazu? Die »Anklagerede« wird in *Les Temps Modernes* gedruckt. Sartre setzt sich während der gesamten Zeit seiner Haft für ihn ein. Als wir 2002 ein kurzes Stück zusammen im Taxi fahren, verneint Debray jedoch entschieden die Hypothese, er sei von Sartres Philosophie beeinflußt worden. Nein, den habe er lediglich durchgeblättert, beeinflußt worden sei er durch ihn nicht. Überhaupt seien es Bilder und keine *ismen* gewesen, die ihn geleitet hätten. Er nennt den Romanzyklus des kubanischen Autors Alejo Carpentier *Explosion in der Kathedrale* und Filme wie *Wem die Stunde schlägt* sowie *Sterben für Madrid* (Debray/Ziesler: 78, 86). »Vielleicht«, gibt Debrays einstige Weggefährtin Carmen Castillo, geboren in Chile 1945, im Jahre 2002 zu bedenken, »gehören wir derselben Generation an, für die das Engagement unerläßlich ist.« Während Debray ihr nahezu die Hälfte des ersten Bandes seiner Memoiren widmet, schreibt sie in ihren Erinnerungen über ihn nur wenige Sätze, in denen sie das Verbindende herauszustellen versucht. Jenseits aller Niederlagen habe sich, so stellt sie fest, das Engagement mit dem Leben dem Körper einverleibt: »Gesten des Widerstandes, des Kampfes – Ausdruck unseres Wunsches, nicht aufzugeben«, verbinden, so ihre These, »die einen und die anderen hier und anderswo« (Castillo/Echevérría: 153).
Diese Bereitschaft zum Engagement – und das charakterisiert die Neue Linke der sechziger Jahren allgemein – ist mit einer spezifischen Zeitwahrnehmung und einem mit ihr einhergehenden Erwartungshorizont verbunden. »Als ich zwanzig war«, erklärt Debray im zweiten Band seiner Autobiographie, »war die Zeit eine Straßenkarte, ein Mobilisierungsbefehl.«

> »Sie war von vorn erleuchtet, und rief uns zusammen nach vorn. Die Politik war unsere große Affäre, weil die Zeit hängend wie eine Brücke war; wir lebten in der Spannung der Oktoberrevolution, dieser großen Kursänderung, und der Französischen Revolution, dem unbeendigten, unbeendbaren und besser morgen zu

vollendenden Reiseweg. Die Zeit war ein Verbindungspfeiler, gebogen von der Vergangenheit und in die Zukunft gerichtet (nicht programmierbar, aber voraussehbar, nicht strahlend, aber unveröffentlicht, anders als das Bekannte). Sie war eine große Reise, sie führte uns von einem *weniger* zu einem *mehr*. Wir hatten zum Ziel eine andere Welt, die noch nirgendwo existierte, aber verheißen war.« (Debray 1996: 604)

Die Wahrnehmung der Zeit als eine Reise, die Debray, Feltrinelli, Weiss sowie viele andere Vertreter der Neuen Linken eint und ihr Handeln strukturiert, ist mit einer spezifischen Geschichtsauffassung verknüpft. Drei Elemente zeichnen die Zeitwahrnehmung aus: *Erstens*, die Zukunft wird strukturell anders gedacht als die Vergangenheit, und sie wird, *zweitens*, als gestaltbar verstanden. Der Geschichte wird eine zielgerichtete Entwicklung unterstellt, aus der jeweils ein Gestaltungsauftrag für die Gesellschaft *in der Zeit* abgeleitet werden kann. Historische Entwicklungen können daher, *drittens*, beschleunigt oder verlangsamt werden. Sie sind an Bewußtseins- und Handlungsprozesse revolutionärer Subjekte geknüpft. Geschichte wird, so die Prämisse, von kollektiven Akteuren gemacht. Neben der Arbeiterklasse, den Befreiungsbewegungen und den Randgruppen rücken die Intellektuellen, die kritische Intelligenz, in den sechziger Jahren in die Rolle des revolutionären Subjekts und werden damit zur Avantgarde im Transformationsprozeß. Man ist davon überzeugt, daß sie Bewußtseins- und Mobilisierungsprozesse in der Gesellschaft in Gang setzen können: durch Aufklärung und Aktion.

Zu den Leitideen von Teilen der Neuen Linken gehört die Vorstellung, daß noch »die winzigste politische Handlung [...] unter den Verhältnissen, mit denen wir es zu tun haben, zu neuen Erkenntnissen führen kann«. Einen »Berliner Gemeinplatz« hat Enzensberger diese Vorstellung im Januar 1968 genannt (Enzensberger 1968a: 159), doch zeichnet der Primat der Aktion in erster Linie den antiautoritären Flügel des SDS um Rudi Dutschke in Berlin und Hans-Jürgen Krahl in Frankfurt aus. Beide haben das Guerilla-Projekt

Guevaras unterstützt und 1967 aufgerufen, »die Propaganda der Schüsse (Che) in der ›Dritten Welt‹« durch die »Propaganda der Tat« in den Metropolen zu vervollständigen. Im Namen einer selbsternannten Avantgarde, sogenannter »revolutionärer Bewußtseinsgruppen«, haben sie dazu aufgefordert, »aufklärende Gegensignale« in der Gesellschaft zu setzen (Dutschke/Krahl: 94). Die Bezugnahme auf die Guerilla diente der Abgrenzung der Antiautoritären von den Traditionalisten innerhalb des SDS, die Organisation zur Voraussetzung von Aktion erklärten und damit tendenziell auf Partei(neu)-gründung und nicht auf Mobilisierung durch Aktion zielten.

Ende Juli/Anfang August 1968 bekräftigt Dutschke erneut die Gegenposition. Soeben aus dem Sanatorium entlassen, ist er nach Italien gereist, wo ihm der Komponist Hans Werner Henze Unterkunft in seiner Villa in Marino geboten hat. Sofort hat er an einem Manuskript zu arbeiten begonnen, das auf der Delegiertenkonferenz des SDS im September 1968 vorgelesen werden soll. Das Ordnen der Wörter und Gedanken in seinem Kopf ist ihm schwergefallen. Die Verletzung durch das Attentat wirkt nach. Reporter haben seine Arbeit unterbrochen. Sie haben sein neues Domizil entdeckt und nach Deutschland vom Luxus berichtet, in dem er lebt. Italienische Journalisten umlagern Henzes Haus, in das für einige Tage im August auch Ulrike Meinhof als Sommergast Einzug hält. Hilfe zur Flucht aus Marino kommt von Feltrinelli. Er bringt Dutschke und seine Familie zunächst in der Villa der Contessa Della Rovere unter und bietet ihnen, nachdem sie auch dort von den Medien entdeckt worden sind, seine eigene Mailänder Wohnung an. Dort arbeitet Dutschke weiter an seinem Manuskript, das niemals vorgetragen werden wird, da er den Ausschluß aller Journalisten zur Voraussetzung der Lesung auf der Delegiertenkonferenz erklärt. Dutschkes Text enthält den Vorschlag, »Fokusse« aufzubauen, »clandestine Vierer- oder höchstens Sechsergruppen«. Sie sollen pro Jahr vier Monate in den wichtigsten Institutionen (den Fabriken, Büros, den Kaufhäusern, den Landbetrieben, den Einheiten der Polizei usw.) arbeiten. Sie sollen die Lohnabhängigen »nicht mehr von außen betrachten, sondern mit ihnen tätig sein, von ihnen lernen, ihnen anderes beibringen« (Dutschke-Klotz 1996: 210). Notiert Dutschke, was auch Feltrinelli umtreibt? Das Nachdenken über die »clandestinen Fokusse« wird durch Nachrichten aus Prag, die über den Rundfunk kommen, unterbrochen.

16. Frühlingsende in Prag und Was sagt Fidel Castro dazu?

Prag, 21. August: In der Nacht vom 20. auf den 21. August marschieren Truppen der Warschauer-Pakt-Staaten in die Tschechoslowakei ein, um den dortigen Reformversuchen mit Gewalt ein Ende zu bereiten. Die Reformen sind durch den Sturz Antonín Novotnýs, des Ersten Sekretärs der Kommunistischen Partei der Tschechoslowakei (KPČ), und seiner Ersetzung durch Alexander Dubček im Januar 1968 angestoßen worden. Dubček hat zunächst gezögert, die Wahl anzunehmen, und noch bei seiner Vorstellung als Kandidat eingewandt, »weder der Erfahrenste noch der Intelligenteste« zu sein. Erweisen sollte er sich schon bald jedoch als Person, die es verstand, einer gesellschaftlichen Reformbewegung einen machtmäßig abgeschirmten Spielraum zu verschaffen, Reformgedanken als seine eigenen anzusehen und die Staatspolitik so zu steuern, daß sich ein Systemwandel abzuzeichnen begann (Horský: 56, 85). Der »Prager Frühling«, wie die Periode der Experimente und der Euphorie in der ČSSR 1968 genannt wird, vollzog sich, bis die Panzer des Warschauer Pakts ins Land rollten, als dreifacher Prozeß: (1) als Machtkampf innerhalb der KPČ, in der Reformkommunisten und Traditionalisten über die Transformation der Machtsphäre stritten, (2) als Mobilisierungsprozeß einer Bürgerbewegung, die Demokratisierung und Modernisierung der Gesellschaft anstrebte, und (3) als Bewegung für nationale Emanzipation in der Slowakei (vgl. Havel: XV; Pauer: 32).

Was mit Veränderungen an der Spitze begann, zielte auf eine Demokratisierung der Partei, des Staates und der Gesellschaft. Das *Aktionsprogramm* der KPČ, das am 5. April 1968 angenommen wurde und die konzeptuelle Grundlage der Reformbewegung bildete, zielte auf den Abbau des alten, in den Händen einer kleinen Gruppe von Spitzenfunktionären liegenden Machtmonopols sowie auf eine gleichzeitige Demokratisierung aller gesellschaftlichen Organisationen. Treibende Kraft des sozialen Demokratisierungsprozesses waren die Mitglieder der tschechischen und slowakischen Intelligenz, Schriftsteller, Sozialwissenschaftler, Journalisten und Intellektuelle, so daß der »Prager Frühling« auch als »intellektuelle Revolution« bezeichnet wurde. Ausdruck fand das Engagement der Intellektuellen im *Manifest der 2000 Worte,* das die Bürger der ČSSR zu Zivilcourage, Eigeninitiative und Selbstorganisation aufforderte. Erstrebt wurde eine Umkehr der Beziehung zwischen Staat und Gesellschaft. »Die Staatsmacht ist in Mauselöcher gejagt worden«, schrieb der Schriftsteller Vlado Minač, um die Aufwertung, Aktivierung und Politisierung der Zivilgesellschaft gegenüber der Regierung zu erklären (Horský: 72 f.).

Bahn brechen konnte sich das neue Verständnis von Politik und Politisierung infolge einer entscheidenden, vom Schriftstellerverband geforderten und vom neuen Parteipräsidium durchgeführten Maßnahme: der Aufhebung der Zensur am 4. März 1968. Dadurch wandelte sich die Funktion der Medien und der öffentlichen Meinung. Aus Instrumenten der Staatspolitik wurden Foren gesellschaftlicher Kommunikation und Meinungsbildung. Die freigesetzten Massenmedien – insbesondere die Zeitungen und der Rundfunk – übernahmen eine zentrale Rolle im Prozeß der Vergangenheitsbewältigung: die Enthüllung der politischen Repression in den fünfziger Jahren und die Rehabilitierung ihrer Opfer. Zu den politisch relevanten Initiativen der Zivilgesellschaft gehörte ferner die Gründung von Klubs wie des Klubs 231 oder des Klubs engagierter Parteiloser (KAN). Letzterer forderte die Neutralität der ČSSR sowie einen »Sozialismus ohne Kommunismus«. Binnen kurzem zählte er Zehntausende von Mitgliedern, die sich als eine Bürgerbewegung verstanden, die der Kommunistischen Partei eine Alternative entgegensetzte. Die politische Notwendigkeit des KAN ergab sich für seine Mitglieder aus der Unterdrückung der Sozialdemokraten und Parteilosen durch die KPČ (Skála: 24). Diskutiert wurde über eine neue Sozialismuskonzeption, eine Alternative zum realen Sozialismus und Reformkommunismus, einen humanen und demokratischen Sozialismus. Erwogen wurde die Gründung einer sozialdemokratischen

Partei, doch wurde dieser Plan unter sowjetischem Druck bald wieder aufgegeben. Der Klub 231 zählte 100 000 Mitglieder, unter ihnen zahlreiche ehemalige politische Gefangene, die nicht nur eine konsequente Rehabilitierung forderten, sondern dauerhafte Rechtsgarantien gegen staatlichen Machtmißbrauch. Dieses setzte sich auch die vor allem in der Slowakei agierende Gesellschaft für Menschenrechte zum Ziel, die für eine Verankerung der Menschenrechte in der Verfassung eintrat.

Das Spektrum der gedachten, debattierten und geforderten Reformziele war breit: Es reichte von Rechtssicherheit durch die Aufhebung der Einschränkung von Menschenrechten (Freizügigkeit, freie Berufswahl, Meinungsfreiheit, Pressefreiheit) über Gewaltenteilung durch Schaffung unabhängiger Gerichte, Kontrolle der Regierung durch das Parlament, Stärkung der Regierung gegenüber der Partei, Kontrolle repressiver Staatsorgane und Überwindung des »demokratischen Zentralismus« durch eine Reform der Kommunistischen Partei, durch Aufhebung ihrer Monopolstellung und innerparteiliche Demokratisierung bis zur Reform der gesellschaftlichen Interessenverbände (Gewerkschaften, Jugendverbände etc.), die bis 1968 als bloße »Transmissionsriemen« der Partei funktionierten. Die Initiativen machten auch vor den Betrieben nicht halt. Erwogen wurde eine Reorganisation der sozialistischen Wirtschaftsverfassung auf der Eigentums-, Lenkungs- und Entscheidungsebene. Seit 1963 arbeitete ein Team unter Leitung des Malers und Wirtschaftswissenschaftlers Ota Šik an einer Konzeption zur Transformation der staatlichen Planwirtschaft in eine marktwirtschaftliche Elemente integrierende neue sozialistische Wirtschaftsweise. Seine Pläne gewannen an Einfluß, als Alexander Dubček den »Ökonomen des dritten Weges« im April zum Koordinator der tschechoslowakischen Wirtschaftsreform ernannte. Šiks gegen die bürokratisch-zentralistische Planwirtschaft gerichtete Reform wurde flankiert und bekräftigt durch die Verankerung von Selbstverwaltungsinstanzen in den Betrieben.

Im Mai 1968, als die Streikbewegung an den Hochschulen und in den Betrieben Frankreichs »autogestion« reklamierte, legte Šik eine Selbstverwaltungskonzeption vor, welche die Gründung von Räten in den Betrieben anregte, die je nach Größe zwischen 10 und 30 Mitglieder, in Großunternehmen bis zu 30 Prozent der Belegschaft umfassen sollten. Die Betriebsleitung sollte verpflichtet werden, dem Rat Vorschläge über Investitionsvorhaben, Fusionen und Rationalisierungen zu unterbreiten. Den Räten wurde ein Veto-Recht gegen die Vorschläge der Betriebsleitung eingeräumt. Die ersten Räte wurden in den Betrieben nach intensiven Diskussionen mit den Gewerkschaften in den Monaten Juni und Juli gegründet. Vertreter der kritischen Intelligenz forderten die sukzessive Ausdehnung der betrieblichen Selbstverwaltung auf alle Institutionen der Gesellschaft (Skála: 18 ff.).

Die Slowaken klagten eine Stärkung ihres Rechts auf nationale Selbstbestimmung innerhalb des Staatsverbandes ein, sie verlangten eine Föderalisierung des Landes und verfassungsmäßige Garantien gegen eine Majorisierung durch die tschechischen Landesteile (Pauer: 30). Selbst die Redaktion der Parteizeitung *Rudé právo* wollte nicht mehr nur allein dem Parteipräsidium und dem ZK-Sekretariat der KPČ verantwortlich, sondern Sprachrohr der gesamten Partei sein, und verlangte einen eigenständigen Anteil an der Politikgestaltung.

Im Westen wurden die Reforminitiativen in der Tschechoslowakei mit Aufmerksamkeit und Sympathie beobachtet – auch von der Neuen Linken. Rudi Dutschke nahm Ende März eine Einladung der Christlichen Friedenskonferenz nach Prag an, um zu erkunden, was dort geschah. Seine Frau und sein Sohn Hosea Che begleiteten ihn. Allerdings konnte er seinen Plan, über Ziele, Perspektiven und Strategien des SDS zu sprechen, zunächst nicht verwirklichen. Die sowjetischen Emissäre, die in den westeuropäischen Studenten lediglich »Radaumacher« sahen, verhinderten dies. Ungeplant wurde Dutschke Zeuge des Jubels, der Dubček entgegenschlug, als dieser auf dem Wenzelsplatz am 1. April die soeben erfolgte Wahl Ludvík Svobodas zum Staatspräsidenten bekanntgab. Die Wahl war möglich geworden, weil Staatspräsident Novotny auf internen Druck nach dem Parteivorsitz schließlich auch dieses Amt niedergelegt hatte. Am Nachmittag redete Dutschke wider Erwarten doch noch. Mitglieder

der Christlichen Friedenskonferenz hatten kurz entschlossen für seinen Vortrag den offiziellen Tagungsort verlassen und das Gespräch mit Dutschke in eine Gaststätte verlegt. Dort sprach Dutschke auf englisch zu ihnen. Er beschwor die Notwendigkeit einer internationalen Opposition, die gegen alle Formen autoritärer Strukturen kämpfte und erklärte:

> »Ich denke, daß es in der Tschechoslowakei eine große Aufgabe gibt, neue Wege zu finden, um Sozialismus, wirkliche individuelle Freiheit und Demokratie miteinander zu verbinden, nicht im bürgerlichen Sinn, sondern in einem wirklich sozialrevolutionären Sinn. Wir wollen die bürgerliche Demokratie nicht abschaffen, aber wir wollen sie sehr ernsthaft mit neuem Inhalt füllen.« (Zit. nach Dutschke-Klotz 1996: 192)

Mochte es Übereinstimmung in der Kritik am realen Sozialismus, an der Notwendigkeit der Überwindung zentralistischer, bürokratischer und hierarchischer Strukturen in Politik, Wirtschaft und Kultur geben, in einem unterschied sich die Studentenopposition in Ost und West. Die Reaktionen auf seinen Vortrag im Audimax der Prager Karls-Universität, zu dem Dutschke von Studenten des Philosophischen Seminars aufgefordert wurde, machten ihm dies bewußt. »Die repräsentative Demokratie westlichen Musters«, erklärte Dutschke, sei »keine Alternative zur Alleinherrschaft der kommunistischen Partei. Eine wirkliche Alternative sei nur die Produzentendemokratie in allen Lebensbereichen« (zit. nach Dutschke-Klotz 1996: 193). Dutschke berief sich dabei auf Marx und provozierte Dissonanz. Für die Prager Studenten war Marxismus gleichbedeutend mit Unterdrückung. Sie suchten nach Ansätzen für eine demokratische Erneuerung des Sozialismus in Auseinandersetzung mit den Thesen des böhmischen Reformators Jan Hus. Dutschkes Marxdeutung verstanden sie nicht.

Eine ähnliche Erfahrung hatte 1967 auch Tom Hayden gemacht. Er war im September 1967 nach Bratislava gereist zu einer Konferenz von amerikanischen Kritikern des Vietnamkriegs und Repräsentan-

ten Nordvietnams sowie der Nationalen Front für die Befreiung Südvietnams (FNL). Die Vereinigten Staaten erkannten die FNL nicht an und konnten daher mit ihr nicht über die Befreiung von gefangengehaltenen amerikanischen Soldaten verhandeln. Schon einmal war Hayden als Vermittler erfolgreich tätig gewesen. Dieses Mal wurde seine Teilnahme an der Bratislava-Konferenz, auf der es wieder um Kriegsgefangene gehen sollte, sogar von Robert Kennedy unterstützt. Kaum angekommen, verliebte sich Hayden in eine Studentin aus Bratislava, Anna Ševčíková, und tauchte mit ihr in das Studentenmilieu und die Jugendkultur von Bratislava und Prag ein. Allerdings vermochte er dort nicht verständlich zu machen, warum er als Amerikaner gegen Amerika protestierte. Annas Reaktion auf seine Versuche, ihr zu erklären, daß der Vietnamkrieg falsch sei und es Rassenprobleme in den USA gebe, war Unglaube. Sie nahm an, daß das Gegenteil von dem wahr sei, was in der tschechoslowakischen Presse an Amerikakritik geübt wurde. Wenn in den Zeitungen stand, daß der Vietnamkrieg Ausdruck des amerikanischen Imperialismus sei, erklärte Anna lachend, hieße das, daß die Russen dabei seien, Saigon einzunehmen. Hayden verbrachte mit Anna und ihren Freunden eine Woche, bevor er nach Hanoi weiterflog. Über alle gegensätzlichen Wahrnehmungen der Wirklichkeit hinweg, sah er sich – auch noch mit zwanzig Jahren Abstand – mit ihnen in einer gemeinsamen Wahrnehmung vereint: dem Gefühl, daß ein utopischer Moment zum Greifen nah war (Hayden 1988: 210).
Hayden bleibt mit Anna bis zur Niederschlagung des »Prager Frühlings« am 21. August 1968 in engem Briefkontakt. Auch danach schreibt er ihr weiter Liebesbriefe. Er sieht im Fernsehen russische Panzer über die Straßen und Plätze rollen, über die er mit ihr spaziert ist. Er hört, daß ein Sonderparteitag der KPČ am 22. August in einer Fabrik eröffnet wird. Es ist der erste Parteitag einer kommunistischen Partei, die in einem Land die Regierung stellt und doch in der Illegalität ihre Parteimitglieder zusammenrufen muß. Die Führungsspitze der Partei ist verhaftet und verschleppt, lediglich die Einberufung des Parteitags hat sie noch einleiten können. Die Delegierten des Sonderparteitags schreiben die Demokratisierung des

innerparteilichen Lebens fest. Eingeführt werden geheime Wahlen zu allen Organen der Partei, statuarisch festgeschrieben wird das Recht auf abweichende Meinung. Minderheiten sollen das Recht haben, auf ihren Positionen zu beharren und deren Protokollierung zu fordern. Der Parteitag bekräftigt, daß es sich bei den seit Januar eingeleiteten Veränderungen nicht um eine »Konterrevolution« handelt, sondern um Maßnahmen, die zur Stärkung des Sozialismus führen sollen. Er verlangt die Freilassung der verhafteten Parteimitglieder, die Wiederherstellung der staatsbürgerlichen Rechte und den Abzug der Besatzungstruppen. Ein einstündiger Generalstreik, zu dem die Delegierten aufrufen, soll diese Forderungen unterstreichen. Der Aufruf wird im ganzen Land befolgt (Horský: 217 ff.).

Die militärische Intervention führt nicht zur Spaltung des Landes, nicht zur Distanzierung der Bevölkerung von den Reformern in der Kommunistischen Partei, sondern zur Verteidigung der seit Januar errungenen Freiheiten. Die Strategie der Intervenierenden, die sich darauf berufen, einem Hilferuf führender Vertreter der Partei und des tschechoslowakischen Staates zu folgen, und versuchen, aus Kollaborateuren eine neue Regierung zusammenzusetzen, geht nicht auf. Ein ganzes Land leistet Widerstand gegen die Besatzerarmee. Es ist ein Widerstand ohne Waffen. Männer, Frauen, Jugendliche und Kinder stellen sich den Panzern entgegen. Sie fügen sich nicht der Übermacht physischer Gewalt. Sie zeigen Gegenmacht. »Diskussionen sind unsere einzige Waffe«, appelliert der tschechoslowakische Rundfunk um 7.35 Uhr des ersten Morgens der Besetzung. Auf die Frage, was ihn am stärksten beeindruckt habe, antwortet der Schriftsteller Heinrich Böll, der den Einmarsch der Truppen des Warschauer Pakts in Prag erlebte: »Das ständige Diskutieren der jungen Leute mit den russischen Soldaten. Ohne Feindseligkeit, wie ich fand, also ohne persönliche Animosität, mit Leidenschaft und Heftigkeit immer wieder, überall, an jeder Stelle, wo ein Panzer stand, oder nur ein Posten, redeten sie, versuchten sie zu überzeugen« (zit. nach Horský: 238).

Überall im Land – an Mauern, auf Straßen, an Lokomotiven, auf Personen- und Lastautos – werden Zeichnungen, Parolen, Karikaturen oder Proklamationen angebracht. Prag verwandelt sich »in ein einziges großes Plakat«. Der Prager Wenzelsplatz ruft Bilder der Kulturrevolution in Peking wach. Vom gewaltlosen Widerstand gegen die Besatzerarmee weicht die tschechoslowakische Opposition nur an wenigen Orten ab. Einer ist der Platz vor dem Rundfunkgebäude. Auf ihm werden Barrikaden errichtet, Feuer entzündet, Kämpfe ausgetragen, die zu Toten unter der Zivilbevölkerung führen. Der Rundfunk gilt als Schaltstelle für die Besatzungstruppen sowie für die tschechoslowakische Opposition gegen sie. Die Besatzer setzen alles daran, den Rundfunk mundtot zu machen. Die tschechische Opposition versucht, unterstützt von den Journalisten, mit allen Mitteln die Kontrolle über den Rundfunk zu behalten, da er ein zentrales Glied zur Aufrechterhaltung der Kommunikation zwischen Partei, Regierung und Bevölkerung ist sowie unentbehrlich für die Selbstdarstellung: nach außen und nach innen für die Vernetzung und Koordination der Opposition. Diese verliert den Kampf um das Gebäude, nicht aber den Sender. Studios außerhalb des Rundfunkgebäudes ermöglichen es, zunächst einmal weiterzumachen. »Slowakei sendet noch«, notiert der Historiker Hartmut Zwahr am 24. August um 6 Uhr morgens in sein Tagebuch. Seit dem 21. August verfolgt er die Ereignisse in der Tschechoslowakei in Leipzig über das Radio. Er verzeichnet die Meldungen, die Störungen und Störversuche. Er verzeichnet den Protest der Kommunistischen Parteien Italiens und Frankreichs gegen den Einmarsch der Panzer sowie Massendemonstrationen in England (Zwahr: 126 f.).

Eine Stimme, die die Welt überrascht, erfaßt der Protest nicht: die Fidel Castros. Castros Stellungnahme erfolgt erst am 23. August. Maurice Halperin, der an der Fakultät für Geographie der Universität Havanna lehrt (1962-1968), vermutet, daß die sowjetische Botschaft in Havanna Druck auf Castro ausübt, bis dieser mit der Erklärung hervortritt, die Tschechoslowakei gehe »einer Konterrevolution, dem Kapitalismus und der Umarmung durch den Imperialismus entgegen« und es sei daher »absolut notwendig, dies auf die eine oder andere Weise, koste es, was es wolle, zu verhindern«. Tatsache ist, daß nach der Erklärung Castros wieder sowjetisches Öl nach Kuba fließt, das eingesetzt wird, um die Bilanz der Revolution bis zu ihrem 10. Jahrestag im Januar 1969 zu verbessern (vgl. Halperin: 316 f.).

Am Tag der Rede Castros notiert Zwahr in Leipzig, daß der »Prager Revisionismus [. . .] in Wirklichkeit die Zukunft des Sozialismus« sei und auf dieser Grundlage erneut »eine einheitliche sozialistische Weltbewegung denkbar« erscheint (Zwahr: 126). Auch Tom Hayden gibt die Hoffnung auf die Fortsetzung der durch den Prager Frühling angestoßenen Möglichkeiten nicht auf, nicht nur, weil er immerzu an Anna denkt. Prag und Chicago verschränken sich in seinem Kopf: Auch in Chicago steht ein Parteitag bevor, auch dort bereitet sich die Opposition auf zivilen Widerstand vor. Wie in Prag sind überall Wandzeitungen und Plakate zu sehen. Auf einigen ist in Großbuchstaben zu lesen: »WELCOME TO CZECHAGO« (Hayden 1988: 311).

17. Explosion und Implosion der Proteste in Chicago

Chicago, Ende August 1968: Acht- bis zehntausend Demonstranten sind in die Stadt am Michigan-See gekommen, weit weniger als von den Koordinatoren erhofft. Ihnen gegenüber stehen 11 000 Polizisten, die für die Zeit des Parteitags der Demokraten zu Zwölf-Stunden-Einsätzen verpflichtet worden sind, 6000 Nationalgardisten, 750 Soldaten der U.S. Army sowie 1000 FBI- und CIA-Beamte. Die Stadtverwaltung unter Bürgermeister Richard Daley hat alle Anträge auf eine Kundgebung im Umkreis des Tagungsortes der Demokratischen Partei abgelehnt und den Demonstranten auch das Recht verwehrt, sich in den Parks von Chicago zu Pop-Konzerten oder Theateraufführungen zu versammeln oder gar dort zu übernachten. Anders als von den Koordinatoren der Protestbewegung erwartet, revidiert die Stadtverwaltung ihre Entscheidung nicht, als die Demonstranten eintreffen bzw. als der Parteitag am 26. August beginnt. Bürgermeister Daley hält an seiner Politik der Intransigenz in dem Wissen fest, daß die Regierung in Washington seinen Kurs unterstützt. Er hat sein Vorgehen mit den Politikern in der Hauptstadt abgesprochen. Bereits am 22. August ist ein 17jähriger Junge indianischer Abstammung im Lincoln Park von einem Polizisten erschossen worden, weil er, so die offizielle Darstellung, dem Polizisten gedroht habe, ihn zu töten. »Ich sollte Sie gleich hier und jetzt töten«, erklärt wenig später einer der Beamten, die Tom Hayden seit seinem Eintreffen in Chicago auf Schritt und Tritt überwachen. »Sie werden vor einem Bundesgericht angeklagt werden und für lange Zeit verschwinden.«

Hayden, der die Proteste gegen den Vietnamkrieg in Chicago koordiniert, hat sich vorgenommen, sich von solchen Drohungen nicht unterkriegen zu lassen, sondern den »Polizeistaat in den Straßen von Chicago sichtbar zu machen«. Er rechnet damit, daß im Fall der Konfrontation von Polizisten und Demonstranten Blut fließen kann, will aber an der gewaltlosen Form des zivilen Widerstands festhalten. Um die Polizeilinie zu durchbrechen, ohne die Polizei anzugreifen, üben die Ordner mit den Demonstranten den »Schlangentanz« nach dem Vorbild der japanischen Studentenorganisation Zengakuren ein. Auch Karate-Übungen werden vermittelt, durch die die Demonstranten in die Lage versetzt werden sollen, sich vor Übergriffen zu schützen. Es ist die Antizipation des Polizeieinsatzes, die, so Hayden, die Demonstranten zusammenhält (Hayden 1988: 299, 302).

Wächst mit dieser Antizipation auf der Seite der Protestbewegung die Bereitschaft, von der gewaltlosen zur gewaltsamen Aktion überzugehen? Todd Gitlin, Soziologe und ehemaliges Mitglied der amerikanischen SDS, der nach Chicago gekommen ist, um als Vertreter der »alten Garde« dabei zu sein, wenn die Jungen demonstrieren, sieht in der Formel einer »militanten Gewaltlosigkeit«, die Dave Dellinger und Rennie Davis seitens der Friedensbewegung als Richtlinie für Chicago propagiert haben, ebenso einen Beweis für die Eskalation der Gewalt im Denken und Handeln der Bewegung wie in Haydens Antizipation, es könnten Studenten getötet werden. Doch hat Hayden in Chicago wirklich zur Gewalt aufgerufen? Legte er die Formel der amerikanischen SDS, vom »Protest zum Widerstand« überzugehen, im Sinne eines Straßenkampfes mit der Polizei aus?

»Resistance« bedeutete für viele, wie Hayden rückblickend schreibt, »streetfighting with the police until arrested« (Hayden 1988: 204). Er selbst schien, aus Sicht Gitlins, gespalten. Im Frühjahr habe Hayden »montags, mittwochs und freitags« wie »ein Guerillero der nationalen Befreiungsfront« agiert, »dienstags, donnerstags und samstags« habe er bis zu dessen Ermordung mit Robert Kennedy telefoniert (Gitlin: 322). Das sei nicht richtig, erklärt Hayden im Oktober 2007 in seinem Büro in Culver City auf einem bunten Sofa unter einem großen Wahlplakat von Robert Kennedy. Er sei niemals gespalten gewesen. Auch nicht nach dem Attentat auf Kennedy am 6. Juni 1968? Habe er damals nicht daran gedacht, vom gewaltlosen zum gewalttätigen Widerstand überzugehen? Er schüttelt den Kopf:

»Nein.« Die Staatsanwaltschaft, die ihn später im März 1969 wegen der Organisation der Proteste anklagte, warf ihm hingegen vor, eine Verschwörung vorbereitet zu haben »mit dem Ziel, öffentliche Unruhe anzustacheln, bei der drei oder mehr Personen Gewalt ausüben oder androhen« (Hayden 1988: 343). Auszüge aus drei Reden, mitstenographiert von FBI-Beamten, lagen der Anklage zugrunde: Hayden wurde erstens beschuldigt, gesagt zu haben, »daß die Demonstranten den Parteitag der Demokraten ins Chaos stürzen« sollten und daß er sich Krawalle in Chicago wünsche, zweitens, dazu aufgerufen zu haben, »Blut zu vergießen« und »Regeln zu brechen«. (Tatsächlich hatte er gesagt, daß die Demonstranten vorbereitet sein müßten, ihr Blut zu vergießen, und daß die Regeln des Spiels der Politik »zurechtgebastelt«, mithin manipuliert seien und deshalb gebrochen werden sollten.) Schließlich wurde er, drittens, angeklagt, gewalttätige Auseinandersetzungen vor dem Chicagoer Hilton Hotel provoziert zu haben (Hayden 1988: 345).

Zu einem »Festival des Lebens«, nicht zu »gewalttätigen Dingen« haben die Yippies ihre Anhänger nach Chicago eingeladen. »Yippie« steht für »Energie – Anregung – Spaß – Wildheit – Ausrufezeichen«. Die Yippies knüpfen an die Hippies an, erklären diese für tot, um sie zugleich neu zu begründen und aufzuheben in der Youth International Party: Y.I.P. oder YIP. Ihr Symbol ist das »Y«. Die Yippies lassen offen, ob das Wort »Party« in Youth International Party für »Partei« oder »Fest« steht. Ein Programm haben sie nicht. Es würde die Bewegung, aus ihrer Sicht, steril machen. Was sie tun, ist: »Widersprüche zu leben«, um ihre Umwelt aufmerksam zu machen auf diese und sie anzuregen, sich einzulassen, einzugreifen, einzumischen, mitzumachen (Hoffman: 51 f.). Abbie Hoffman und Jerry Rubin, die die Youth International Party Ende 1967 erfunden haben, lehnen ihre Aktionen an das Vorbild der San Francisco Mime Troupe an, eine Theatergruppe, die sich auf das Theater von Bertolt Brecht und Antonin Artaud beruft (Faber: 8). Sie betrachten Leben und Theater als zwei Worte, die dasselbe ausdrücken. Sie sehen sich als Lebenskünstler, die den Gegensatz zwischen Kunst und Leben überwinden, indem sie mit den Mitteln des Theaters – Kostümen, Requisiten,

Improvisationen – dorthin ziehen, »wo das Leben um Einsatz spielt« (Faber: 8).

Hoffman, geboren 1936, hat Psychologie an der Universität von Kalifornien in Berkeley studiert und sich seit 1963 als Mitstreiter des SNCC engagiert, bis die afroamerikanische Studentenorganisation 1966 alle Weißen ausschloß. Auf der Suche nach neuen Formen des Engagements und der Gemeinschaft hat er an der Ostküste Anschluß an die Hippie-Bewegung in der Lower East Side von New York gefunden. Aufgrund seines Talents, Spielregeln des Straßentheaters in Aktionen zu überführen, hat er sich in der Szene der »Aussteiger«, »Drogen« und »wechselnden Realitäten« schnell einen Namen gemacht. In seinem New Yorker Apartment war am Silvesterabend 1967 zur Youth International Party aufgerufen worden, die seit dem 16. Januar 1968 öffentlich für das Festival in Chicago warb. In ihren Vorstellungen träumten die Yippies davon, daß 500 000 junge Leute singend, lachend und tanzend durch die Straßen von Chicago zögen und ein »Freies Amerika« feierten. »Wir werden unsere eigene Realität schaffen, wir sind das Freie Amerika«, schrieben sie in ihr erstes Manifest, das von zahlreichen Theater- und Musikgruppen unterzeichnet wurde (Faber: 17).

Jerry Rubin unterstützte die Planung des »Festivals des Lebens« von Anfang an. Geboren 1938 und damit zwei Jahre jünger als Hoffman, verstand er sich wie dieser als Berufsrevolutionär. Er war 1964 genau zu dem Zeitpunkt nach Berkeley gekommen, als dort die Studentenrevolte begann. Er hatte an nahezu allen Antivietnamkriegsdemonstrationen teilgenommen und im Oktober 1967, anläßlich des Marsches zum Pentagon, an einer spektakulären Aktion mitgewirkt: dem Versuch, das amerikanische Verteidigungsministerium zum Schweben zu bringen. Gemeinsam mit bunt verkleideten »noisemakers« und Hexen, darunter auch Hoffman, wollte er, spielerisch inszeniert, das Pentagon durch beschwörende Gesänge hundert Meter in die Höhe steigen lassen, es schütteln und dadurch alle bösen Geister aus ihm vertreiben (Faber: 13). Es war der Versuch, mit Komik Front gegen die Militärmaschinerie zu machen. Überzeugt, daß Menschen mit Worten nicht mehr zu erreichen seien, setzten

Hoffman und Rubin auf performative Aktionen. Gesellschaftskritik mit den Mitteln des Straßentheaters sahen beide als Guerilla-Tätigkeit an: Was sie planten war, aus Rubins Sicht, »ein Angriff auf die Schreine der Autorität« – »von den Priestern und den heiligen Dollars bis zum Zweiparteiensystem« (zit. nach Faber: 21). »Guerilla-Theater« war, so Hoffman, der Schritt zum Dasein als Lebenskünstler (Hoffman: 81). Texte brauchten sie dazu nicht, sie drückten sich vielmehr durch Bilder aus, die in Handlungen entstanden. Gänzlich spontan formten sich diese Bilder jedoch nicht. Sie waren einer Choreographie unterworfen. Als ein Beispiel geglückter Choreographie sahen Hoffman und Rubin ihre Grand-Central-Station-Aktion an, mit der sie sich ins Rampenlicht der Medien spielten und den Wandel der Hippies zu Yippies demonstrierten.

Kurz vor Mitternacht waren am 22. März 1968 6000 Hippies, einem Aufruf Hoffmans folgend, zum Grand Central Terminal in New York gezogen, um im Bahnhofsgebäude den Beginn des Frühlings zu feiern. Während einige Lieder anstimmten und Luftballone steigen ließen, kletterten andere auf das Dach des Informationszentrums im Bahnhofsgebäude, »Long Hot Summer« oder »Burn, Baby, Burn« rufend. Zwei Farbbeutel flogen durch die Luft. Ein Banner mit der Aufschrift »Up against the wall, Motherfucker!« wurde entrollt. Jemand brach die Zeiger der Uhr in der Bahnhofshalle ab. Wie der Vietcong, der während der Tet-Offensive für kurze Zeit Saigon besetzte, eroberten die Hippies einen Raum und übernahmen darin, zumindest in ihrer Selbstwahrnehmung, das Kommando über die Zeit. Gewaltlos spielten sie Bilder der Pariser Kommune nach, in der Arbeiter auf Uhren schossen, und lösten durch ihre Aktion einen Polizeieinsatz aus. Ohne Vorwarnung und Aufforderung, die Frühlingsfeier in der Bahnhofshalle aufzulösen, stürzten sich New Yorker Polizisten auf die jugendlichen Nachtschwärmer und prügelten jeden, den sie ergreifen konnten, mit ihren Schlagstöcken nieder. Die Geschlagenen schrien der Polizei »Sieg Heil, Sieg Heil« entgegen. Ein junger Hippie wurde von zwei Polizisten mit dem Kopf durch eine Glasscheibe gestoßen, Abbie Hoffman bewußtlos geschlagen. New York erlebte, so der Anwalt der New York Civil Liberties

Union, Szenen außerordentlicher Polizeibrutalität, »Polizeikrawalle«, wie die Presse notierte (Gitlin: 238 f.). Mit friedlichen Mitteln und spielerischer Gewalt gegen Sachen war es den Yippies gelungen, den staatlichen Gewaltapparat bloßzustellen.

Auch in Chicago provoziert der spielerische Umgang mit der Wirklichkeit Irritationen und Repression. So löst Abbie Hoffman mit seiner surrealistischen Ankündigung, LSD in die Wasserleitungen von Chicago geben zu wollen, nicht nur Schlagzeilen in der Presse, sondern auch eine von Bürgermeister Daley angeordnete Rund-um-die-Uhr-Bewachung der Wasserversorgung aus. Als Hoffman wenig später äußert, für 100 000 Dollar bereit zu sein, die LSD-Idee aufzugeben und Chicago zu verlassen, lautet die Schlagzeile »Yippies verlangen Bargeld von der Stadt«. Vergnügt über derartige Reaktionen auf seine Parolen, die, wie er glaubt, viel größere Medienwirksamkeit haben als Haydens Engagement im Mobilization Committee to End the War in Vietnam (MOBE), fährt Hoffman fort, »Autoritäten« durch Spiel und Spott in Frage zu stellen. Er fordert die Hippies auf, sich in den Parks von Chicago zu lieben, nackt auf dem Michigan-See zu segeln und nach Möglichkeit während des Parteitags die Frau oder Tochter eines demokratischen Delegierten zu verführen. Als er sich mit den Buchstaben »fuck« auf seiner Stirn in einem Restaurant zeigt, wird er von der Polizei festgenommen und dreizehn Stunden in Gewahrsam gehalten (Hoffmann: 67).

Die Yippies wollen den Demonstrationen in Chicago ihren eigenen Stil aufprägen, der Politik des Establishments die »Politics of Joy«, die »Politics of Hope«, die »Politics of Ecstasy« entgegensetzen. Sie wollen nicht Einfluß nehmen auf die Entscheidungen des Parteitags, die für sie ohnehin bereits feststehen, sondern den »McCarthy kids« etwas vorführen: »die Erfahrung des Lebens im Polizeistaat und die Schönheit unserer alternativen Gesellschaft« (Hoffman: 65). Diese andere Gesellschaft ist für sie auf Kooperation und Gleichheit gegründet. Es ist eine Gesellschaft, die die Kreativität aller Menschen, insbesondere der Jugendlichen, ermöglicht und fördert. Am 25. August, dem Tag, an dem der Parteitag der Demokraten eröffnet wird, lassen sie einen zweihundert Pfund schweren Eber, »Pigasus, der

Unsterbliche« genannt, in die Stadt bringen. Ausgehend von der Vorstellung, daß korrupte Politiker im Theater als Schweine dargestellt werden, wollen sie ihn theatralisch durch die Straßen von Chicago treiben und zum Präsidenten küren; eine performative Kritik des amerikanischen Parteiensystems. Die Aktion lockt Pressephotographen und Kameramänner an. Als Rubin zu einer Rede ansetzt, um den Eber zum Präsidenten zu küren, greift die Polizei ein: Sie nimmt Rubin, seine Frau, seine Freunde und »Pigasus, den Unsterblichen« fest. Während die Gruppe um Rubin auf Drängen der Demonstranten bald wieder freigelassen wird, bleibt der Eber in Gewahrsam. Nicht zuletzt dadurch bleibt er ein »Medien-Hit« und löst Demonstrationen aus, die dazu auffordern, »Pigasus« zu befreien.

Autorität wird, so Hannah Arendt in *On Violence,* am ehesten durch Lachen zu Fall gebracht. Hoffman bekannte sich dazu und zog diesbezüglich – selbst noch vor Gericht – alle Register. Er sah sich nicht als Ideologe oder Stratege, sondern als Designer von Symbolen. Er wollte, wie er schrieb, die »Faust zeigen und das Lächeln« (Hoffman: 71). Was er herbeizuführen suchte, war eine symbolische Konfrontation. »Flower-cong« nannte er in Anlehnung an den Vietcong die Yippies (Hoffman: 83). Hayden stand ihm dabei wenig nach. Auf die Frage des Komitees für unamerikanische Aktivitäten, vor dem sich Hayden wegen der Tumulte in Chicago im Dezember 1968 verantworten mußte: »Herr Hayden, ist es gegenwärtig Ihr Ziel zu versuchen, das jetzige amerikanische demokratische System zu zerstören?« gab er zu Protokoll, »Das ist doch ein Witz«, und auf die insistierende Nachfrage: »Ich frage Sie noch einmal«, zur Antwort: »Nun ja, ich glaube nicht, daß das gegenwärtige amerikanische demokratische System überhaupt existiert. Ich glaube, Sie haben das amerikanische demokratische System durch die Existenz eines Komitees dieser Art zerstört« (Hayden 1988: 306). Hayden, als Symbolfigur der SDS, und Hoffman, als Sprecher der Yippies, glaubten, daß in der Auseinandersetzung mit repressiven Strukturen Lernprozesse angestoßen werden, Wahrnehmungen, Vorstellungen und Einstellungen sich verändern könnten. »Neue Sensibilität« nannte Herbert Marcuse das, was aus seiner Sicht durch die Negation des Establishments, seiner Moral und Kultur freigesetzt wurde und die Weigerung zugleich provozierte. Und er konstatierte 1969: »Die heutigen Rebellen wollen neue Dinge in einer neuen Weise sehen, hören und fühlen; sie verbinden Befreiung mit dem Auflösen der gewöhnlichen Art des Wahrnehmens« (Marcuse: 61). Kaum einer bestätigte Marcuses Diagnose so wie Abbie Hoffman. »Mein Konzept von Realität kommt von dem, was ich sehe, berühre und fühle«, schrieb er. »Der Rest« finde, was ihn beträfe, »nicht statt«.

Hoffman und Hayden wurden im Prozeß gegen die sogenannten »Chigaco Eight« als Organisatoren der Proteste angeklagt. Für das Gericht bildeten sie eine Einheit, außerhalb des Gerichtssaales gehörten sie unterschiedlichen Vorstellungswelten an. Was sie verband, war die Forderung nach »participatory democray«, die Hayden im *Port Huron Statement* der SDS theoretisch entwickelt hatte und die auch Hoffman teilte. Indes, beider Wege zur »partizipatorischen Demokratie« unterschieden sich.

Hoffman setzte auf Selbstverwirklichung durch Befreiung von inneren und äußeren Zwängen. »Participatory Democracy« hieß für ihn, daß jeder sein eigener Führer wurde, war mithin für ihn primär Selbstbestimmung (Faber: 13). Bewußtseinserweiterung mittels Drogen sah er als einen Weg der Selbstfindung an (Hoffman: 39). Es war die Innenwelt des Individuums, die ihn, den Psychologen, interessierte. Hayden war Soziologe und daher primär an der Außenwelt der Innenwelt interessiert. »Participatory Democracy« hieß für ihn Mitbestimmung und Selbstverwaltung, Basisarbeit in und mit sozialen Gruppen. Sein Ziel war die Mobilisierung einer »rassenübergreifenden Bewegung der Armen«. Die Separationspolitik des SNCC hatte dieses Ziel für ihn zerschlagen, er hielt jedoch an der Utopie fest. Er warb um die Unterstützung des SNCC für die Demonstrationen in Chicago und bekam sie. Das MOBE-Komitee, eingesetzt, die Beendigung des Kriegs in Vietnam herbeizuführen, mußte jedoch, das war ihm klar, ein möglichst breites Spektrum von Gruppen und Teilbewegungen mobilisieren, wenn es erfolgreich sein wollte. Es galt daher, eine Koalition von Kriegsgegnern zu schmieden, die gemäßigte Aktivisten der Friedensbewegung ebenso umfaßte wie radikale Mitglieder der SDS. Die Kampagne anläßlich des Parteitags der Demokraten in Chicago konnte daher keinesfalls auf gewaltsame direkte Aktionen setzen. Gewalt, geplant und überlegt eingesetzt, hätte die fragile Grundlage der Koalition zerstört. Um die Vielfalt der Gruppen in Erscheinung treten zu lassen, waren, aus Sicht Haydens, »Graswurzelorganisationen« nötig, die, verteilt über das ganze Land, den Zusammenhang von Krieg, Imperialismus, Hunger und Rassismus erklärten, mit den Teilnehmern vor Ort debattierten und sie als Basisgruppen nach Chicago führten (Faber: 90). Chicago sollte das große Protestereignis des Jahres werden.

Genau das wollte Bürgermeister Daley verhindern. Daley, selbst Mitglied der Demokraten, hatte alles unternommen, um erstmals seit 1956 wieder einen Kongreß seiner Partei nach Chicago zu bekommen. Er wollte, daß dieser Parteitag ohne Störung vonstatten ging, und setzte daher zur Gegenoffensive an. Er entschied, zunächst und vor allem die Hippies zu entmutigen, nach Chicago zu kommen. Die Stadt sollte ihnen keine Bühne bieten. Die Verweigerung von Aufführungsgenehmigungen, die er anordnete, rechtfertigte er damit, daß Agitatoren, die nach Chicago kämen, um die Veranstaltung zu stören, nicht mit der Kooperation der Stadtverwaltung rechnen könnten. Er verweigerte aber auch Friedensgruppen aus Chicago das Recht, eine Demonstration im Stadtkern durchzuführen. Seine Strategie verfehlte ihre Wirkung nicht. Fast alle Musik- und Theatergruppen, die sich zunächst bereit erklärt hatten, am »Festival des Lebens« teilzunehmen, sagten aufgrund fehlender Aufführungserlaubnisse ihr Kommen ab (Faber: 54). Statt der erwarteten Hunderttausende kamen zur Eröffnung des »Festivals des Lebens« nur 2000 Hippies. Zwar strömten später noch Tausende hinzu, aber es waren zumeist Hippies aus der Umgebung und nicht, wie von Hoffman und Rubin geplant, alternative Gruppen aus dem ganzen Land. Ohne eine Demonstrationserlaubnis zogen es auch die gemäßigten Kriegsgegner innerhalb der Friedensbewegung vor, zu Hause zu bleiben (Faber: 171).

Die Furcht, in Gewaltaktionen verwickelt zu werden, schreckte viele ab. Tom Hayden hatte stets auf die Möglichkeit hingewiesen. Unter

Anspielung auf den Popsong »When you're going to San Francisco« hatte Todd Gitlin Haydens Reden ironisch kommentiert: »Wenn ihr nach Chicago kommt, achtet drauf, daß ihr einen Kopfschutz (engl.: *armor*) im Haar tragt« (Gitlin: 324). Was er ausblendete, war die Antizipation von Gewaltaktionen in Chicago durch Bürgermeister Daley, auf die Hayden lediglich reagierte. Daley hatte die Strategie des Polizeichefs von Chicago, in der Auseinandersetzung mit den Demonstranten nur ein Minimum an Gewalt einzusetzen, im Vorfeld des Parteikongresses scharf kritisiert und den Polizeichef dazu aufgefordert, einen Befehl zu erlassen, der alle Polizisten von Chicago anwies, »jeden Brandstifter oder jeden, der einen Molotow-Cocktail in der Hand halte, zu erschießen oder zu töten, weil sie potentielle Mörder« seien (Faber: 145). Daley hatte seine Worte später abgeschwächt, aber seine Kritik an einer Polizeitaktik, die für ein Minimum an Gewalt plädierte, aufrechterhalten. Auch der Stadtrat von Chicago hatte sich in die Polizeitaktik eingemischt, bestrebt, die Sicherheitskräfte zu veranlassen, Krawalle möglichst frühzeitig zu stoppen. Geheimdienstbeamte wurden eingesetzt, um die Formierung der Protestgruppen in Chicago zu beobachten und zu unterwandern. Jeder sechste Demonstrant sei, wie eine CBS-Sendung 1978 mutmaßte, ein Undercover-Agent gewesen (Miller: 297). Einer von ihnen versuchte, einer Demonstrantin eine Tasche für Jerry Rubin zu übergeben, kurz bevor dieser zu seiner Rede auf »Pigasus, den Unsterblichen« ansetzte. Die Tasche enthielt Marihuana und sollte Rubin kriminalisieren, bevor er agitierte. Da die Demonstrantin einen Blick in die Tasche warf, erreichte sie den Adressaten nicht.

Die befürchtete gewaltsame Konfrontation setzt am 28. August ein, dem Tag, an dem die Kriegsgegner innerhalb der Demokratischen Partei letztmals ihre Argumente vorbringen können, bevor die Abstimmung über den Präsidentschaftskandidaten beginnt. Die Demonstranten, die sich im Grant Park versammelt haben, durchbrechen die Polizeilinien, als die Polizei damit beginnt, die Versammlung aufzulösen. Die Beamten schreiten ein, als Demonstranten eine amerikanische Flagge in Brand setzen, die vom Fahnenmast heruntergeholt worden ist (Fraser: 287). Einzeln und in Gruppen ziehen diejenigen, denen es gelingt, die Polizeiketten zu überwinden, zum Hilton Hotel. Es beherbergt die Delegierten des Parteitags, unter ihnen Eugene McCarthy und Hubert Humphrey, die Konkurrenten um die Wahl zum Präsidentschaftskandidaten der Demokraten. McCarthy steht, als sich die Situation auf der Straße vor dem Hotel zuspitzt, am Fenster seines Appartements. Entsetzt vergleicht er das, was vor seinen Augen geschieht, mit Bildern von Brueghel (Faber: 201). Er läßt die 15. Etage des Hilton, die seine Equipe bewohnt, öffnen, um fliehenden Demonstranten Schutz vor der prügelnden Polizei zu gewähren. Doch die Polizisten setzen wenig später nach. Sie stürmen die 15. Etage unter Verweis darauf, daß von dort Gegenstände auf die Straße geworfen worden seien. Auch hier schlagen sie wahllos auf Demonstranten, Journalisten und McCarthys Wahlhelfer ein. Scharf verurteilen Anhänger McCarthys die »Gestapo-Methoden« der Polizei.

»Die ganze Welt schaut zu«, rufen die Demonstranten, als die Polizei vor dem Hilton gegen sie vorgeht. Agierend und der Repression der Polizei ausgesetzt, nehmen sie das, was geschieht, zugleich als Bild wahr, das als Botschaft um die Welt geht. Die Fernsehanstalten helfen dabei. Sie montieren die Bilder der Debatten und Abstimmungen auf dem Parteitag sowie die Bilder der Demonstration vor dem Hilton ineinander, so daß das Geschehen »drinnen« und »draußen« als zeitlich verschränkt und miteinander verwoben erscheint, auch wenn das nicht stimmt. Für den Bürgermeister und den Stadtrat stellt diese Art der Fernsehberichterstattung eine »simulierte Welt« dar, die nicht der »Wirklichkeit« entspricht. Die Kameramänner und Journalisten nehmen, aus ihrer Sicht, Partei für die Demonstranten und verzerren und überschätzen daher, was »tatsächlich« in Chicago geschah (Faber: 252).

Was Demonstranten und Fernsehjournalisten eint, ist das Bestreben, Information als Konfiguration von Bildern zu übermitteln. Abbie Hoffman rühmt sich, mehr von Marshall McLuhan, dem Kommunikationstheoretiker, als von Karl Marx gelesen zu haben. Um sich ins Bild zu rücken, besetzen die Demonstranten Räume, in denen sie ihren Protest durch Handlungen inszenieren und das Interesse der Medien auf sich ziehen. Die Bilder der Repression der Protestbewegung in Chicago und ihre Rufe gehen tatsächlich um die Welt. Die Wirkung der Medienberichterstattung sollte jedoch, wie Gitlin betont, nicht überschätzt werden (Gitlin: 279). Die meisten Amerikaner billigen, wie Meinungsumfragen ausweisen, Daleys Umgang mit den Demonstranten. Daley erhält, eigenen Angaben zufolge, 135 000 Briefe, die ihn unterstützen, und nur 5000, die ihn kritisieren (Faber: 205). Den erhofften Umschwung in der Einstellung der Öffentlichkeit zum Vietnamkrieg erreichen die Demonstranten nicht. Der Vietnamkriegsgegner McCarthy unterliegt gegen Humphrey. Wie soll es weitergehen? Die Demonstranten haben den Stein, wie Jack Newfeld schreibt, auf den Kopf des Hügels gerollt und sind nun allein (zit. nach Hayden 1988: 326). Die »Gewalt-« und die »Organisationsfrage« polarisieren die Bewegung: durch die Eskalation der Gewalt eine Bewußtseinsrevolution herbeizuführen, fordern die einen, die sich um Bernardine Dohrn und die Weathermen gruppieren – letztere eine radikale Splittergruppe, die in den folgenden Jahren einige Bombenanschläge durchführt und 1970 den Drogenpapst Timothy Leary aus der Haft befreit –; Bewußtsein zu schaffen durch Organisation, nicht Aktion, halten die Maoisten dem entgegen. Ihr Stern steigt in den USA auf, als in China der Einfluß der Roten Garden sinkt.

18. Mao pfeift Chinas Rote Garden zurück

China und die Neue Linke im Westen: Ende Juli hat Mao die chinesischen Studentenführer nach Peking zu einer persönlichen Audienz einberufen und ihnen, wie berichtet wird, mit Tränen in den Augen erklärt, daß für sie nun die Zeit gekommen sei, von der historischen Bühne abzutreten. Von der Armee gelenkte »Mao-Tse-tung-Gedanken-Propaganda-Gruppen« werden nach diesem Zusammentreffen von ihm an die Hochschulen entsandt, um den Kämpfen ein Ende zu bereiten und die Studenten zu disziplinieren. Wo immer die Roten Garden sich nicht selbst auflösten, hat die Armee eingegriffen und sie zerrieben. Nicht selten ist bei diesen Einsätzen Blut geflossen. So sind die letzten Schlachten der Kulturrevolution dort geschlagen worden, wo sie zwei Jahre zuvor begonnen hatten, auf dem Campus der Beida, der Peking-Universität. Studenten haben ihn in ein bewaffnetes Lager verwandelt, bereit und entschlossen, die Fraktionskämpfe des letzten Jahres fortzusetzen und gegen autoritäre Anweisungen von oben zu rebellieren. Vergeblich.

Die Armee wirft die Roten Garden nieder. Kein Zweifel, der Gewinner der chinesischen Kulturrevolution ist die Armee. So trägt am Ende das hierarchischste und bürokratischste Staatsorgan den Sieg über eine revolutionäre Bewegung gegen bürokratischen Elitismus davon. Eingesetzt worden ist die Armee auf Weisung Maos und Lin Piaos, des stellvertretenden Vorsitzenden der KP Chinas und Verteidigungsministers, erstmals im Januar 1967. Sie soll die »revolutionäre Linke« unterstützen und zugleich die Ordnung im Lande aufrechterhalten. Mao traute der aus Bauern zusammengesetzten Armee mehr als den in sich gespaltenen städtischen Massen. So bedient er sich des von Lin Piao in seiner Theorie geschulten Instruments, um einen innerparteilichen Machtkampf zu Ende zu führen und sich zugleich von den radikalen, »anarchistischen« Strömungen und Gruppen in der von ihm selbst ausgerufenen Kulturrevolution zu befreien. Der Einsatz der Armee treibt die Opferzahlen in die Höhe. Viele Gewalttaten, die den Roten Garden zugeschrieben wurden, gingen in Wirklichkeit auf ihr Konto (Meissner: 333 ff.; Chang/Halliday: 547).

Bereits Anfang 1967 war erstmals ein Aufruf an die Roten Garden erfolgt, zu ihren Schulen und Universitäten und damit zur »Normalität« zurückzukehren. Tschou En-lai, Ministerpräsident und Mitglied des ständigen Ausschusses des Politbüros, kämpfte wie Herkules, um die anhaltenden Attacken gegen Parteifunktionäre zu stoppen. Indes, bis Ende April 1967 waren, abgesehen von Schanghai und Peking, nur in vier von 27 Provinzen »Revolutionskomitees« errichtet worden. Zusammengesetzt aus Rebellen der Roten Garden, Parteikadern und Armeeangehörigen, sollten sie die Interessenkonflikte ausgleichen. Gegen die landesweite Einrichtung von »Revolutionskomitees«, die noch bis September 1968 andauern sollte, machte eine studentische Ultralinke Front. Sie hatte sich im Herbst 1967 in Hunan unter dem Namen Scheng-wu-lien konstituiert. »Nach all dem Wirbel – alles beim alten«, lautete der Tenor ihrer Kritik. Die neuen »Revolutionskomitees« waren, aus Sicht der Gruppe, der Ort, an dem die »›rote‹ kapitalistische Klasse« erneut ihre Macht verfestigte; zum einen, weil die bekämpften alten Kader in Städten und Provinzen in das neue Machtorgan drängten und nach einer kurzen Phase der Bekundung »revolutionären Eifers« in der Regel auch wieder Einzug hielten; zum anderen, weil mit den Armeevertretern Repräsentanten einer Institution in Machtpositionen rückten, die nicht der Kulturrevolution unterzogen worden war. Es galt, aus der Sicht der Ultralinken in Hunan, daher zunächst, die »Kulturrevolution in der Armee von unten nach oben« zu tragen.

Indes, für die Kritiker der »Revolutionskomitees« ging es noch um weit mehr. Sie zweifelten die Legitimität dieser Institutionen als solche an, da diese nicht aus demokratischen Wahlen hervorgegangen waren und daher, aus ihrer Sicht, keine Organe des Volkes darstellten, sondern »der Unterdrückung des revolutionären Volkes« dienten. Was sie forderten, war die Ersetzung der »Revolutionskomitees« durch Kommunen, die sich am Vorbild der Pariser Kommune von 1871 orientierten. Es war eine imaginierte andere Ordnung, an die sie appellierten, die Vision einer Gesellschaft, in der das Volk sich selbst regiert durch gewählte Führer, die idealiter keine neue, die Massen unterdrückende Bürokratie bilden. Können sie doch jederzeit wieder abgewählt werden und beziehen keine höhere Vergütung als diejenigen, von denen sie gewählt worden sind. Schließlich geht die gedachte neue Ordnung davon aus, daß das Volk bewaffnet ist. Nur ein bewaffnetes Volk kann, so die Prämisse der Gruppe, die sich »als embryonale Form einer ›Kommune‹« und damit als »echte neue rote politische Kraft« versteht, die »bewaffnete rote Kapitalistenklasse« überwinden. Die Denkschrift, in der die Gruppe Scheng-wu-lien ihre Vorstellungen niederlegte, erschien im Januar 1968 unter dem Titel *China – wohin?* (Mehnert: 81-96).

Grundlage für das neue China im Sinne von Scheng-wu-lien waren Maos Direktiven vom 7. Mai 1966, in denen er erstmals die Kulturrevolution ankündigte und seine Utopien entwarf. Sie wurden von der Gruppe interpretiert als Absage an jegliche Spezialisierung und Exklusivität in den Feldern der Arbeit. Soldaten sollten nicht nur kämpfen, sondern lernen, an der Politik teilzunehmen, Fabriken in Gang zu halten und sich in der Landwirtschaft zu engagieren. Arbeiter sollten gleichermaßen ihre Aktivitäten breit fächern. Zwar sollten Arbeiter weiterhin arbeiten, Bauern Landwirtschaft betreiben und Studenten studieren, das sei ihre jeweilige Hauptaufgabe, aber sie sollten nebenbei auch Tätigkeiten außerhalb ihres unmittelbaren Arbeitsfeldes übernehmen. Dadurch würde der Gegensatz zwischen Stadt und Land, Intellektuellen und Arbeitern aufgehoben. Jedermann würde sich rundum entwickeln und zu einer neuen kommunistischen Persönlichkeit reifen. Die Berufung der Gruppe auf Mao Tse-tungs Gedanken wurde nicht anerkannt. Ihr wurde vorgeworfen, ein Leninzitat verdreht zu haben. Sie wurde angeklagt, die Konterrevolution zu betreiben. Als besonders schwerwiegenden Vorwurf lastete man ihr an, noch immer die Existenz einer privilegierten bürgerlichen Klasse in China zu konstatieren. Sie verunglimpfe dadurch die sozialistische Revolution (Gittings: 73 ff.).

Mit dem Einsatz der Volksbefreiungsarmee war die Kulturrevolution beendet. Einsehen mußte dies schließlich auch Kuai Dafu, der bekannteste »Linke« Chinas, ein Student der Quinghua-Universität in Peking, den Mao 1966 auserkoren hatte, die Attacke auf Staatspräsident Liu Schao-tschi und damit die Kulturrevolution zu eröffnen. Am 27. Juli 1968 schickte Mao 40 000 unbewaffnete Arbeiter, um Kuais Rote Garde zu entwaffnen. Nicht wissend, daß die Arbeiter auf Maos Weisung zu ihm kamen, leistete Kuais Rote Garde Widerstand. Fünf Arbeiter starben, mehr als 700 wurden verletzt. Am nächsten Tag warf Kuai sich in der Großen Halle des Volkes Mao in die Arme – weinend. Auch Mao, umgeben von den höchsten Parteiführern, soll beim Anblick seines getreuen Gefolgsmannes geweint haben (Chang/Halliday: 543). Anhaltend rebellische Studenten wurden zur Umerziehung aufs Land gesandt. In der Provinz Guangxi kam die Armee zum Einsatz, um die Kulturrevolution zu beenden. In nur elf Tagen, zwischen dem 26. Juli und dem 6. August 1968, starben in dieser Provinz 3681 Menschen. Der ersten Phase der Kulturrevolution sollte eine zweite folgen, die bis zu Maos Tod 1976 andauerte. Insgesamt verloren, so wird geschätzt, drei Millionen Menschen ihr Leben (Chang/Halliday: 547).

In dem Maße, in dem in China 1968 die Kulturrevolution verebbt, steigt der Mao-Kult empor. Die Schriften des Großen Vorsitzenden werden in ständig wachsenden Auflagen gedruckt, Portraits, Statuen und Büsten Maos in allen Größen im Land verbreitet. Der Kult nimmt die Form von Ritualen an. Einheiten der Armee richten regelmäßig Sitzungen in ganz Peking aus, in denen einstige Opponenten zusammentreffen, um sich vor gestickten Portraits von Mao Tse-tung auszusprechen. Schulkinder beginnen ihren Tag nicht länger mit dem Morgengruß, sondern mit dem Gesang: »Möge der Vorsitzende Mao zehntausend mal zehntausend Jahre leben«. Ausstellungshallen werden gebaut, in denen Symbole an das Leben und die Taten des Vorsitzenden erinnern. Loyalität zu Mao wird nicht länger an revolutionäre Taten, sondern an die Fähigkeit geknüpft, seine Schriften zu zitieren und sein Porträt durch die Straßen zu tragen (Meissner: 347). Und im Westen?

19. Der Maoismus wird im Westen chic

Studenten-Arbeiter-Allianzen: Auch im Westen wird Mao zitiert und skandiert, sein Porträt, auf Posterformat gebracht, an Universitätsgebäude angeschlagen und gilt der Mao-Look als chic. Der deutsche Exmaoist Koenen verhöhnt und verspottet 2001 das »vor Kitsch triefende Vokabular« und vermag nicht zu erklären, wie der autoritäre Vorsitzende in das Bild einer antiautoritären Bewegung paßt (Koenen: 147). Verständlicher wird das Phänomen durch den Ländervergleich und die relationale Betrachtungsweise. Die Maoisten sind weltweit, wie die vergleichende Analyse der 68er-Bewegung zeigt, die Gewinner des Zerfalls der antiautoritären Bewegung. Sie fangen die durch die Bewegung Mobilisierten auf und versammeln am Ende sogar antiautoritäre Spitzenrepräsentanten in ihren Reihen. In den Vereinigten Staaten, wo die Mitgliederzahl der Students for a Democratic Society (SDS) binnen kurzem auf über 30 000 hochgeschnellt ist, sich SDS-Gruppen in Windeseile an allen Hochschulen verbreitet und bereits Einzug in die Sekundarschulbildung gehalten haben, verfügen die Maoisten im Sommer und Herbst 1968 über die Macht, alle Entscheidungen der gewählten nationalen Spitze des Verbandes zu torpedieren. Nur etwa ein Viertel der Mitglieder stellend, gelingt es ihnen, die schweigende Mehrheit auf den SDS-Kongressen sowie in den lokalen Gruppen auf ihre Seite zu ziehen. Politisiert durch den anhaltenden Krieg in Vietnam zu den SDS gestoßen, sind die Neuen fasziniert von deren Aktivität und entschlossen, sofort mitzumachen. Das *Port Huron Statement* der SDS ist ihnen nicht bekannt. Die soziologischen Analysen der amerikanischen Gesellschaft und die politisch-philosophischen Theorien (von John Dewey bis C. Wright Mills), welche die Aktionen der SDS vor 1968 leiteten, sind ihnen fremd. Sie nehmen den Eilzug in den politischen Aktivismus. Wenn überhaupt, versuchen sie, Marx und Mao im Schnellkurs zu absolvieren. »Plötzlich erklärte jedermann«, so der Nationale Sekretär der SDS, Gregory Calvert: »›Ich bin ein Marxist‹ oder ›Ich bin ein

Marxist-Leninist‹. [...] Leute, die man niemals verdächtigt hätte, Marx gelesen zu haben, wurden über Nacht zu Marxisten.« Kein Zweifel, die Maoisten tragen zur Verbreitung des Marxismus innerhalb der SDS bei und profitieren »parasitär«, wie Todd Gitlin meint, von dessen Aufstieg zur »inoffiziellen Sprache« innerhalb der SDS (Gitlin: 383). Aber nicht nur das.

Wider den blinden Aktivismus, LSD-Eskapismus und die Eskalation der Gewalt bieten die Maoisten eine Gegenstrategie an: die Studenten-Arbeiter-Allianz. Sie lenken die Energien der Studenten über den Campus hinaus. Sie rufen dazu auf, die Industriearbeiter als Verbündete anzusehen, sie in ihren Wohnvierteln und an ihrem Arbeitsplatz aufzusuchen, in den Sommerferien in die Fabrik zu gehen. Die Pflicht des Revolutionärs wird von ihnen nicht darin gesehen, die Revolution zu machen, sondern eine revolutionäre Organisation zu schaffen. »Base-building«, Schaffung von Basis- oder Betriebsgruppen, heißt die Devise. Daß dabei nicht nur lange Haare, sondern auch Marihuana-Konsum und freie Liebe im Wege stehen, versuchen die maoistischen Kader den Studenten zu erklären. Klar grenzen sie sich mit ihrer Strategie innerhalb der SDS von den Yippies sowie von den Gruppen ab, die sich selbst als revolutionär ansehen und sich bereit erklären, Guevaras Rat folgend, »das Gewehr zu nehmen«. In Berkeley und Washington, in Delaware und Texas, Oakland und San Francisco werden Brand- und Bombenanschläge auf Rekrutierungsbüros der Streitkräfte sowie auf Institutsgebäude durchgeführt. In Washington tanzen und singen Studenten vor den Flammen: »This is number one / And the fun has just begun / Burn it down, burn it down, burn it down.« (Sale: 503) Im Vergleich zum Frühjahr vervierfacht sich die Zahl der Anschläge. »Sabotage« oder »Strategie des totalen Widerstands« wird die Vorgehensweise genannt. Mit dem Verweis darauf, daß diese Aktionen die Arbeiterklasse befremden, grenzen sich die Maoisten von der »Straßenguerilla« ab (Sale: 505).

Daß man sich nicht auf die Sorbonne konzentrieren dürfe, sondern das Quartier Latin verlassen und in die Vororte ziehen müsse, dorthin, wo die Arbeiter leben, haben auch die französischen Maoisten den Studenten im Mai erklärt. So haben sie das »kritische Ereignis«, das die Solidarität der Arbeiterschaft mit der Studentenbewegung entfachte, die Nacht der Barrikaden im Quartier Latin (10./11. Mai), nicht mit herbeigeführt, sondern die Nacht zurückgezogen in die Säle, Zimmer und Hallen ihres Hauptsitzes, der École Normale Supérieure (ENS), verbracht. Nicht alle waren vom Kurs der Distanz zu den Protesten rund um die Sorbonne, den ihr Anführer Robert Linhart ihnen auferlegte, überzeugt, aber sie folgten ihm. Nur eine widersprach seinen Anweisungen, seine Frau Nicole. Linhart bestritt ihr das Rederecht in der Versammlung und verwies sie des Raumes (Hamon/Rotman: 470). Benny Levy, der zweite in der Hierarchie und ebenfalls Schüler an der ENS, erklärte rückblickend, die französischen Maoisten hätten auf die Studentenbewegung reagiert wie die Professoren. Er setzt die Entstehung der Mao-Bewegung in Frankreich erst im Herbst 1968 an (Sartre u.a.: 113 f.). Und in der Tat, Linhart, der Anführer der Maoisten, war ab dem 10. Mai verschwunden gewesen. Die Maoisten hätten sich auflösen müssen nach dem 10. Mai und mit der Bewegung des 22. März verbinden, urteilte Levy später. Verfolgt von der Vision, daß studentische Desperados dabei waren, die Arbeiterschaft ins Nichts zu führen, hatte sich Linhart jedoch für die Gegenrichtung entschieden. Es war für ihn ein Gang nach Canossa. Als Anführer einer Gruppe, die sich von der KP Frankreichs abgespalten hatte, klopfte er, bestürzt von den Ereignissen in Paris, am Hauptsitz der Kommunisten in der Rue le Peletier an, um das Gespräch mit ihrem Vorsitzenden René Waldeck Rochet zu suchen und ihm seine Unterstützung im Kampf gegen die Studentenbewegung zu offerieren. Vergeblich. Er wurde bereits an der Tür abgewiesen. Linhart kehrte in die ENS zurück, verfaßte einen vehementen Anklagebrief an Mao Tse-tung, der aus seiner Sicht den Studenten zu wohlwollend gegenüberstand, und suchte sodann Zuflucht bei einem Arzt, der ihm Beruhigungsmittel verabreichte und in ein Krankenhaus zu einer Schlafkur einwies (Hamon/Rotman: 481).

Auch Louis Althusser war im Mai hospitalisiert, so daß den Maoisten zu diesem entscheidenden Zeitpunkt Ideengeber und Strategen fehlten. Als die spontane Streikbewegung der Arbeiter Renault-Billancourt erreichte, handelten die Maoisten auch ohne Anweisung von oben, doch blieb ihre Rolle während der Mai-Ereignisse marginal. Sie spiegelte keineswegs die Aufmerksamkeit wider, die man in China den Vorgängen in Frankreich schenkte.

In Peking veranstalteten, offiziellen Verlautbarungen zufolge, am 21. Mai 500 000 Arbeiter, Kämpfer der Roten Garden, revolutionäre Lehrer, Schüler, Studenten und revolutionäre Funktionäre, »erfüllt von proletarisch-revolutionärer Begeisterung«, eine Demonstration zur Unterstützung des Kampfes der französischen Studenten- und Arbeiterbewegung. Sie sangen revolutionäre Lieder und skandierten: »Nieder mit dem US-Imperialismus! Nieder mit dem Sowjetrevisionismus! Nieder mit den Reaktionären aller Länder!« Sie riefen: »Wir unterstützen entschlossen die Arbeiter und Studenten von Paris in ihrem gerechten Kampf! Es lebe die revolutionäre Tradition der großen Pariser Kommune!« Offen bleibt, ob der Ruf nach der Pariser Kommune in Peking tatsächlich erschallte oder lediglich, wie Asien-Experte Klaus Mehnert vermutete, von linken Gruppen in die Berichterstattung über die Pekinger Großdemonstration hineingeschmuggelt wurde. Die Parole fehlte auf jeden Fall bereits am nächsten Tag, als sich erneut, offiziellen Angaben zufolge, mehr als 700 000 Menschen auf dem großen Platz vor dem Tor zum Himmlischen Frieden zu einer zweiten Solidaritätsdemonstration versammelten. Ähnliche Demonstrationen fanden gleichzeitig in ganz China statt. In Schanghai beteiligten sich, nach offiziellen Angaben, über eine halbe Million, in Tientsin eine halbe Million, in Wuhan mehr als 200 000 Menschen. Insgesamt marschierten in den wenigen Tagen zwischen dem 21. und dem 26. Mai 1968 zwanzig Millionen Chinesen für die Forderungen der französischen Arbeiter, von denen sie, so Mehnert, nichts wußten. Die Großdemonstrationen, einberufen von der KP Chinas, waren eine symbolische Aktion im die Ereignisse übergreifenden sino-sowjetischen Konflikt; im, wie es in Peking hieß, »Hund-beißt-Hund-Kampf«. China unterstützte mit performativen Protestaktionen die Neue Linke in Frankreich, die der Initiator der Streikbewegung war, und übte zugleich Kritik an der »französischen Revisionistenclique«, d. h. der traditionell an Moskau orientierten Kommunistischen Partei Frankreichs, die alles daransetzte, die Streikbewegung einzudämmen. Gruppen der chinesischen »Ultralinken« nutzten die Chance, in die offiziell einberufenen Großdemonstrationen Begriffe und Gedanken ihrer Opposition gegen den Verlauf der Kulturrevolution einzubringen und zugleich mit ihrem Appell an die Pariser Kommune eine Gemeinsamkeit mit der westlichen Neuen Linken zu akzentuieren. Nicht Maos Rote Garden, die im August 1966 zur Rebellion kommandiert wurden, waren das chinesische Analogon zur Neuen Linken im Westen. Chinas Neue Linke entstand vielmehr erst im Verlauf der Kulturrevolution und wurde sichtbar in Gruppen wie Scheng-wu-lien.

Bei aller Frankreich-Begeisterung in China, einen Franzosen nahmen Politik und Propaganda von dieser Begeisterung aus: Régis Debray. Die KP Chinas nahm nicht direkt zu seinem Fall Stellung, sondern druckte Auszüge aus einem Artikel nach, der in der Pariser Pro-Mao-Zeitung *L'Humanité Nouvelle* erschienen war. Sie betrafen Debrays Buch *Revolution in der Revolution?* Debray führe, so der Tenor, alle ehrlichen und vom Revisionismus abgestoßenen Leute auf Abwege, »[...] in eine ausweglose Lage«. Der Grund: Er propagiere den Guerillakrieg und damit Ideen Maos, wahre zugleich aber gegenüber Mao Distanz, indem er dessen Grundsatz der Vorherrschaft der Partei über die Guerilla ablehne. Über den Nachdruck brachten die für die Presse zuständigen Stellen zum Ausdruck, was ihnen an Debrays Buch so wichtig erschien, daß sie die Nachricht von seinem Erscheinen nicht unterdrückten. Es war die Kritik an seiner Guerilla-Konzeption, welche die Guerilla über die Partei setzte, indem sie davon ausging, durch militärische Fokusbildung einen Mobilisierungsprozeß anstoßen zu können, der zur Formierung einer neuen politischen Avantgarde führe. In der Kulturrevolution hatte Mao sich von Konkurrenten innerhalb der Partei befreit, eine antiautoritäre Bewegung gegen Parteifunktionäre entfacht, aber die Partei als zentralistisch-hierarchisch strukturierten Herrschaftsapparat als solchen nicht in Frage gestellt. Er hatte Castro stets als kleinbürgerlichen Romantiker angesehen, der antimarxistische Ansichten über den Guerilla-Krieg hege. Es gab, aus Maos Sicht, keinen »dritten Weg«, sondern nur »einen richtigen Weg«: den Weg Pekings. Debray war, aus chinesischer Sicht, verdammt in alle Ewigkeit (Mehnert: 66).

Im August 1968, als Mao Chinas Rote Garden zurückpfeift, hat Debray noch 29 Jahre Haft vor sich. Wenn man bedenkt, daß er erst 28 Jahre alt ist, entspricht das einer Ewigkeit. Hilfe aus China, so kann er sich ausrechnen, kann nicht kommen. Bleibt Kuba. Schließlich ist er nach Bolivien ins Lager Guevaras aufgebrochen, um eine Nachricht Castros zu überbringen. Serge July, von der Bewegung des 22. März, und Alain Geismar, Spitzenrepräsentant der Hochschullehrer- und Assistentengewerkschaft SNEsup (Syndicat national de l'enseignement supérieur), erkundigen sich in Havanna nach den Aussichten, ihn aus seinem Gefängnis in Camiri zu befreien. Beide haben sich mittlerweile den Maoisten angenähert und sind Mitbegründer der Gauche Prolétarienne geworden. Gemeinsam befinden sie sich in der zweiten Augusthälfte 1968 auf Informations- und Urlaubsreise in Havanna. Sie sind dort mit großen Erwartungen gelandet und wie die Paschas empfangen worden. Indes, ihre Erwartungen werden binnen kurzem enttäuscht. Zwei Erfahrungen sind ausschlaggebend dafür: Erstens: Sie müssen erkennen, daß die Kubaner die Mai-Bewegung in Frankreich, ihre Forderungen und Ziele, ihre Möglichkeiten und Effekte nicht wahr- oder angenommen haben, gehen ihre offiziellen Gesprächspartner doch davon aus, daß es sich bei den Demonstranten in Paris im Mai 1968 um solche handelte, die für die Freilassung Régis Debrays demonstrierten. Und die Schlußfolgerung, welche die Kubaner daraus ziehen, lautet, daß Kuba die gaullistische Diplomatie nicht in Verlegenheit zu bringen wünsche. Zweitens: Sie hören in Havanna zu, als Fidel Castro die Intervention der Truppen des Warschauer Paktes in der ČSSR billigt. Sie sind perplex. Ihr Glaube an die Autonomie Kubas und der kubanischen Revolution ist zerstört. Die Welt hat sich, wie sie erkennen, grundlegend geändert. Die Weltsicht, mit der sie auf die Insel gekommen sind, ist widerlegt. Das Projekt, für das Debray sein symbolisches Kapital und sein Leben eingesetzt hat, die Befreiung

Lateinamerikas, ausgehend von Guevaras Fokustheorie, ist begraben. Daran ändert sich auch nichts dadurch, daß Guevaras Bild während der Rede stets als Hintergrund eingeblendet bleibt. Sein Denken greift nicht mehr in die Geschicke Kubas und der kubanischen Außenpolitik ein. Spätestens mit dem Ende des Prager Frühlings ist Guevara auf Kuba zur bloßen Ikone geworden.

20. »Sisterhood is Powerful« – Der Aufstand der Frauen

Frankfurt, 13. September: Am zweiten Tag der 23. Delegiertenkonferenz des SDS kommt es zum Eklat. Nachdem die Gegensätze zwischen dem antiautoritären und traditionalistischen Flügel mühsam überbrückt worden sind, bricht sich ein anderer, neuer Konflikt Bahn: der zwischen den Geschlechtern. Der SDS sei, so die Rednerin, die hinter das Pult tritt, in seiner Struktur durch und durch männlich geprägt. Er spiegele darin zwar die Verhältnisse, bleibe aber weit hinter seinen revolutionären Postulaten zurück. Er reproduziere die Trennung zwischen gesellschaftlichem und privatem Leben in seinen Reihen und nehme die Interessen der Frauen, insbesondere der Mütter mit Kindern, nicht wahr. Wenn Frauen über ihre Beteiligung an Demonstrationen hinauswollten, wenn sie Reden hielten und Diskussionsbeiträge lieferten, bliebe ihnen die Anerkennung versagt. Niemals werde in den Debatten des SDS auf ihre Beiträge Bezug genommen.

Die Rednerin repräsentiert den Berliner Aktionsrat zur Befreiung der Frauen. Sie ist Mutter zweier Kinder und studiert an der Filmakademie in Berlin. Als das, was Helke Sander mit Worten beschrieben, angeklagt und verurteilt hat, erneut einzutreten droht, als die Delegiertenkonferenz dabei ist, kommentarlos über ihren Beitrag hinweg zum nächsten Punkt der Tagesordnung überzugehen, der Rede des Frankfurter SDS-Vordenkers Hans-Jürgen Krahl, hält es eine Zuhörerin im überfüllten Festsaal des Frankfurter Studentenhauses nicht mehr aus. Sie springt auf und wirft, »Konterrevolutionäre... Agent des Klassenfeindes« rufend, sechs Tomaten auf das Podium. Eine Tomate trifft Krahl an der Schulter. Ihre Flugbahn schreibt sich in die Köpfe und in die Geschichtsbücher ein. Sie versinnbildlicht den Aufstand der Frauen im SDS und wird retrospektiv zur »Geburtsstunde der neuen Frauenbewegung« in der Bundesrepublik erklärt. Mit Wut geschleudert, bringt die Tomate die

Unzufriedenheit vieler Frauen mit den ihnen vorgezeichneten sozialen Rollen, Erwartungen und Verhaltensmustern ans Tageslicht, ihre Wut gegenüber Ausgrenzungen und repressiven Kommunikationsstrukturen – nicht zuletzt in den Reihen derer, die angetreten sind, die Gesellschaft zu verändern, das Individuum zu befreien.
Der Tomatenwurf, von den Medien aufgegriffen, wird viel diskutiert und wirkt als Multiplikator für die Idee, separate Frauengruppen zu gründen. Er führt auch viele jüngere, kinderlose Frauen in den SDS (Schulz: 81 f.).
Helke Sander, die zur Speerspitze der Frauen gehört, die sich seit Frühjahr 1968 in Berlin regelmäßig getroffen haben, beschreibt die theoretische Erfassung der Unterdrückung der Frauen als treibendes Moment der Debatten unter den Frauen. Die Erfahrung dieser Unterdrückung habe jede gemacht. Sander erinnert sich, einmal die Frage gestellt zu haben, wer noch nie von einem Mann geschlagen worden sei. Von hundert bis hundertfünfzig Frauen meldeten sich drei (Sander: 170). Auch Sarah Haffner, die an der Hochschule der Künste studiert, hat regelmäßig den Aktionsrat zur Befreiung der Frauen, der in den Räumen des Republikanischen Clubs tagt, besucht. Seit dem Tod des Studenten Benno Ohnesorg am 2. Juni 1967 hat sie sich mehr und mehr politisiert und Anschluß an den SDS gefunden. Im Februar wurde sie, die in England geboren und aufgewachsenen ist, vom SDS mit der englischen Korrespondenz zur Vorbereitung des Vietnam-Kongresses betraut. Schon bald hat sie gemerkt, daß der Mann, der sie aufforderte, die Briefe zu schreiben, kein Englisch konnte. Sie hat sich gegen seine herablassenden Anweisungen gewehrt, ist rückblickend aber davon überzeugt, daß das Bild von Frauen als »Tippsen der Flugblätter« oder als der »Freundin von...« nicht nur die Wahrnehmung von Männern prägte. Dieses Bild habe auch die Köpfe vieler Frauen beherrscht, und es habe eines langen Bewußtwerdungsprozesses bedurft, sich von ihm zu befreien. 1968 lebt Haffner als alleinerziehende Mutter mit ihrem Sohn David in Berlin. Zur Abschlußdemonstration des Vietnam-Kongresses konnte sie nur gehen, weil erstmals anläßlich dieses Kongresses eine Kinderbetreuung eingerichtet worden ist. Ohne diese Einrichtung,

von Frauen organisiert, wäre das Bild, das sie Arm in Arm mit ihrem Vater, dem Publizisten Sebastian Haffner, und Erich Fried zeigt, niemals zustande gekommen. Der Anteil der Frauen an der Bewegung ist, aus ihrer Sicht, größer gewesen als gemeinhin gedacht. Ihre Beweisführung ist einprägsam und feminin: »Ich habe nie einen Mann eine Fahne nähen sehen« (Haffner: 151). Und Fahnen waren doch bei allen Demonstrationen dabei.

Von Geschlechtsgenossen anderer politischer Gruppierungen werden die Männer im SDS um die Frauen, die zur Organisation gehören, beneidet. Noch nach mehr als dreißig Jahren kann man in der Maison Suger in Paris die mit Nachdruck vorgebrachte Klage eines ehemaligen Repräsentanten des Sozialistischen Hochschulbundes (SHB) hören, daß die schönsten Frauen nun mal im SDS gewesen seien. Auf den Aufstand der Frauen zu reagieren fällt 1968 hingegen den »beneideten« Männern im SDS nicht leicht. Die einen leugnen, daß es überhaupt so etwas wie eine Frauenfrage gibt, andere vertagen deren Lösung auf die Zeit nach der Revolution. Der Sozialpsychologe Reimut Reiche, ein ehemaliges Mitglied des SDS-Bundesvorstandes, an dem die Tomaten nur knapp vorbeigeflogen sind, empfiehlt den Frauen den Lysistrata-Boykott: Sie sollen zeitweilig den Geschlechtsverkehr verweigern, um ihren Forderungen Nachdruck zu verleihen. Ulrike Meinhof reagiert empört. Reiches Vorschlag verweise den Konflikt in die Privatsphäre zurück, aus der er soeben durch den Tomatenwurf erst herausgehoben worden sei. Meinhof gehört dem Aktionsrat zur Befreiung der Frauen nicht an. Ihre Zwillinge sind fünfeinhalb Jahre alt, besuchen eine Privatschule und werden von einer Haushaltshilfe beaufsichtigt. Anläßlich des *Kursbuch* 17, das Hans Magnus Enzensberger zum Thema *Frau – Familie – Gesellschaft* plant, trifft sie in Berlin mit Repräsentantinnen des Aktionsrates, Sander und Marianne Herzog, zusammen. Eine Verbindung kommt nicht zustande. Meinhof weist Enzensberger die Schuld zu, der sie bevorzugt behandelt und dadurch eine Kluft zwischen ihr und den anderen Frauen geschaffen habe (Ditfurth: 235).

Meinhof steht mit ihrer Erfahrung einer Distanz unter den Frauen nicht allein. Auch in Italien zeichnet sich eine Differenz nicht nur zwischen den Geschlechtern ab, auch zwischen den Frauen gibt es Meinungsverschiedenheiten. Eine Besetzerin des Palazzo Campana gibt in Gesprächen mit Luisa Passerini zu Protokoll, zu den anderen Frauen bestenfalls keine Beziehungen gehabt zu haben, insbesondere zu denjenigen nicht, die »zählten«, weil sie sich ihren eigenen politischen Raum geschaffen hatten.

Laura Derossi ist eine solche Frau. Sie hat während der Besetzung in Turin vor über 500 Studierenden das Wort ergriffen und dadurch auf sich aufmerksam gemacht, Bewunderung, aber auch Neid auf sich gezogen. Leichtgefallen sind ihr ihre Interventionen nicht. Von Mal zu Mal hat sie sich überwinden müssen. Niemals während der Besetzung hat sie jedoch das Gefühl gehabt, anders zu sein, weniger Rechte zu haben als die Männer. Erst als sie erstmals mit den Sprechern der Studentenbewegung in Mailand und Rom konfrontiert wird, überfällt sie diese Wahrnehmung, die sich von da an immer wieder bestätigt habe: Gleichviel, was auch beredet worden sei, wenn darüber entschieden wurde, wer einen Text noch einmal redigieren könne, sei niemals sie damit beauftragt worden. Während einige Frauen in Turin sie verachten, weil sie heraussticht, hat Derossi das Gefühl, im engeren Zirkel der Studentenbewegung von den wichtigen Dingen ausgeschlossen zu sein.

Sigrid Fronius, die am 8. Mai 1968 als erste Frau zur ASTA-Vorsitzenden an der FU gewählt worden ist, bemerkt lange nicht, daß Frauen in der Gesellschaft und in der Linken diskriminiert und als Sexualobjekt behandelt werden oder aber minderwertige Aufgaben zugewiesen bekommen. In ihrem Fall sei alles andersherum gewesen, urteilt sie rückblickend. »Ich wurde gefördert und für fähiger gehalten, als ich mich selbst einschätzte. Deshalb motivierte mich selbst der Tomatenwurf auf Genossen vom SDS, die sich weigerten, einen Redebeitrag von Helke Sander zu diskutieren, nicht, einer Frauengruppe beizutreten.« Respekt hat sie sich erworben durch ihre Redebeiträge im Berliner Argument-Club, Buchrezensionen und Einmischungen in Debatten studentischer Vollversammlungen. Angestoßen worden ist ihre hochschulpolitische Aktivität durch eine Beziehungskrise. Ihr Gefühl der Abhängigkeit von einem Mann, der nächtelang politisch diskutierte, ließ sie die Lösung ihres Problems darin sehen, sich ebenso intensiv zu engagieren (Fronius: 25f). Der SDS bot ihr die Möglichkeit dazu.

Die emanzipierte Frau, die auffällt und sich einmischt, repräsentiert, so Luisa Passerini, den Typus der »maskulinen Frau« oder »Mann-Frau«: mit kurzen Haaren, lebendigen Gesten, einer gewissen Aggressivität der Sitten und der Fähigkeit, Errungenschaften wie den Minirock und Hosen, getragen den ganzen Tag über, zum Tagesgeschmack zu machen. Auch eine gewisse Art zu rauchen, die Asche auf den Boden zu schnippen und sich auf den Tisch zu setzen, habe diese Frauen ausgemacht. Anders sein zu wollen als ihre Mütter, mithin die Suche nach Differenz, habe die jungen Frauen bestimmt. Indem sie das Wort ergriffen, kommunizierten, trugen sie zu einem Prozeß der »Explosion von Subjektivität« bei (Passerini 1988: 70 f.).

In den USA ist der Geschlechterkonflikt innerhalb der Students for a Democratic Society (SDS) bereits 1967 aufgebrochen. Die Debatte über die Schrift *Sex and Caste* von Casey Hayden und Mary King hat ihn ans Tageslicht gebracht. Waren Frauen eine untergeordnete Kaste innerhalb der SDS? Das war die Frage, die sich stellte. Nur wenige Frauen bezweifelten dies. Die meisten Männer hingegen stritten die These ab. Nur eine Minderheit bestätigte die Existenz eines Kastensystems, erklärte jedoch, daran nicht schuld zu sein. Der SDS-Kongreß in Illinois lehnte im Dezember 1967 eine Beschlußfassung über eine Resolution zur Frauenbefreiung ab. Frauen in New York, Boston und Chicago begannen, sich getrennt zu versammeln und zu »Bewußtseinserweiterungsgruppen« zusammenzuschließen. Sie debattierten, theoretisierten und publizierten. Die Titel ihrer Stellungnahmen, erstmals veröffentlicht in *Notes from the First Year* (1968), waren bald in aller Munde und avancierten weltweit zu geflügelten Worten: »Der Mythos des vaginalen Orgasmus«, »Die Politik der Hausarbeit«, »Das Persönliche ist politisch« (Gitlin: 371). Mit der Strategie der Separation folgten die SDS-Frauen den afroamerikanischen Studenten des SNCC, in dem viele von ihnen gearbeitet hatten. Analog zu »Black Power« beschworen sie »Women Power«, analog zu »Black is Beautiful« skandierten sie »Sisterhood is Powerful«.

Aber es gab auch private Gründe, sich abzuspalten. Barbara Haber, die Frau eines der frühen Organisatoren der SDS, brachte es auf den Begriff: Die Egos der Männer, so formulierte sie, hätten »metastasiert« (zit. nach Gitlin: 372).
Dies galt insbesondere für die etwa ein Dutzend Repräsentanten der SDS, die, so Gitlin, zur Inkarnation der Revolution geworden waren. Gitlin, selbst zur »alten Garde« der SDS gehörend, nennt keine Namen. Er macht jedoch sogenannte »männliche Schwergewichte« aus. Zu ihnen rechnet er diejenigen, die bald als »Chicago Eight« firmieren, weil sie sich wegen ihrer Beteiligung an den Protesten in Chicago vor Gericht verantworten müssen, unter ihnen: Tom Hayden, Abbie Hoffman, Jerry Rubin. Während des Prozesses in Chicago sei, so berichtet Gitlin, unter SDS-Frauen die Idee erwogen worden, in den Gerichtssaal zu stürmen mit der Parole: »Diese Männer sind aus den falschen Gründen angeklagt.« Nicht Teilnahme an einer Verschwörung, sondern männlichen Chauvinismus warfen die Frauen ihnen vor. »Den Krieg nach Hause zu bringen«, lautete eine Parole der SDS. 1968 war, aus Gitlins Sicht, dieser Punkt erreicht. Wohn- und Schlafzimmer, Küche, Bad und die Orte, an denen die Bewegung zusammentraf, verwandelten sich in eine »Kampfarena«. Liebe, so sein Eindruck, schien in eine ferne Zukunft gerückt: Abrechung stand auf der Agenda (Gitlin: 375). Auf sie zu reagieren fiel auch den amerikanischen Männern nicht leicht. »Das sind doch die Frauen, die wir lieben«, konstatierten sie und nahmen mit Erstaunen wahr, wie gerade diejenigen, die am längsten mit ihnen zusammengearbeitet hatten, sie nun am heftigsten kritisierten und am entschiedensten die Trennung verfolgten. Die Trauer unter den »Schwergewichten« hielt nicht lange vor. Sahen doch viele jüngere und neu zu den SDS stoßende Frauen, so Gitlin, es als eine Art »politischer Kommunion« an, mit einer »Zelebrität« zu schlafen (Gitlin: 372).
»Frauensolidarität gab es«, so Gretchen Dutschke-Klotz, »nur minimal«. Viele Frauen wollten, erinnert sie sich, immer »nur mit Rudi« sprechen. Sie rechnet auch Ulrike Meinhof dazu. Sie habe sich zurückgezogen, wenn sie dies bemerkt habe, um keine Eifersucht zu zeigen. Nicht immer sei ihr dies leichtgefallen. Sie habe Rudi

Dutschke auf die Situation der Frauen im SDS, auf das Verhalten der Männer gegenüber den Frauen aufmerksam gemacht. Die meisten Männer seien »blind dafür« gewesen. Wenn sie etwas sage, habe sie ihm erklärt, »werden die Männer nur lachen. Auch er habe nichts dagegen getan, vielleicht, weil er nicht genug Mut dazu gehabt habe, mutmaßt sie später. Daß der SDS schließlich zerbrach, ist, aus ihrer Sicht, durch den Auszug der Frauen entscheidend mitbedingt. Sie selbst habe nach dem Attentat ihre Bedürfnisse und Ziele total zurückgestellt. Rudi habe zwar überlebt, sie habe jedoch bald gesehen, »was alles fehlte«. Die nächsten zwei Jahre seien nur von dem Gedanken bestimmt gewesen, daß er wieder gesund werden und wieder richtig denken können müsse. »Vielleicht sollte man das von einem ideologischen Frauenstandpunkt aus nicht tun«, erklärt sie, aber sie habe Rudi geliebt und finde es nicht falsch, »dass man einige Jahre für jemanden seine Zeit und Energie« hergebe (Dutschke-Klotz 2002: 289-291).

»Das Steak eines Revolutionärs muß man genauso lange braten wie das eines Bourgeois«, lautet die Parole, mit der in Frankreich die Frauen für separate Frauengruppen eintreten. Man will »unter sich« sein, um über die Frauenproblematik zu sprechen. Es ist ein Aufstand gegen die männliche Avantgarde. Ein Flugblatt der Gruppe féminin, masculin, avenir, die sich im Mai in Féminisme, Marxisme, Action (FMA) umbenannt hat, verteilt am 4. Juni, gab den Tenor vor: »Studentin, Arbeiterin«, war darin zu lesen, »auch wenn du auf den Barrikaden gestanden hast, zähltest du während der Proteste jemals zu den führenden Persönlichkeiten? Auch wenn du an vielen Diskussionen teilgenommen hast, warst du jemals in der Lage, deine Bedürfnisse wirklich zu formulieren?« (Zit. nach Schulz: 99) In Vincennes, der neuen Universität, die der französische Staat zwischen August und Oktober gleichsam aus dem Nichts im Norden der Stadt entstehen läßt, tritt ab dem Semesterbeginn regelmäßig eine andere Gruppe zusammen, die sich um Antoinette Fouque gruppiert.

Psychoanalytisch orientiert, wählt diese Gruppe später den Namen Psychanalyse & Politique. Die Wege der Frauenbefreiung, die sie propagiert, sind eng mit dem Studiengang Psychoanalyse verbunden, der in Vincennes gerade eingerichtet wird. Die Polemik, mit der sich die Frauen in der hochgradig politisierten Arena von Vincennes zunächst eine Bresche zu schlagen versuchen, weist jedoch dieselben Begriffe und Gedankenfragmente auf wie in Deutschland und den USA. Sätze wie »Das Problem der Unterdrückten ist niemals das Problem der Unterdrücker. Es gibt für die Männer kein Frauenproblem« oder »Seit wann müssen die Unterdrückten ihre Unterdrücker um Erlaubnis zur Revolte bitten« (zit. nach Schulz: 102) hätten ebenso in Berlin oder Boston geschrieben oder gesprochen werden können. Sie verweisen auf einen Strukturkonflikt. Ihn aufzubrechen und zu überwinden mittels der Ersetzung traditioneller weiblicher Rollenmuster durch neue Visionen, Leitideen und Praktiken ist das Ziel, das die revoltierenden Frauen eint. Sie sehen ihren Kampf als politisch an, insofern er darauf zielt, Machtstrukturen und Hierarchien im Alltag, in den privaten Lebensbereichen, in der Familie und in den Geschlechterverhältnissen zu brechen. Der Marsch, zu dem sie aufbrechen, ist lang; das wissen sie.

21. Blutbad in Mexiko – Bürgerkrieg in Biafra

Mexiko-Stadt, 2. Oktober: Zwischen fünftausend und 12 000 Demonstranten befinden sich gegen 16 Uhr auf der Plazza Tlatelolco, einem der Foren der Stadt, auf dem sich die aztekische und spanische Geschichte des Landes überlagern. Gemessen an früheren Demonstrationen, die seit Juni bis zu 50 000 Personen versammelten, ist das eher eine kleine Zahl. Die Polizei hat die Zufahrten zur Innenstadt gesperrt. Nur zu Fuß haben Festentschlossene den Platz erreicht. Doch die geplante Kundgebung findet nicht statt. Als sie eröffnet werden soll, tauchen Helikopter über dem Platz auf und schießen grüne Leuchtkugeln ab. Im nächsten Moment rattern Maschinengewehre. Einheiten der mexikanischen Armee gehen gegen die Demonstranten vor. Sie setzen sich aus Soldaten der regulären Truppen zusammen, die dem Obersten Stabschef und dem Verteidigungsministerium unterstehen, sowie aus Soldaten des »Olympischen Bataillons«, das direkt dem mexikanischen Präsidenten Gustavo Díaz Ordaz unterstellt ist. Die Soldaten gehen mit Gewehren und Bajonetten auf die Menge los und richten ein Blutbad an. Die Zahl der Toten wird auf 200 und mehr geschätzt. Die blutigen Ereignisse auf der Plazza Tlatelolco führen die Auflösung der mexikanischen Studentenbewegung herbei, doch schreiben sie sich tief in das kommunikative Gedächtnis des Landes ein (Kurlansky: 73 f.).
Es ist die Sorge um eine mögliche Störung der am 12. Oktober beginnenden Olympischen Spiele, die Präsident Ordaz zur gewaltsamen Repression der Proteste getrieben hat. Er ist fest davon überzeugt, einer globalen Verschwörung kubanischer und französischer Radikaler ausgesetzt zu sein, die Mexiko kurz vor Beginn der Spiele erobern wollen. Beweise glaubt er nicht nur in Flugblättern zu finden, die mit Losungen wie »Lang lebe die Studentenbewegung in der ganzen Welt« schließen, sondern auch in der Anwesenheit von amerikanischen Studenten und Aktivisten der französischen Mai-Bewegung. Besonders beunruhigend wirken auf die Partei der Institutio-

nalisierten Revolution (PRI) jedoch die Siebdruckplakate, die ganz Mexiko-Stadt seit Wochen überziehen. Der französische Architekturstudent Jean-Claude Levesque, der die Technik und Herstellung von Siebdruckplatten während des Pariser Mai erlernte, hat sein Wissen den mexikanischen Studenten im September weitergegeben. Seitdem sind überall Plakate zu sehen, die einen Mann mit einem Vorhängeschloß vor dem Mund zeigen oder Journalisten mit gespaltener Zunge und Dollarzeichen in den Augen sowie Karikaturen des Präsidenten (Kurlansky: 374).

Die Plakate symbolisieren die Unzufriedenheit der Studenten. Der Staat übt in Mexiko 1968 Kontrolle über Universitäten, Verlage, Zeitungen, Fernsehen und die Filmindustrie aus. Die Studenten demonstrieren für Pressefreiheit und die Autonomie des intellektuellen Feldes (Zapata Galindo: 144). Die Proteste in den USA wurden von den mexikanischen Studenten aufmerksam verfolgt, die auch mit den Black Panthers sympathisierten, als diese sich 1967 in den Ghettos erhoben. Auch in Mexiko bewundert man Che Guevara und Fidel Castro; Camus und Frantz Fanon gehören ebenso zur Pflichtlektüre wie Debrays *Revolution in der Revolution?* (Kurlansky: 366). Am 31. Mai rief die trotzkistische Arbeiterpartei eine Versammlung ein, um mexikanischen Studenten und Arbeitern die Entwicklung der Proteste in Frankreich zu erläutern. Und am 24. Juli sprachen zwei Studenten aus Nanterre an der Wirtschaftswissenschaftlichen Fakultät der Universität von Mexiko, Denis Decreane und Didier Kuesza. Zwei Tage später schließlich wurde auf einem Protestmarsch in der Hauptstadt eine Forderung laut, die auch am Anfang der Unruhen in Paris stand: »Befreit unsere Kameraden«. Die Kundgebung richtete sich gegen einen Polizeieinsatz, der, ausgelöst durch einen Krawall zwischen Jugendbanden und Studierenden am 23. Juli, zu zahlreichen Verletzten, aber auch Festnahmen geführt hatte, nachdem die Regierung Sicherheitskräfte eingesetzt hatte, um die Ordnung wiederherzustellen (Kurlansky: 368). Zufällig traf der Demonstrationszug gegen die Polizeirepression auf Castro-Anhänger, die der Gründung der Bewegung des 26. Juli gedachten. Sie zogen gemeinsam weiter und lösten damit einen weiteren Polizeieinsatz aus, bei dem es erneut zu gewaltsamen Übergriffen gegen Demonstranten kam. Die Studenten der Fakultät für Politik- und Sozialwissenschaft der Universität von Mexiko traten als Reaktion darauf in den Streik. Sie forderten die Entlassung des Polizeichefs und lehnten sich gegen die Regierungshörigkeit der Presse auf. Wie die italienischen, deutschen oder amerikanischen Studenten setzten sie so gegen die zensierte Berichterstattung eine Gegenöffentlichkeit. Anders als in Frankreich kam es nicht zu einem Generalstreik. Doch auch in Mexiko löste der Einsatz der Sicherheitskräfte die Solidarisierung der Intelligenz mit den Studenten aus. Zahlreiche Intellektuelle intervenierten in den Konflikt. Doch der mexikanische Staat setzte auf Konfrontation. Am 18. September riegelte die Armee den Campus der Universidad Nacional Autónoma de México ab und zwang die eingeschlossenen Studenten und Dozenten, sich mit erhobenen Händen auf den Boden zu legen. Die Armee durchkämmte die Gebäude, nahm circa 1000 Personen fest und beschlagnahmte Schreibmaschinen, Mikroskope sowie Filmvorführgeräte (Brons: 142). Als die Polizei sich zwei Tage später Einlaß in das Gebäude des Instituto Politécnico Nacional zu verschaffen versuchte, setzten sich die Studenten mit Stöcken zur Wehr. Die Beamten eröffneten das Feuer, sie schossen auch auf Demonstranten, die Plakate aufzuhängen oder Parolen an die Wand zu sprühen versuchten (Kurlansky: 374).

Für den Schriftsteller Octavio Paz ist das Vorgehen der Regierung die »große – unbegreifliche – Anomalie«. Es erscheint ihm um so unverständlicher, »als die Studentenbewegung keine unmittelbare Bedrohung des Regimes bedeutete«. Sie ist, aus seiner Sicht, »eine demokratisch-reformistische« Bewegung, nicht auf »Umsturz« ausgerichtet, sondern auf »Rückkehr zur echten revolutionären Tradition«. Was die Studenten wollen, ist für ihn eindeutig und klar: eine Reform der sich seit vierzig Jahren an der Macht haltenden Revolutionspartei« (Paz 1998: 214). Die Außenpolitik dieser Partei hat er seit Jahrzehnten als Diplomat vertreten, zuletzt, seit 1962, als Botschafter in Indien. Die gewalttätige Niederschlagung der Studentenbewegung auf der Plazza Tlatelolco veranlaßt ihn jedoch, sein Amt niederzulegen (Paz 1998: 73). Die Olympischen Spiele finden, wie geplant, in Mexiko statt. Paz kehrt erst 1971 nach Mexiko zurück. Zur Erinnerung an das Massaker von Tlatelolco schreibt er ein Gedicht:

> »UNTERBRECHERKONTAKTE DES WESTENS / Für Dore und Adja Yunkers / Die Sauberkeit / (vielleicht lohnt es der Mühe / es auf die Sauberkeit / dieser Seite zu schreiben) / Sie ist nicht sauber: / Sie ist eine Wut – / (gelb und schwarz / Ansammlung von Galle und Spanisch) /die sich auf dem Blatt ausbreitet. / Warum? / Die Scham ist Zorn / der sich gegen einen selbst wendet: / Wenn / eine ganze Nation sich schämt / ist sie ein Löwe, der sich duckt / Zum Sprung. / (Die städtischen / Angestellten waschen das Blut / auf dem Platz der Opfer) / Sieh nun, / befleckt / bevor etwas gesagt ist / das der Mühe wert ist, / die Sauberkeit« (übersetzt von Brons: 134).

Während er Gastprofessuren in den USA und Großbritannien wahrnimmt, kritisiert Paz das mexikanische Regime und hält Kontakt zur intellektuellen Opposition. Die Studentenbewegung hat ein Zeichen gesetzt für die Notwendigkeit eines Demokratisierungsprozesses »von unten«. Schriftsteller, Künstler, Journalisten, Publizisten setzen sich, »wiedergeboren« am 2. Oktober, wie eine Journalistin es nennt, für einen von der Regierung unabhängigen, autonomen Raum der Kultur ein (Zapata Galindo: 146 ff.; Kurlansky: 381). Ein Teil der Studenten, deren Protest niedergeworfen wurde, schließt sich bewaffneten Guerillagruppen an.
Im Geist der Guerilla zu leben und zu wirken, entschließt sich im Oktober 1968 auch ein Mann, der zu den Jugendfreunden Régis Debrays zählt, die Mai-Bewegung in Frankreich in der Medizinischen Fakultät unterstützt und Daniel Cohn-Bendit sein Auto geliehen hat, als dieser Mitte Mai zu Vorträgen nach Berlin, Amsterdam und Frankfurt aufgebrochen ist: Bernard Kouchner. Er bricht nach Biafra auf, wo der Bürgerkrieg tobt und nach Angaben des Roten Kreuzes täglich acht- bis zehntausend Menschen ums Leben

kommen. Die meisten sterben an Unterernährung in Flüchtlingslagern. Die Hilfsflüge, mit denen das Rote Kreuz versucht, Medikamente und Lebensmittel ins Land zu bringen, werden immer wieder durch Kampfhandlungen gestört. Es fehlt in Biafra an allem, vor allem an Ärzten. Kouchner stellt sich in den Dienst des Roten Kreuzes. Er hat seine Dissertation Che Guevara gewidmet, dem Guerillakämpfer, der ursprünglich Mediziner war, den er 1964 in Kuba persönlich kennengelernt hat. Eine Geschichte aus dem Leben Guevaras hat Kouchner besonders fasziniert: Guevara muß eine Straße überqueren, die im Schußfeld bolivianischer Soldaten liegt. Er ist zu schwer bepackt. Etwas muß er wegwerfen, seine Munition oder seinen Arztkoffer. Guevara behält die Munition und läßt den Arztkoffer stehen. Wenig später wird er verwundet. Kouchner wählt den Arztkoffer, um, wie er es nennt, »Krieg gegen den Krieg zu führen« (Cohn-Bendit/Kouchner: 25, 28).

Kouchner ist 1968 29 Jahre alt. 1939 geboren, ist ihm das Leben unter den Bedingungen des Krieges vertraut. Sein Vater, ein jüdischer Arzt, und seine Mutter, eine französische Protestantin, haben mit ihm und seiner Schwester Paris verlassen, als die deutschen Truppen einmarschierten. Seine frühkindlichen Erfahrungen sind geprägt durch Krieg, Flucht und Terror. Seine Großeltern und viele Verwandte des Vaters wurden deportiert und starben in Auschwitz. »Résistance« – Widerstand zu leisten – ist die Lehre, die er aus dem Schicksal seiner Familie zieht. Weil er überlebt hat, während die anderen starben, muß er seinem Leben einen Sinn geben. Er will es denen nachmachen, die unter der deutschen Okkupation Widerstand leisteten oder als Freiwillige am Spanischen Bürgerkrieg teilnahmen. Die Suche nach Abenteuern kommt hinzu. Er möchte, wie er später sagt, »die Befreiung der Völker auf der Seite der Unterdrückten erleben« und ist entschlossen, dafür zu kämpfen. Im Spanischen Bürgerkrieg sind, wie er weiß, 600 000 Menschen umgekommen. In Biafra ist diese Zahl schon nach drei Monaten überschritten. Kouchner bricht nach Nigeria auf und arbeitet dort mit anderen politisch engagierten Medizinern. Schnell lernen sie, wer in den um sie tobenden Bürgerkriegswirren die Täter und wer die Opfer sind. Sie gelangen zu der Überzeugung, daß die nigerianische Regierung in Biafra eine ethnisch motivierte Vernichtungspolitik betreibt. Sie wollen ihre Erkenntnisse öffentlich machen. Die Vorschriften des Roten Kreuzes hindern sie jedoch daran. Es versteht sich als Hilfsorganisation, die ausschließlich humanitären Aufgaben nachgeht. Die Mitarbeiter sind zu Neutralität und Stillschweigen verpflichtet. Kouchner hält sich daran. Erst als er wieder nach Frankreich zurückkehrt, bricht er die Regeln. Er legt einen Bericht über die Lage in Biafra, die Verfolgung des Ibo-Stammes und die Rolle der Großmächte, vor allem Großbritanniens und der Sowjetunion, in diesem Konflikt vor. Er verläßt das Rote Kreuz und wird zum Mitbegründer einer Gegenorganisation, die den Namen Ärzte ohne Grenzen trägt und sich als Eingreiftruppe für humanitäre Katastrophen versteht. Die Organisation wirbt an Krankenhäusern und medizinischen Fakultäten um Mitarbeiter, die bereit sind, dorthin zu gehen, wo es brennt, um eine Art medizinischen Fokus zu bilden inmitten der Krisenherde, Kriegs- und Elendsregionen der Welt. Biafra ist die erste Station auf einer langen Reise, die Kouchner und andere nach Vietnam, Afghanistan, in den Libanon, ins Kosovo und in den Irak führen und die man »Guevarismus der Menschenrechte« (Kurlansky) nennen wird.

22. Vietnam-Diskurse – getanzt, gedruckt, gespielt

Tokio, 21. Oktober: Shinjuku, gemessen am Personentransfer der größte Bahnhof der Welt, wird zum Zentrum einer Großdemonstration gegen den Krieg in Vietnam. Kriegsgegner legen am internationalen Antikriegstag den Fern- und Nahverkehr lahm, indem sie die Bahngleise besetzen und die Schienen mit Barrikaden aus Eisenbahnsitzen sperren. Es kommt zu gewaltsamen Auseinandersetzungen zwischen Polizisten und Demonstranten. Molotowcocktails fliegen durch die Luft. Eine Polizeistation nahe dem Bahnhof geht in Flammen auf. Die Beamten nehmen 364 Personen fest und macht gegen sie die Anwendung des Krawallparagraphen geltend, der für Rädelsführer Freiheitsstrafen bis zu drei Jahren vorsieht (Derichs: 117). Getragen werden die japanischen Proteste gegen die Kriegsführung der Vereinigten Staaten in Vietnam von Studenten sowie der Beheiren-Bewegung, die 1965 nach amerikanischen Vorbildern gegründet worden ist. Die anhaltende Dynamik der japanischen Proteste gegen den Krieg wird nicht zuletzt dadurch geschürt, daß täglich B-52-Bomber von Okinawa aus mit Bomben und Sprengsätzen beladen zu Lufteinsätzen in Vietnam aufsteigen. Seit Ende des Zweiten Weltkrieges verfügen die USA über mehrere Militärstützpunkte auf Okinawa. Der Sicherheitsvertrag, den beide Länder nach dem Krieg geschlossen haben, garantiert den Amerikanern die Stationierung von Land-, Luft- und Seestreitkräften sowie das Recht, von ihren Basen aus zu agieren, ohne die japanische Regierung zu konsultieren. Die Revision des Sicherheitsvertrages hat 1960 die Formierung der japanischen Studentenbewegung ausgelöst und, nach Schätzung der Polizeibehörden, 4,6 Millionen Japaner in Protestaktionen gegen den Vertrag mobilisiert (Derichs: 94). Abschaffung des Vertrages, Auflösung der US-Militärstützpunkte sowie Unabhängigkeit und Neutralität Japans lauten ihre Forderungen (Hisato: 75). Daran hat sich auch 1968 nichts geändert. Im Gegenteil: Die Studenten bereiten sich auf den Protest gegen die Revision der Revision des Vertrages vor, die 1970 ansteht.

Es sind insbesondere die trotzkistischen Kakumaro innerhalb des Zengakuren, des Alljapanischen Verbandes der studentischen Selbstverwaltungen, die die Aktionen planen und ausführen. Der Zengakuren, gegründet 1948 als demokratisch-zentralistisch geführter und von der Kommunistischen Partei Japans (KPJ) kontrollierter Dachverband linker Studentengruppen, ist seit 1958 gespalten in einen Flügel, der sich an der KPJ orientiert, und einer Neuen Linken, die sich strikt von ihr abgrenzt. Zur Neuen Linken gehören trotzkistische und maoistische Gruppen sowie sogenannte strukturreformistische Zirkel, die die KP Italiens als Vorbild ansehen. Äußerlich sind die Gruppen der Neuen Linken seit 1964 daran erkennbar, daß sie Plastikhelme tragen, die, je nach Gruppe farblich variierend, den Träger schützen, aber auch Identifikation und Solidarität vermitteln sollen (Yutaka: 115). Auf den Helmen ist vorn der Großbuchstabe »Z« für Zengakuren eingraviert und seitlich der jeweilige Name der Gruppe. Die trotzkistisch orientierten Kakumaru fügen gelegentlich Parolen wie »Antiimperialismus« oder »Antistalinismus« hinzu. Ihre Gesichter verhüllen sie über der Mund- und Nasenpartie mit weißen Tüchern, die, vor Demonstrationen ins Wasser getaucht, gegen Tränengas schützen sollen und zugleich die Identifizierung erschweren. In den Händen tragen sie einen »gebabô«, einen Holzstock, der seinen Namen vom japanischen Wort »gebaruto« herleitet, das dem deutschen Wort »Gewalt« entsprechen soll (Masahiro: 215 f.). Der Holzstock steht für revolutionäre Gewalt. Ob diese symbolisch bleiben oder in reale Aktionen überführt werden soll, ist umstritten. Die Kakumaru, die sich als revolutionäre Marxisten verstehen, grenzen sich von den Sampa, die den Staßenkampf propagieren, dadurch ab, daß sie letzterem die Wirkung von Wasserpistolen zuschreiben und statt dessen auf Organisation als Weg zur Revolution setzen (Masahiro: 203, Yutaka: 124).

Weltweit bekannt geworden sind die Zengakuren jedoch durch eine gewaltlose Form des Protests: den sogenannten Schlangentanz, eine rhythmische Bewegung von Demonstranten, die zu energischen Pfeiftönen, die von einem Anführer vorgegeben werden, zickzackförmig, die Arme untergehakt, in Reihen von vier bis zehn Personen vorwärtsschreiten. Mit dem Schlangen- oder Zickzacktanz gelang es den japanischen Studenten, Absperrungen zu durchbrechen, die von Bereitschaftspolizisten gebildet wurden. Die französischen Trotzkisten haben die Helme der Zengakuren übernommen – doch häufig Motorradhelme vorgezogen –, die amerikanischen Weathermen den »gebabô«. 1968 haben in Japan schließlich sogar die an der PKJ orientierten Studentengruppen mit dem Schlangentanz begonnen und eine Demonstration von 12 000 Studenten zickzackförmig vor das Erziehungsministerium geführt (Yutaka: 134).

Der Vietnamkrieg ist nicht die einzige Quelle der Proteste in Japan. Unruhen an den Universitäten erschüttern das Land schon seit 1960. Ihre Ursache haben sie in Reformmaßnahmen der Regierung. Wie in den USA, Frankreich oder der Bundesrepublik hat auch in Japan die Politik in den sechziger Jahren den Versuch unternommen, die Universitätsausbildung den Bedürfnissen der Industrie anzupassen. Sie hat, um die Hochschule zu reformieren, bereits 1960 einen Zentralen Erziehungsrat eingesetzt und 1962 ein Universitätskontrollgesetz vorgelegt, das die Autonomie der Hochschulen einschränkte und sie verstärkt der Kontrolle des Erziehungsministeriums unterwarf. Die Reformen entzogen den Studenten die nach dem Krieg im Zuge der Reeducation gewährten Mitspracherechte – beispielsweise ein Vetorecht gegen die Wahl des Universitätspräsidenten (Yutaka: 103-110). Überzeugt, daß Japan als demokratisches Land den Studenten Partizipationsrechte einräumen sollte, forderten sie auf drei Ebenen Mitbestimmung: bei der Wahl des Universitätspräsidenten und der Dekane, bei Fakultätskonferenzen und im Bereich der Studentenzentren und Wohnheime. 1966 explodierten die Proteste zeitgleich an drei verschiedenen Hochschulen in Tokio, an der Waseda-, Meji- und Chuo-Universität. Die Studenten übernahmen dabei Aktionsformen der Neuen Linken in den USA und Westeuropa, u. a. Sit-ins und die Besetzung von Universitätsgebäuden. Die Mai-Bewegung in Frankreich animierte schließlich auch in Japan zum Barrikadenbau (Masahiro: 223). Die Suche nach Selbstbestimmung und Unabhängigkeit zeichnete Japans Protestbewegung aus – »Shutaisei« lautete der Begriff, der die Leitideen der japanischen Neuen Linken bündelte (Derichs: 81). Die Zengakuren-Aktionen fanden Unterstützung, oft finanzieller Art, in Teilen der Professorenschaft sowie auch in den Reihen der Arbeiter und Bauern. Am Bau der Barrikaden im Bahnhof Shinjuku in Tokio wirkten Arbeiter ebenso mit wie an den Protesten gegen die Revision des Sicherheitsvertrages. Der alten Linken warfen die Arbeiter dagegen Kollaboration mit der Regierung vor. Zur Kooperation zwischen der studentischen Linken und den Bauern kam es in Aktionen gegen den Flughafenbau in Narita.

Das Kriegsgeschehen in Vietnam bestärkt die Mobilisierung Tag für Tag. Zwar hat Präsident Lyndon B. Johnson am 31. März einen Bombardierungsstopp nördlich des 20. Breitengrades angekündigt, die Einsätze gegen Gebiete unter Kontrolle der FNL seitdem jedoch verdreifacht. Die B-52-Bomber werfen ihre Bomben jetzt südlich des 20. Breitengrades ab. Auch die Bodenoperationen haben an Intensität zugenommen. Mobile Einsatzkommandos, gebildet aus amerikanischen Soldaten und südvietnamesischen Spezialeinheiten, durchkämmen Dörfer und Reisfelder auf der Suche nach Stützpunkten des Vietcong. Sie gehen mit äußerster Brutalität vor. Zwischen Guerilla-Kämpfern und Zivilisten wird nicht mehr unterschieden; alle Personen, Frauen und Kinder eingeschlossen, werden als Feind angesehen (Frey: 174). Nach einer Bombenpause setzen auch die Luftangriffe auf Ziele in Nordvietnam, vor allem Nachschublinien des Vietcong, wieder ein (Frankum: 60 f.). Soviel die Bomber auch zerstören, die Bevölkerung Nordvietnams repariert Straßen, Tunnel und Brücken, bessert Gebäude nach und setzt ihre Unterstützung für die südvietnamesische Befreiungsbewegung fort.

Peter Weiss, der Anfang Mai mit seiner Frau Gunilla nach Nordvietnam gereist ist, erlebt die wiedereinsetzenden Luftangriffe der USA unmittelbar. »Die reichste Nation zwingt die Ärmsten unter die Erde. Die Maschinen sausen durch die Lüfte und die Menschen leben in Höhlen«, schreibt er in sein Tagebuch. Und er fügt hinzu: »Die Eindrücke. Wann werde ich einmal darüber schreiben können« (Weiss 1982: 578, 588). In einem *Spiegel*-Gespräch nach seiner Rückkehr berichtet er, daß Nordvietnam einer »Kriegslandschaft« gleiche, die an den Zweiten Weltkrieg erinnere; daß der Krieg ein Genozid sei, da die Kriegsführung der USA darauf ziele, die Lebensgrundlagen eines Volkes zu vernichten, und schließlich, daß die begrenzte Bombardierung, die Präsident Johnson am 31. März angekündigt habe, zur Verdoppelung und Verdreifachung der Luftangriffe geführt habe (Weiss 1968c: 66 f.). Auch Mary McCarthy, die bereits zwei Monate vor Weiss nach Nordvietnam geflogen ist, hat zunächst Schwierigkeiten, ihre Eindrücke zu Papier zu bringen. Als »erschütternd« wirkt nach, was sie in Hanoi erlebte. In Artikeln für die *New York Review of Books,* die sie nach ihrer Rückkehr in Paris schreibt, wo sie als Frau des amerikanischen Botschafters lebt, drückt sie ihre Bewunderung für die nordvietnamesischen Führer aus und übt Selbstkritik an ihrer Generation, die, wie es ihr erscheint, in Krisenzeiten allzusehr auf intellektueller Distanz bleibe. Wenn in den USA die einzige Wahl darin bestehe, zwischen Humphrey und Nixon zu wählen, klagt sie in einem Brief an Hannah Arendt, stimme sie der Parole der französischen Studentenbewegung zu »ELECTION: TRAHISON« (Arendt/McCarthy: 326-338).

Was tun? Weltweit stellt sich diese Frage denen, die angetreten sind, den Vietnamkrieg zu stoppen. Was sollen sie, können sie noch tun, wenn die Mehrheit sich über ihren moralisch-ethischen Protest hinwegsetzt, sich auf ihre Forderungen und Situationsanalysen nicht einläßt? Radikalisierung der Protestaktionen lautet eine Antwort. In Tokio verbrannte sich am 11. November 1967 ein 73jähriger Mann, Yui Chûnoshin, aus Protest gegen den Vietnamkrieg öffentlich, nachdem er zuvor einen Brief an Regierungschef Eisaku Sato gesandt hatte, in dem er diesen auffordert, das Leiden der vietnamesischen Bevölkerung so schnell wie möglich zu beenden (Derichs: 116). In Frankfurt setzten in der Nacht vom 2. auf den 3. April 1968 Andreas Baader, Gudrun Ensslin, Horst Söhnlein und Thorwald Proll zwei Kaufhäuser an der Einkaufsstraße Zeil in Brand, um, wie sie im Oktober vor dem Landgericht Frankfurt erklärten, gegen die Gleichgültigkeit aufzubegehren, mit der die deutsche Gesellschaft das Kriegsgeschehen in Vietnam hinnahm. In Chicago begannen Mitglieder der SDS nach den Straßenkämpfen mit der Polizei im August, über die Gründung einer Roten Armee nachzudenken. »Die Welt stand in Flammen, und es oblag uns, sie zu retten«, beschreibt der Jugendpfleger Bill Ayers, der sich bald der Untergrundorganisation der Weathermen anschließen sollte, die Situation.

> »Wir wollten die Routine und das Mittelmaß durchbrechen, um in die Geschichte als Subjekte einzutreten, nicht als Objekte. Wir würden das Kompromißlertum bekämpfen, uns erheben und entscheidend handeln entsprechend den uns bekannten Notwendigkeiten – wir sahen keinerlei Basis dafür, Untätigkeit zu verteidigen, und so war unsere einfache Losung: Action: Action! Action! Action! Wir waren Kindersoldaten, die wenig zu verlieren hatten.« (Ayers: 141)

»Veränderung zu schaffen geht nur mit Waffen«, glaubt 1968 auch Serge July, ehemals Mitglied der Bewegung des 22. März, der sich im Herbst der Gauche Prolétarienne (GP) angeschlossen hat (Cohn-Bendit 1987: 86), die den Staat in seiner Gesamtheit von Grund auf zu zerstören trachtet, »damit an seine Stelle irgendetwas anderes gesetzt werden kann, das eine direkte Beteiligung der Bürger bedingt« (Sartre/Gavi/Victor: 70).
»Vietnam / das Spanien / unseres / Jahrzehnts«, hat Peter Weiss in einem Interview im März 1968 gesagt. Doch was können Schriftsteller, Künstler tun, um ihre Solidarität zu zeigen? Gemessen an der Zahl derer, die während des Bürgerkrieges nach Spanien gingen, um die Lage in Augenschein zu nehmen, bleibt die Zahl der Schriftsteller und Künstler, die Vietnam aufsuchen, klein. Die nordvietnamesische Armee oder die FNL zu unterstützen fällt selbst denen nicht ein, die das Land besuchen. »Ich glaube, daß die Arbeit, die ich leisten kann, auf einem anderen Gebiet liegt und auf meinen eigenen Breitengraden viel erfolgreicher sein kann«, argumentierte Weiss im *Spiegel*-Gespräch (Weiss 1968c: 66 f.). Bereits 1966 hat er mit Vorstudien und Reflexionen zu einem Stück über Vietnam begonnen. 1967 wurde er Mitglied des Russell-Tribunals, das Kriegsverbrechen in Vietnam untersucht. Anfang 1968 hat er einen vieldiskutierten Text vorgelegt:

den *Diskurs über die Vorgeschichte und den Verlauf des lang andauernden Befreiungskrieges in Viet Nam als Beispiel für die Notwendigkeit des bewaffneten Kampfes der Unterdrückten gegen die Unterdrücker sowie über die Versuche der Vereinigten Staaten von Amerika die Grundlagen der Revolution zu vernichten* (Weiss 1968b). Vier Premieren – in Frankfurt am Main, Ostberlin, Rostock und München – hat das Stück in der ersten Hälfte des Jahres erlebt. Es ist ein gigantisches Projekt. 2500 Jahre der Geschichte Vietnams umfaßt allein der erste Teil, der zwei Drittel des gesamten Stücks ausmacht, eine endlose Abfolge von Machtkämpfen der herrschenden Klasse. Der zweite Teil behandelt die Geschichte des Landes vom Ende des Zweiten Weltkrieges, in dem Japan Vietnam besetzt hatte, über die Rückkehr und den Rückzug der französischen Kolonialmacht (1954) bis zu den Ereignissen im Golf von Tonkin 1964. Vier bis fünf Stunden haben die Aufführungen (in Frankfurt, Rostock und Ostberlin) gedauert, bis Peter Stein sich in München zum radikalen Schnitt entschlossen und das Stück auf Kinolänge zusammengestrichen hat.

Unter dem Eindruck des Vietnam-Kongresses in Berlin stehend, setzte Stein alles daran, die Parole »Protest in Widerstand zu überführen« in seiner Aufführung des *Viet Nam Diskurses* Wirklichkeit werden zu lassen. Die Inszenierung sollte nicht nur einen Mißstand in der Welt bloßlegen, sondern zur Behebung dieses Mißstandes konkret auffordern (Schwiedrzik/Stein: 3). In den Schlußapplaus hinein rief daher der Kabarettist Wolfgang Neuss, der im Stück die Rolle eines Kommentators innehatte, das Publikum zu Geldspenden für die FNL auf. Es sollten nicht länger nur die Opfer beklagt werden, man wollte den Kampf der Befreiungsbewegungen in der »Dritten Welt« praktisch unterstützen. Der Inszenierung der Geschichte Vietnams, teilweise getanzt oder im Rhythmus der »Ho, Ho, Ho Chi Minh«-Rufe vorgetragen, sollten Taten folgen. Teile des Publikums befolgten den Appell und warfen Geld auf die Bühne.

Für den Intendanten der Münchener Kammerspiele, August Everding, überschritt der Aufruf zur Spendensammlung die Grenzen des Theaters. »Der Kern unseres Theaters ist Diskussion. Diskussion zwischen demokratisch Gleichgesinnten«, argumentierte er. Stein und

der Coregisseur des Stücks, Wolfgang M. Schwiedrzik, Mitglied des Berliner SDS, bestritten dies nicht. Sie verwiesen vielmehr auf die Debatten innerhalb des Ensembles sowie mit dem Publikum und klagten den Theaterintendanten an, das Ergebnis dieser Diskussionen nicht akzeptieren zu wollen. »Demokratie ist auch Aktion«, lautete ihre Maxime. »Soll man nach jeder Claudel-Aufführung das Publikum zum Beten des Vaterunsers (katholische Version) auffordern? Muß das Ensemble, wenn ein nicht unbekanntes Stück Kleists mit ›In Staub mit allen Feinden Brandenburgs!‹ schließt, sein süddeutsches Publikum niedersäbeln?« spottete Everding (Everding: 2).
Als »real demokratische Gesellschaft« betrachteten Stein und Schwiedrzik die Bundesrepublik nicht. Demokratische Verhältnisse waren, aus ihrer Sicht, erst noch zu schaffen, unter anderem durch die Umstrukturierung des Theaterbetriebs. Die Kulturfunktionäre in München unterschieden sich, aus ihrer Perspektive, nicht von denen in Moskau und Athen. »Reduzierung der Bürokratie auf ein Minimum, Abschaffung der feudalen Alleinherrschaft des Intendanten, statt dessen kollektive Führung, die nicht vom Geldgeber, sondern von den Produzenten am Theater eingesetzt wird und abwählbar ist; Beteiligung aller Mitglieder des Ensembles an der Spielplanung und Offenlegung aller künstlerischen und ökonomischen Entscheidungen« forderten sie (Schwiedrzik/Stein: 3). »Das war eine sehr hochgekitzelte Situation«, urteilte rückblickend Schwiedrzik. »Manche glaubten, man könnte demnächst die Machtfrage stellen. Jedenfalls in Berlin war das so. Und in München war es auch kurz davor.« Sollte es so gewesen sein, wurde über die Machtfrage im Theater in München schnell entschieden. Peter Stein wurde fristlos gekündigt, Wolfgang Schwiedrzik erhielt Hausverbot (Schwiedrzik 1998: 236-238) und Wolfgang Neuss keine Gage (Salvatore: 398).
Stein und Schwiedrzik geben jedoch nicht auf. Im Oktober melden sie sich erneut bei Peter Weiss mit der Idee einer Neuinszenierung, diesmal an der Berliner Schaubühne am Halleschen Ufer. »Dokumentartheater ist Scheiße«, hatten beide in München an die Bühnenwand schreiben lassen und damit dem Autor eine merkwürdige Reverenz erwiesen. Dennoch trifft Weiss sich mit ihnen. Er sagt

ihretwegen sogar seine Teilnahme an einer Autoren-Lektoren-Konferenz im Hause Suhrkamp ab. In seine *Notizbücher* trägt er nach dem Treffen ein: »Stein imposant, bezopft, gleicht einem Fürsten der Renaissance oder Inka. Begleitet von Hofstaat. / Der absolut Leitende, Bestimmende, trotz betonter Theaterdemokratie. Sein überlegenes Schweigen[,] während sein Chef-Ideologe das Wort führt. Dieser äußerst herablassend, arrogant mir gegenüber.« Weiss ist gleichermaßen »beeindruckt« und »bedrückt«. Er sieht sich vor die Wahl gestellt, seinen *Viet Nam Diskurs* dem »Regietheater, das sich völlig über die Arbeit eines Stückeschreibers hinwegsetzt«, zu überlassen oder aber »das Stück zurückzuziehen« (Weiss 1982: 601 f.). »Ich steh im Kollektiv / nun einmal schief / was soll ich machen / da gibt's nichts zu lachen«, betrachtet er ironisch-kritisch seine Situation und entscheidet sich schließlich, sein Stück denen zu geben, »die gegen mich spielen« (Weiss 1982: 604). Etwas hat sich geändert. Es geht um mehr als Vietnam und Parolen wie »Waffen für den Vietcong«. Es geht darum, was Theater ist und kann. Es geht um die Zukunft der Literatur.

23. Die Novemberfrage: Wozu noch Literatur?

Kann Kunst die Gesellschaft verändern? Stein und Schwiedrzik schätzen die Wirkung von Kunst auf die Politik als »gleich Null« ein. Sie zweifeln am Anspruch des Theaters, eine demokratisch aufklärerische Anstalt zu sein, steht dieser doch aus ihrer Sicht im Widerspruch zur Funktion des Theaters der Zeit. In der »verwalteten Gesellschaft« sehen beide das Theater darauf reduziert, der »subventionierte Bestätiger des gesellschaftlichen Status quo« zu sein. Die Schaffung demokratischer Verhältnisse im Theater wird von ihnen dabei als Grundvoraussetzung aufklärerischer Inszenierungen angesehen. Das Theater muß, so ihre Forderung, sich zunächst von der staatlich-bürokratischen Bevormundung befreien. »Autonomie« lautet ihre Leitidee; Autonomie als »geradezu lebensnotwendige Voraussetzung eines Theaters, das seinem Anspruch, demokratisches Forum zu sein«, gerecht werden will. In diesem Sinn verstehen beide auch ihren zweiten Versuch, den *Viet Nam Diskurs* auf die Bühne zu bringen, als »Modell für demokratische Praxis«. Sie setzen im Inneren des Theaters an, führen bei den Proben demokratische Praktiken ein, aus denen politische Erkenntnisse hervorgehen sollen (Schwiedrzik/Stein: 3).

Mit der Forderung nach direkter Demokratie innerhalb des Theaters greifen sie die hierarchischen Macht-, Lenkungs- und Entscheidungsstrukturen an. Sie stützen sich dabei auf die Leitideen der Neuen Linken: Selbstverwaltung, »participatory democracy«, Mitbestimmung. Einer fühlt sich jedoch von Anfang an ausgeschlossen: Peter Weiss. »Von ›Gedankenaustausch‹ keine Rede – das ist auch etwas Verbrauchtes, Abgelegtes. Ich werde gemaßregelt. Fühle mich alt, gescheitert –«, schreibt er in seine *Notizbücher* über die Zusammenarbeit mit Stein und seinem Ensemble im Vorfeld der Inszenierung des *Viet Nam Diskurses* an der Schaubühne (Weiss 1982: 604). Die Theaterleitung selbst hat einen Antrag auf Genehmigung einer Spendensammlung am Schluß des Stücks gestellt. Doch bereits wäh-

rend der Proben kommt es am 18. November zum Konflikt. Die Theaterleitung verhängt ein Hausverbot gegen Bühnenarbeiter, die radikale Parolen an die Wände des Theaters gemalt haben. Das Ensemble protestiert dagegen und tritt in einen Streik. Weiss unterstützt die Aktion. Seine Vorstellung von dem, was Theater ist und kann, weicht jedoch grundsätzlich von den Vorstellungen des Ensembles ab. Zwar glaubt auch er, daß das Theater als solches die Gesellschaft nicht verändern kann, räumt ihm aber doch die Funktion ein, Anlaß zum Weiterdenken zu geben (Kraus: 145). Mit anderen Worten: Das Veränderungspotential liegt für ihn nicht nur in der Kritik an den Institutionen. Das Ensemble, das die Inszenierung seines Stücks kollektiv erarbeitet, sieht dies anders. Es betrachtet das Theater ausschließlich als »›Waffe der Herrschenden‹« (zit. nach Kraus: 150). Nur durch direkte Eingriffe in den Kulturbetrieb könne es, davon ist auch die SDS-Gruppe Kultur und Revolution in Berlin überzeugt, noch wirksam werden.
Diese Skepsis der Neuen Linken gegenüber dem subversiven, gesellschaftskritischen oder utopischen Potential von Kunst und Literatur wird auch von Hans Magnus Enzensberger geteilt, der im November im *Kursbuch* 15 die Frage, was Literatur kann und ist, ins Zentrum rückt. Zum Schreiben von Gedichten, Erzählungen, Dramen gehört, so Enzensberger, das Risiko, daß solche Arbeiten »nutz- und aussichtslos sind«. Seine Skepsis beruht auf der Erkenntnis, daß die bürgerliche Gesellschaft »›Kulturgüter‹ von beliebiger Sperrigkeit zu resorbieren, aufzusaugen, zu schlucken« vermag. Ihr Produktions- und Publikationsapparat kann sogar noch revolutionäre Themen in erstaunlichen Mengen assimilieren. Er ist ein »Allesfresser« (Enzensberger 1968b: 193-195). Die Bewußtseins-Industrie, die Schlüsselinstanz der modernen Gesellschaft, weist jedoch, wie Enzensberger stets betont hat, Widersprüche auf. Aus diesen leitet sich auch ein Hoffnungsschimmer für die Literatur ab, den Enzensberger zu veranschaulichen sucht in der Maxime: »Liefern schlucken liefern schlukken: das ist der Imperativ des Marktes; wenn Schreiber und Leser bemerken, daß, wer liefert, geschluckt wird, und wer schluckt, geliefert ist, so führt das zu Stockungen« (Enzensberger 1968b: 188). Die

Erkenntnis der Mechanismen der Bewußtseins-Industrie kann mithin zu Veränderungen führen, »Schreiber« und »Leser« können die Mechanismen aussetzen, die Zwänge durchbrechen, denen sie unterworfen sind.

Überzeugt, daß alle möglichen Revolutionen in der Literatur bereits ausprobiert sind, sieht Enzensberger die Forderung nach einer Revolutionierung ästhetischer Strukturen – der Sprache, der Syntax, der Metapher usw. – als »hohl« klingende Phrase an. Als veränder- und revolutionierbar betrachtet er hingegen die Beziehung zwischen »Schreiber« und »Leser«. Ausgehend von Walter Benjamins Analyse in *Der Autor als Produzent*, setzt er beim Geflecht der kulturellen Produktionsbedingungen an. Er empfiehlt, die Herstellungsweise von Texten zu verändern durch die Partizipation des Lesers an der Arbeit des Schriftstellers. Teilhabe wird verstanden als eine kritische Wechselwirkung zwischen »Schreiber« und »Leser« durch »Korrekturen«, »Widerstände«, »Gegenbeweise«, »Beschimpfungen« (Enzensberger 1968b: 197). Dies alles ändert aber an einem nichts: daß, wie Enzensberger schreibt, Literatur »keine wesentliche gesellschaftliche Funktion mehr« hat. Was ihr bleibe, sei allein, zu dokumentieren und die Stimmen der Unterdrückten zu artikulieren. In diesem Zusammenhang nimmt er Bezug auf Régis Debray, der die Stimme der lateinamerikanischen Befreiungsbewegungen zu erfassen und auszudrücken versucht habe. In der Bundesrepublik und überhaupt in Europa existieren, aus Enzensbergers Perspektive, Unternehmungen wie diejenige Debrays nicht. Denkbar scheint ihm in der Bundesrepublik allerdings ein »gigantisches Projekt«, das er die »politische Alphabetisierung Deutschlands« nennt. Es werde möglich, wenn es gelänge, die Erzieher zu erziehen, sie mit der Kenntnis der Funktionsmechanismen der »Bewußtseins-Industrie« auszustatten und diese dadurch zu »überspielen«, d. h. mit ihren eigenen Mitteln zu schlagen. Die Strategie des »Überspielens« müsse Abstand nehmen von »traditionellen Mitteln«: vom Buch, von der individuellen Urheberschaft, von den Distributionsgesetzen des Marktes und von der Trennung zwischen theoretischer und praktischer Arbeit. Enzensberger nähert sich damit dem Standpunkt der Selbstaufhebung der Literatur im

politischen Handeln an. In seiner Vision verschwindet der Autor, verstanden als »Agent der Masse«. Er löst sich auf, wird überflüssig, wie er später schreibt, »wenn die Massen selbst zu Autoren und zwar zu Autoren der Geschichte geworden sind« (Enzensberger 1970b: 186).
Im Oktober 1968 hat er die Bundesrepublik Deutschland verlassen und das Schreiben von Gedichten (vorübergehend) eingestellt, um auf Kuba zu leben, wo er glaubt, »den Kubanern von größerem Nutzen sein« zu können (Schickel: 238). Er hat vereinbart, ihnen bei der Diplomatenausbildung zu helfen, da ihm während eines Internationalen Kulturkongresses im Januar 1968 aufgefallen ist, wie hilflos sich die revolutionären Diplomaten in der für sie unübersichtlichen Welt des Spätkapitalismus bewegten. Die Kubaner haben damals die Gelegenheit beim Schopf ergriffen und mit ihm einen Vertrag gemacht. Er soll zukünftige Diplomaten in die Geheimnisse von Begriffen wie Parlament, Tarifverhandlungen, Sozialpartnerschaft oder Bewußtseins-Industrie einweihen (Lau: 252).
Im November 1968 befindet Enzensberger, gerade 39 Jahre alt geworden, sich bereits seit vier Wochen auf Kuba, ohne daß er als Schulungsleiter zum Einsatz gekommen wäre. Man bietet ihm statt dessen eine Rundreise über die Insel an. Als diese hinter ihm liegt, wird er mit seiner Frau Mascha in einem »Ausländerhotel« einquartiert. Er beschwert sich. Er will mit den Kubanern auf Augenhöhe leben und nicht in einem Luxushotel mit Revolutionstouristen über Georg Lukàcz parlieren, während in Havanna die Bevölkerung Schlange steht, um Grundnahrungsmittel zu erwerben. Er will keine Vorzugsbehandlung. Er bietet sich zu Arbeitseinsätzen an, bittet aber darum, nicht mit »der üblichen französischen Trotzkistendelegation« eingesetzt zu werden. Seiner Bitte wird entsprochen. So wirkt er, mit der Machete in der Hand, an der kubanischen Zuckerrohrernte mit, die bis zum zehnjährigen Jubiläum der kubanischen Revolution am 2. Januar 1969, auf 10 Millionen Tonnen gesteigert werden soll, und hilft beim Aussetzen von Kaffeepflanzen. Parallel dazu sichtet und sammelt er Material für sein Stück *Das Verhör von Havanna* (1970) sowie für eine kritische Auseinandersetzung mit der Kommunistischen Partei Kubas.

Zunächst durchstreift er aber tagelang die Straßen von Havanna. Befindet er sich doch in einer privilegierten Position. Der kubanische Staat hat ihm die Einreise gewährt, während er Gaston Salvatore, Rudi Dutschke und Wolfgang Neuss und andere abgewiesen hat (Salvatore: 395). So obliegt es ihm, die Insel zu erkunden, auf der Suche nach dem ganz Anderen, der Möglichkeit einer anderen Wirklichkeit, die viele seinesgleichen auf Kuba im Prozeß des Entstehens sehen. »Wir suchten etwas, hatten etwas verloren / auf dieser tropischen Insel. Das Gras wuchs / Über die abgewrackten Cadillacs. Wo war der Rum / Wo waren die Bananen geblieben? Etwas anderes / Hatten wir dort zu suchen – schwer zu sagen, / was es eigentlich war, / doch wir fanden es nicht«, schreibt er später in *Der Untergang der Titanic* (1978), das er während seines Kubaaufenthaltes beginnt. In einem Vorstadtkino sieht er den 1953 oskargekrönten Hollywood-Film über den Untergang des angeblich unsinkbaren Schiffs. Kuba verwandelt sich für ihn in eine zweite Titanic. Er schreibt: »Ein guter Genosse / war ich nicht. Statt über den Zucker zu schreiben, / über den Sozialismus auf der Insel, / fischte ich tote Überlebende und tote Tote, / unparteiisch und ein halbes Jahrhundert zu spät / aus dem schwarzen Wasser.« In seiner Wahrnehmung beginnt er zwischen dem Untergang der Titanic und dem Untergang der Hoffnungen, die sich mit Kuba verbinden, eine Analogie zu ziehen. Während er beim Arbeitseinsatz unter tropischer Sonne seine Illusionen über das kubanische Modell verliert, hat er eine Vision. An die Hafenmauer in Havanna gelehnt, sieht er einen Eisberg auf die Mole zutreiben, auf der ein »Tourist«, »ein Deserteur« sitzt und auf das Meer blickt. Sofort zieht er die Lehren – ästhetisch wie politisch – aus dieser Vision nicht. Es dauert zehn Jahre, bis er mit *Der Untergang der Titanic* seine Reflexionen in Form einer »Komödie in 33 Gesängen« vorlegt. In den Interviews, die er auf Kuba gibt, bleibt seine Hoffnung weiterhin auf die Transformation des Spätkapitalismus gerichtet. Zwei Strategien bieten sich dazu an: zum einen die Konzentration auf die Widersprüche der Bewußtseins-Industrie, zum anderen der Transfer von Methoden der Tupamaros, der uruguayischen Stadtguerilleros, in die Metropolen der westlichen Industriegesellschaften. Die Befreiungsbewegungen bleiben für ihn ein Faktor, der über die Zukunft auch der westlichen Demokratien entscheidet. Die These vom Sozialismus in einem Land ist für ihn überholt. »Alles politische Handeln«, so seine Prämisse, »steht und fällt jetzt im Kontext der internationalen und revolutionären Bewegungen.« Solidarität mit der »Dritten Welt« ist für ihn »bloße Rhetorik, sofern sie sich nicht in politischen Handlungen äußert, deren Nutzen sich beweisen läßt« (Enzensberger 1968a: 158).

Erich Fried, 1921 geboren und 1938 von Wien nach London geflohen, bleibt skeptisch. Er setzt weiterhin auf die Macht der Literatur. Diejenigen, die ihren Nutzen radikal bezweifeln, schütten, aus seiner Sicht, das Kind mit dem Bade aus. »Gewohnt, gebrauchsfertige Suppenwürfel« zu kaufen, erwarten sie von »engagierter Kunst« den Sofort-Effekt, sich einem Maggiwürfel gleich in revolutionäres Denken und Handeln aufzulösen. Fried sperrt sich gegen diesen »undialektischen Utilitarismus«. Alle Skeptiker und Zweifler verweist er auf Bertolt Brecht, der selbst unter dem Faschismus, der ihn zwang, Deutschland zu verlassen und von Dänemark über Schweden durch die Sowjetunion in die USA zu fliehen, nicht von der Unmöglichkeit, sondern lediglich von den »Schwierigkeiten« beim Schreiben der Wahrheit gesprochen und diese für überwindbar gehalten habe durch Mut, Klugheit, Kunst, Urteil und List.

Soll man die Ästhetik weiterbetreiben oder abschaffen, das ist für Peter Stein die Frage, die 1968 aufgeworfen wurde. Es ist die Hamlet-Frage. Sie geht alle an, nicht nur die Theaterleute, sondern alle, die sich mit Ästhetik beschäftigen: Schriftsteller, Maler, Journalisten. Steins Antwort ist klar: Eine Abschaffung der Ästhetik wäre »mit einem riesenhaften Bewußtseinsschwund verbunden«, »hülfe keiner Seite und nützte niemandem« (Stein/Zadek: 533). Wo das Theater beginne, erläutert er später, da beginne auch eine Gegenkraft zu wirken. Stein, geboren 1937 und damit acht Jahre jünger als Enzensberger, leitet diese Erkenntnis aus seinen Erfahrungen in den sechziger Jahren ab. »Sie können an einer wilden Demonstration von 1500 jungen Leuten teilnehmen, die Scheiben einschmeißen und das Stadttheater abschaffen wollen, wie ich das gemacht habe, und wenn

Sie dann ins Theater zu einer Probe gehen, dann tritt ihnen Herr Shakespeare oder Herr Goethe entgegen. Und es ist aus mit dem Getöse.« (Zit. nach Schieb: 69) Einer Leitidee der Protestbewegung bleibt er verbunden: der kollektiven Arbeit und damit der Mitbestimmung des Ensembles. Sie bildet die Grundlage seiner Arbeit an der Schaubühne ab 1970. Doch setzten seine ästhetischen Vorstellungen den Demokratisierungsbestrebungen Grenzen: »Die Verteilung von Rollen sei nicht schrankenlos demokratisierbar«, erklärte Stein 1972. »Demokratisierbar seien lediglich seine Meinungsäußerungen. Wenn man ihn bei einer Besetzung überstimme, sei er bereit, diese Besetzung zu akzeptieren und mit voller Kraft zu arbeiten, [...] was allerdings dabei herauskomme, sei eine andere Sache. Er könne aber keinesfalls seine Vorstellungen von Schauspielern einfach zur Verfügung stellen und sagen, diese seien schlicht zu verändern« (zit. nach Gilcher-Holtey/Kraus/Schößler: 83). Formal existiert die Mitbestimmung an der Schaubühne bis 2008 fort.
Auch Peter Zadek räumt seiner Theatertruppe 1972 Partizipationsrechte ein. 1926 geboren und 1933 mit seinen Eltern vor dem Nationalsozialismus nach London emigriert, hatte er die 68er Bewegung mit skeptischer Zurückhaltung betrachtet. »Ich hatte mir vorgenommen«, schreibt er in seiner Autobiographie, »in dieser schwierigen Zeit der Mitbestimmungsmodelle meine Art von Mitbestimmung im Bochumer Theater einzuführen. Das heißt, ich glaubte und glaube noch immer, daß Theater nur einen Entscheidungsberechtigten verträgt – Kunst überhaupt, da Geschmäcker nicht über ein Mehrheitsvotum zu vereinbaren sind –, aber ich wollte dem damaligen antiautoritären Empfinden ein Stück entgegenkommen, indem ich dem Ensemble Einspruchsrechte bei bestimmten Themen und Problemen einräumte.« Zadeks Angebot wird zurückgewiesen. Rainer Werner Fassbinder steht auf und fordert Einspruchsrechte für »alles«. Fassbinder bleibt nur eine Spielzeit in Bochum, hinterläßt aber, wie Zadek schreibt, »einen revolutionären Impuls, der später viel Ärger und auch Produktivität brachte« (Zadek: 377).

24. Exit Ghost! »Professoren ins Zonenrandgebiet«

»Die Universität gehört uns«: Über Partizipationsrechte wird im Winter 1968 auch an der LSE und am Soziologischen Seminar der Universität Frankfurt gestritten. Das Losungswort an beiden Orten heißt: »Parität«. Die Students' Union, ein der Labour Partei nahestehender Studentenverband, der im Verlauf des Jahres 1968 nach links gerückt ist, bringt den Begriff in London auf unter Berufung auf Vorbilder in Berlin und Berkeley. Die zentralen Entscheidungsgremien an der LSE lassen sich jedoch auf die Forderung nicht ein, die auf ein gleichmäßiges Verhältnis der Stimmen in Universitätsgremien zielt. Weder im Council of Management noch im Senat halten Studenten Einzug. Lediglich das Komitee für allgemeine Angelegenheiten des Academic Board (Professorenrat) kooptiert vier Vertreter der Students' Union, außerdem nehmen einige studentenbezogene Komitees Repräsentanten der Studentenschaft auf. Parität ebne nur Wirren die Bahn, ist die herrschende Auffassung.

Wie diese aussehen können, zeigt sich in Frankfurt, wo Soziologiestudenten eine grundlegende Umstrukturierung des akademischen Betriebs fordern durch: erstens, die Anerkennung des Studiums in studentischen Arbeitsgruppen bis zum Abschluß bei gleichzeitiger Aussetzung des Vordiploms, zweitens, durch Verzicht der Ordinarien auf ihre institutionellen Rechte bei gleichzeitiger formaler Weiterverwaltung ihrer Lehrstühle – ein künftiges Entscheidungsgremium soll mindestens halbparitätisch besetzt sein – sowie, drittens, die salvatorische Anerkennung eines rein studentischen Arbeitsbereiches, dem ein bestimmter Anteil des Seminarhaushaltes zur Verfügung stehen soll (Kraushaar: I 378).

Seit dem 8. Dezember halten die Studierenden, um ihren Forderungen Nachdruck zu verleihen, das Soziologische Seminar in der Myliusstraße besetzt. Unter ihnen befinden sich auch Daniel Cohn-Bendit und Hans-Jürgen Krahl als Sprecher des Frankfurter SDS.

Die Besetzer rufen alle Studierenden zum »aktiven Streik« auf. »Wartet nicht auf Veränderungen an der Universität – macht sie selbst!«, »Die Universität gehört uns!« oder »Nehmt euch die Freiheit der Wissenschaft – entdeckt, was ihr wollt!« lauten die Parolen. Zur Vollversammlung der Soziologen, die am 10. Dezember tagt, kommen auch Theodor W. Adorno und Jürgen Habermas. Vor ihren Augen solidarisieren sich die Assistenten mit den Studenten (Kraushaar: I 378). An der LSE riskieren Dozenten, die Studenten zu undiszipliniertem Verhalten ermutigen oder sich daran beteiligen, seit November 1968 die Entlassung (Caute: 364). In Frankfurt ruft der ehemalige SDS-Bundesvorsitzende Reimut Reiche in die aufgewühlte Stimmung hinein, daß »endlich der von den Studenten lange erwartete Moment gekommen sei, in dem man den herkömmlichen Wissenschaftsbetrieb zerschlagen und all die Professoren, die nicht gewillt seien, an der politisch orientierten, von den Studenten selbst organisierten Wissenschaft teilzunehmen, in die Zonenrandgebiete oder nach Konstanz schicken könne«. Adorno und Habermas verlassen nach diesen Worten den Saal (Kraushaar: I 378).
Gespräche bieten sie den Studenten aber weiterhin an. So signalisieren sie am 16. Dezember ihre Bereitschaft, auf der Grundlage einer drittelparitätisch zusammengesetzten Seminarversammlung über eine neue Seminarordnung zu diskutieren sowie der studentischen Gruppenarbeit einen dauerhaften Platz im Seminar- und Lehrbetrieb einzuräumen. Die Scheinvergabe bleibt für sie jedoch an die Leistungskontrolle durch Fachdozenten geknüpft und ihre Kooperationsbereitschaft endet dort, wo sie mit Parolen wie »Zerschlagt die Wissenschaft« konfrontiert werden. Vertretern dieser Parole kündigen sie an, ihnen »mit allen angemessenen Mitteln entgegen(zu)treten«. In den frühen Morgenstunden des 18. Dezember wird das Soziologische Seminar durch die Polizei, die mit drei Mannschaftswagen und einem Wasserwerfer angetreten ist, geräumt.
Auch die LSE ist vertraut mit Besetzungen. Zum ersten Mal wurde sie im März 1967 okkupiert, zuletzt im Herbst 1968.
Der Tumult, der jeweils entstanden ist, hat die LSE über Präventionsmaßnahmen nachdenken lassen, immerhin hing die letzte

Besetzung eng mit der größten Demonstration in Großbritannien seit den dreißiger Jahren zusammen: 100 000 Menschen hatten am 27. Oktober 1968 in London gegen den Vietnamkrieg demonstriert. Studenten der LSE unterstützten mit ihrer Besetzung die Demonstration. In der besetzten Universität wurden Erste-Hilfe-Gruppen, Ärzte und Krankenschwestern, die mit der Vietnam Solidarity Campaign (VSC) verbunden waren, untergebracht. Die Räume der LSE dienten aber auch als Forum für Diskussionsgruppen. Die britische Regierung fürchtete, die von der VSC organisierte Kundgebung könne Großbritannien in eine mit der Krise in Frankreich Ende Mai vergleichbare Situation stürzen. Die Sensationspresse sah gar eine zweite »Oktoberrevolution« kommen. Vorsorglich nahm die BBC *Street Fighting Man* von den Rolling Stones aus dem Programm (Ali: 244; Caute: 363 f.). Meinungsumfragen deuteten an, daß eine überwältigende Mehrheit der Demonstranten dem Kapitalismus feindlich gegenüberstand. Ausgehend vom Protest gegen den Krieg in Vietnam, erhoben sie Kritik am militärisch-industriellen Komplex und begehrten gegen den Imperialismus auf.

»Die Welt mußte verändert werden, und Frankreich und Vietnam hatten den Beweis erbracht, daß es möglich war, vorwärtszugehen«, charakterisierte Tariq Ali von der Vietnam Solidarity Campaign, »die Stimmung« am 27. Oktober. Auch Prag hatte, aus seiner Sicht, gezeigt, daß eine Veränderung in Europa ein System schaffen könnte, »das unendlich demokratischer wäre als das, was bisher existierte« (Ali: 248). Die Redaktion der von ihm mitherausgegebenen Zeitung *Black Dwarf* entwickelte sich zur Schaltzentrale der Großdemonstration. Mick Jagger gab hier eine handgeschriebene Version des Textes von *Street Fighting Man* ab, damit er unter den Demonstranten verteilt werden konnte. Aus Paris reisten Olivier Todd und Mary McCarthy an, um sich in Gesprächen mit Ali Erläuterungen über die Ziele der Großdemonstration zu holen. McCarthy wurde – nach Intervention Dritter – ein Termin von fünf Minuten eingeräumt, Todd abgewiesen. McCarthy schäumte vor Wut. Warum sollte sie bessere Konditionen haben als Journalisten aus Ägypten, Brasilien oder Indien, kommentierte Ali noch mit Abstand von zwanzig Jahren kühl. Vermittler in die Welt der Medien benötigte er im Herbst 1968 nicht mehr. Die VSC und Ali waren in aller Munde, die Scheinwerfer gerichtet auf ihn. »The whole world was watching« – das wußte er.

Die Kundgebung gegen den Vietnamkrieg sollte friedlich sein, hatte er angekündigt, und daran hielt er fest. In der LSE, in der er am Vorabend der Großdemonstration sprach, erklärte er, daß es »kein Training in städtischer Guerilla-Kriegsführung« geben solle. Er deeskalierte, beruhigte die Studenten (Dahrendorf: 462), weil er wußte, daß Teile seiner VSC-Gruppen eine »knallharte Auseinandersetzung vor der US-Botschaft« vorzogen. Aus Alis Sicht jedoch verlief während der Demonstration alles nach Plan. Das Gros der Demonstranten zog mit Fahnen und Transparenten, die teilweise schon im Mai in Paris zum Einsatz gekommen waren, durch die Straßen von London zur Downing Street, wo Ali einen Brief für Harold Wilson abgab, den Premierminister von der Labour Partei, bevor die Demonstranten zum Hyde Park weiterzogen. Nur eine Minderheit bog zum Grosvenor Square ab, dem Platz vor der amerikanischen Botschaft, auf dem es am 18. März zu gewaltsamen Ausschreitungen gekommen war. Es waren Maoisten, die sich dort mit der Polizei eine Auseinandersetzung lieferten, doch blieb staatlicherseits der Einsatz von Gewalt begrenzt. Die britische Regierung zeigte sich weise, ließ sich nicht zu übersteigerter Repression provozieren (Fraser: 280). Die Idee, im Hyde Park zur Gründung einer trotzkistischen Studentengruppe nach Vorbild der französischen JCR aufzurufen, wie Ali gehofft hatte, ließ sich nicht realisieren, da die in der Vierten Internationale organisierten britischen Trotzkisten sich dem Plan widersetzten (Ali: 251). So wurde die Mobilisierungsdynamik, die am 27. Oktober durch Aktion entstanden war, nicht in eine neue Organisation überführt. Der eindrucksvolle Protestzug löste sich auf. Es sollte die letzte Großdemonstration gegen den Vietnamkrieg in London sein. »Wir hatten keinen Dampf mehr«, konstatierte Ali rückblickend. Mit der Kundgebung sei das Ende der Einpunkt-Bewegung erreicht gewesen. Rückblickend findet Ali dieses Ergebnis als »eine Tragödie, weil viele radikalisiert worden waren und nun nicht wußten, womit sie sich identifizieren sollten, wie sie es beispielsweise in Deutschland und den USA mit den zwei SDS gekonnt hätten« (zit. nach Faser: 281). Die Proteste fallen zurück an die Universität.

London, 24. Januar 1969: Die LSE hat, um Eindringlinge aus ihrem Inneren auszugrenzen und Besetzungen abzuwehren, Eisengitter in den Gebäuden, auf den Fluren, in den Treppenhäusern, nahezu überall, manchmal auch dicht hintereinander, anbringen lassen. Die Gitter sind geöffnet, erzeugen bei den Studenten aber dennoch den Eindruck, in einem Gefängnis zu leben, Gefangene zu sein. Sie fordern den Direktor auf, ihnen den Sinn der Gitter zu erläutern. Dieser erklärt, daß »sie eingesetzt werden könnten, wenn es eine unerlaubte Besetzung durch irgend jemand gäbe«, zeigt sich aber bereit, einige »unnütze Gitter« entfernen zu lassen. In einer Kampfabstimmung sprechen sich am 24. Januar 1969 242 Studenten – bei 236 Gegenstimmen und 76 Enthaltungen – dafür aus, gegen die Gitter vorzugehen. Zwei Studenten aus den USA, die mit einem Stipendium in London leben, gehen voran. Andere folgen. Auch Studentinnen schlagen mit Spitzhacken auf die Verankerung der Eisentore ein. Aus dem Aufstand gegen die Gitter wird ein Aufstand gegen Autorität. Auf vielen Etagen finden sich Professoren ein, die die Gitter verteidigen. In diesem allgemeinen Tohuwabohu, das Panik erzeugt, ruft der Direktor die Polizei und schließt am Abend die Hochschule für vier Wochen (Dahrendorf: 465 f.).

Die Studenten sind empört. Einige denken darüber nach, sich mit Waffengewalt Zugang zur geschlossenen LSE zu verschaffen. Lediglich seine Orientierung an der Arbeiterklasse habe ihn, bekennt einer der Studenten später, davon abgehalten, zur Waffe zu greifen. Der Student ist Trotzkist wie viele andere, die an der LSE protestieren. Mit Erleichterung stellt er im Abstand von zwanzig Jahren fest, daß der Griff zur Waffe Phantasie geblieben sei und die »schlimmste« Gegenreaktion der LSE-Studenten in der Besetzung des Schwimmbades der University of London bestanden habe, in dem die Anarchisten nackt und die Marxisten in Unterhosen gebadet hätten (Fraser: 282 f.). Die LSE reagiert auf die Ereignisse am 24. Januar mit der Relegation von fünf Studenten (darunter zwei ausländischen) und der Entlassung von zwei Dozenten wegen Disziplinarverstößen. Einer der Dozenten ist der Soziologe Robin Blackburn. Er hat unterrichtet, als die Entscheidung der Studenten, gegen die Gitter vorzugehen, gefallen ist, aber dieser Umstand rettet ihn nicht. Aus Protest gegen seine Entlassung stürmen Studenten der LSE im Februar den Aufenthaltsraum der Professoren und erklären ihn für besetzt. Ein Student nimmt das Portrait des Vorsitzenden des höchsten Leitungsgremiums von der Wand, ein Symbol der Autorität. Das Abhängen des Bildes löst einen Aufschrei der Empörung und Widerstand unter den Professoren aus, die sich auf den Studenten stürzen, um ihm das Bild wieder zu entwinden. Der Student wird vor ein Londoner Gericht gestellt. Die LSE erlegt ihm zur Strafe auf, das Portrait wieder aufzuhängen. Dem Bild wird sein Platz zurückgegeben, Blackburn muß gehen (Caute: 283). Ein Jahr nachdem er den Vietnam-Kongreß in Berlin besucht hat, ein halbes Jahr nachdem er bei Régis Debray im Gefängnis in Camiri war, ist seine akademische Karriere zuende. Blackburn wird Publizist, Journalist und Verleger, Herausgeber der *New Left Review* und ist im akademischen Jahr 2007/08 Gastprofessor an der New School for Social Research in New York, wo er Kurse über »Empire and Revolution«, »Globalisierung und Antikapitalismus in historischer Perspektive« anbietet.

Frankfurt, 24. Januar 1969: Eine Gruppe aktionistischer Studenten beschließt, erneut das Soziologische Seminar der Universität Frankfurt zu besetzen, um dort das »Organisationszentrum der Arbeitsgruppen« zu etablieren. Es soll aber eine »modifizierte« Besetzung sein. Sie soll sich lediglich auf einen Raum des Instituts mit Telefonanschluß konzentrieren sowie auf die technischen Hilfsmittel des Seminars, sofern sie nicht für den regulären Seminarbetrieb gebraucht werden. Die Technik soll zur Vorbereitung unmittelbarer Aktionen dienen. Geplant wird die Störung eines Galakonzerts mit Herbert von Karajan im Frankfurter Schauspielhaus, zu dem Josef Neckermann, der Inhaber des größten deutschen Versandhauses, zugunsten der »Sportförderung für die Olympischen Spiele« eingeladen hat. Unter den geladenen Gästen befinden sich auch Bundeskanzler Kurt Georg Kiesinger und Justizminister Ernst Benda. Der

SDS ruft zur Demonstration auf und verteilt Flugblätter mit der Parole: »OHRFEIGT KIESINGER / TERRORISIERT DIE TERRORISTEN / OHRFEIGT KIESINGER«. Er knüpft damit an den Protest Beate Klarsfelds an, die am 11. November 1968 den Bundeskanzler auf einem Parteitag der CDU geohrfeigt hat, um dagegen aufzubegehren, daß ein ehemaliger Nazi an der Spitze der Bundesregierung stand. »HEUTE am 30. Januar, ist der 36. Jahrestag der nationalsozialistischen Machtergreifung«, heißt es im Flugblatt.

> »HEUTE, am 30. Januar versammeln sich im Frankfurter Schauspielhaus um 20 Uhr die Spitzen von Politik und Wirtschaft: PG Kiesinger, vor 30 Jahren Propagandaexperte von Goebbels, heute erster deutscher Regierungschef, der nach Hitler mit dem Franco-Faschismus paktiert. Notstands-Benda, der die nationalsozialistische Tradition der Schutzhaft fortsetzt. SS-Mäzene Abs und Flick, heute großkapitalistische Finanziers der Notstandsgesetze gegen streikende Arbeiter.« (Kraushaar: II, 556)

Das Flugblatt schließt mit einem »BATSCH!«.
Soziologiestudenten dringen am 28. Januar in das Zimmer des geschäftsführenden Direktors ein, um ihn und seine Kollegen zu veranlassen, eine Stellungnahme zur geplanten Aktion abzugeben. Die Professoren des Instituts für Sozialforschung, zu dem das soziologische Seminargebäude in der Myliusstraße gehört, lehnen eine solche Stellungnahme entschieden ab mit der Begründung, »daß zwischen Wissenschaft und Aktionsvorbereitung strukturelle Unterschiede bestehen, die eine klare institutionelle Trennung beider Bereiche erfordern«. Die Studenten fordern von den Professoren, den Übergang von der Gesellschaftsanalyse zur Gesellschaftskritik, von der Theorie zur Praxis zu vollziehen, eine kritische Intelligenz auszubilden, die die Welt als veränderbare erkennt und danach handelt. »Falls Einrichtungen des Seminars zur Vorbereitung unmittelbarer Aktionen benutzt würden, müßte das Seminar geschlossen werden«, ist die Antwort, die sie vom Institut erhalten. Am 31. Januar wird das Seminar geschlossen (Kraushaar: II, 557). Mit dem größten Poli-

zeiaufgebot, das die Stadt seit Kriegsende gesehen hat, ist am Tag zuvor die Gala im Schauspielhaus gesichert worden. Dennoch kam es bei der Anfahrt von Bundeskanzler Kiesinger und Altbundeskanzler Erhard zu Zwischenfällen. Ihre Wagen wurden von Demonstranten umringt und mit Eiern beworfen. Fensterscheiben der Deutschen Bank und des spanischen Konsulats gingen zu Bruch. Mit Gummiknüppeln und Wasserwerfern hat die Polizei die Demonstranten zurückgedrängt, um den Konzertbesuchern den Übergang zum Frankfurter Hof zu ermöglichen.
Die Schließung des Seminars in der Myliusstraße veranlaßt die Studenten, zum Hauptsitz des Instituts für Sozialforschung zu ziehen. Um 12 Uhr trifft eine Studentengruppe unter Leitung von Hans-Jürgen Krahl dort ein, der als begabtester Schüler Adornos gilt. Sie besetzen den Seminarraum. In einer Aktennotiz, die vermutlich von Adorno verfaßt worden ist, heißt es zu den weiteren Vorgängen im Institut:

> »Einer der Direktoren des Instituts folgte den Studenten über die Treppe zum ersten Stock. Vor der Tür des Seminarraumes sprach er Herrn Krahl an und fragte ihn, was er hier wolle. Er erhielt zur Antwort, daß ihn das gar nichts anginge und daß die Gruppe in den Seminarraum hineingehen werde. Herr Krahl und einige Studenten betraten den Raum und wurden daraufhin von dem Institutsdirektor dreimal förmlich aufgefordert, das Haus zu verlassen. Herr Krahl erwiderte dem Institutsdirektor jeweils, er solle die Klappe halten und verschwinden. Den Institutsdirektoren blieb so, schon aus rechtlichen Gründen, keine andere Wahl, als die ihnen aufgezwungene Konfrontation anzunehmen, die Polizei um Unterstützung bei der Räumung des Instituts zu ersuchen und gegen Herrn Krahl und die anderen mit ihm eingedrungenen Personen Anzeige wegen Hausfriedensbruchs zu erstatten.« (Kraushaar: II, 557)

Am Nachmittag wird das Institut von Polizisten umstellt und geräumt. 76 Personen werden festgenommen.

Die Aktennotiz des Instituts für Sozialforschung stellt einen Zusammenhang zwischen der Gewaltanwendung gegen Sachen und Personen in Frankfurt sowie Ereignissen in Berlin her, wo aktionistische Gruppen am 4. November 1968 vor dem Landgericht am Tegeler Weg Polizisten mit einem Steinhagel überschüttet hatten. Diese Gruppen spalteten die Studentenbewegung nicht nur von innen, sondern kriminalisierten sie, aus Sicht des Instituts, als Ganzes. Die Auseinandersetzung mit diesen Gruppen sei kein Fraktionsdisput sowie keine mit Argumenten geführte Diskussion mehr. Ihr sei »ein mit allen angemessenen rechtsstaatlichen Mitteln zu leistender energischer Widerstand gegen sprachlose Gewalttäter und Brandstifter« entgegenzusetzen (Kraushaar: II, 558). Das Institut für Sozialforschung, vertreten durch seine Direktoren Theodor W. Adorno, Ludwig von Friedeburg und Rudolf Gunzert, erstattet Anzeige wegen Hausfriedensbruchs. Mit Ausnahme von Hans-Jürgen Krahl befinden sich alle festgenommenen Personen am Abend des 31. Januar wieder auf freiem Fuß. Die Frankfurter Staatsanwaltschaft schlägt ein beschleunigtes Verfahren gegen die Besetzer vor. Bereits am 5. Februar kommt es zu einer ersten Gerichtsverhandlung. Die Anklage des Gerichts lautet: Schwerer Hausfriedensbruch in Tateinheit mit Nötigung. Der Gerichtssaal ist bis auf den letzten Platz gefüllt mit Studenten. Sie fordern Freiheit für Krahl und skandieren: »Hängt die Staatsanwälte allesamt ans Justizportal« (Zoller: 264). Gegen Daniel Cohn-Bendit, der sich unter den Studenten im Gerichtssaal befindet, wird Anklage wegen Beleidigung erhoben, weil er mit anderen gegen Staatsanwalt Wolfgang Uchmann: »Uchmann, die Sau, in den Drahtverhau« gerufen haben soll (Zoller: 279). Wegen der Kompliziertheit des Falles lehnt das Gericht ein beschleunigtes Verfahren gegen Krahl ab. Krahl wird nach einer Woche freigelassen. »Nun herrscht großes Lamento«, schreibt Adorno an Marcuse am 14. Februar, »obwohl Krahl die ganze Aktion nur organisiert hat, um in Untersuchungshaft zu kommen und dadurch die zerfallende SDS-Gruppe nochmals zusammenzuhalten – was ihm einstweilen auch gelungen ist.« (Kraushaar: II, 575)

Erst am Ende des Sommersemesters, am 18. Juli 1969, wird das Verfahren gegen Krahl weitergeführt. Der Konflikt mit seinem Doktoranden belastet Adorno schwer. Er träumt. Der Doktorand sitzt in diesem Traum, so wird berichtet, wie ein Incubus auf seiner Brust und schwingt ein Messer. »Ist das nicht Terror, Herr Krahl?« fragt Adorno und bekommt zur Antwort: »Sie personalisieren.« (Jäger: 285) Vor Gericht nimmt der Doktorand den Professor ins Kreuzverhör. Krahl versucht, »den Objektivitätsanspruch« einer Aussage Adornos zu ergründen. Adorno hat dem Gericht erklärt, er habe am 31. Januar eine Gruppe von Studenten »im schnellen Marsch, dicht aber locker, um die Ecke« biegen und auf das Institut zukommen sehen. Schon sein erster Eindruck sei der des »Herannahens von Okkupanten« gewesen. Ausgehend von dieser Beschreibung lenkt Krahl seinen Doktorvater in eine Debatte über die »Phänomenologie der Okkupation«. Adorno räumt ein, daß es im Institut für Sozialforschung durchaus üblich gewesen sei, Studenten leere Räume für Debatten zu überlassen. Die Institutsleitung habe jedoch am 31. Januar von dieser Regelung abweichen müssen, weil die Studenten die Diskussion vor dem Betreten des Raumes nicht beim Direktor angemeldet hätten. Am Ende erklärt Adorno, er könne wegen seines demnächst beginnenden Urlaubs keine weiteren Aussagen vor Gericht mehr machen. Aus den Reihen der studentischen Zuhörerschaft schlagen ihm bei diesen Worten Unmut, Hohn- und Spottrufe entgegen. Gestützt auf den Arm einer Studentin verläßt er den Gerichtssaal (Kraushaar: I, 448). Er reist wenig später in die Schweiz nach Zermatt. Nach einer Auffahrt zum Matterhorn stirbt Adorno, 65jährig, am 6. August an Herzversagen (Jäger: 298).

Epilog

25. Gruppenbild mit Dame(n)

»Estate 1969«: Während Krahl mit Adorno vor dem Landgericht in Frankfurt disputierte, wartete Hayden in Berkeley auf die Eröffnung des Verfahrens gegen die »Chicago Eight«. Die Hauptverhandlung begann am 26. September 1969. Das Chicagoer Gericht verurteilte ihn zu sieben Jahren Gefängnis und einer Geldstrafe von 5000 Dollar wegen Landfriedensbruchs. Die Berufungsinstanz hob 1972 das Urteil gegen ihn auf. Nicht so seine »Rote Familie«, die Kommune, in der er in Berkeley lebte. Bekannt als »Hayden's collective«, machten die Mitglieder ihm, kaum war das Chicagoer Gerichtsverfahren beendet, zu Hause in Berkeley den Prozeß. Angeklagt wegen männlichem Chauvinismus, wurde Hayden schuldig gesprochen, ein »oppressive male chauvinist« zu sein. Ohne ihn würde, schloß seine »Red Family«, das Gruppenpotential sich besser verwirklichen als mit jemandem seines Charakters in ihrer Mitte. Das Urteil lautete daher auf Ausschluß aus der Gruppe. Es wurde gefällt, ohne daß Hayden die Chance eingeräumt wurde, sich zu verteidigen. Kritik ohne Gehör des Kritisierten: Hayden konnte und wollte dies nicht verstehen. Er wehrte sich. Je mehr er sich jedoch verteidigte und das Prinzip der »participatory democracy« beschwor, desto mehr erschien er in den Augen der Gruppe als Manipulator. Ironisch spöttisch nannte man ihn einen »Politiker«. »There were no open minds«, konstatierte er rückblickend, »only a collective will« (Hayden 1988: 425). Die Gruppe hatte ein neues Idol erkoren: Nordkoreas Führer Kim Il Sung, aus dessen Schriften sie eine Theorie des »Selbstvertrauens« ableitete, die ihr einen Kampf »von unten nach oben« nahelegte. Hayden bestieg seinen VW und fuhr davon in Richtung Los Angeles.

Für einen Moment hatte er eine andere Option erwogen. Er hatte nachgedacht über die »Wahrscheinlichkeit eines Polizeistaates und die Frage der Gründung einer Untergrundorganisation als Antwort darauf«. Sollte er dies tun? Wenn das Urteil gegen ihn nicht revidiert würde, standen ihm sieben Jahre Gefängnishaft bevor. Er verwarf die Option. »Mir wurde schnell klar«, erklärte er später,

> »daß ich im Untergrund nicht überleben würde wegen meines Bedürfnisses als Extrovertierter, meine Meinung zu sagen. Das Leben im Untergrund erforderte Anonymität, Vermischung, Verneinung des Egos, äußerste Vorsicht – alles Eigenschaften, die mir fehlten. Während ich also einerseits von der Romantik des Untergrunds angezogen wurde und mich zum Experten in den Feinheiten der Organisation des Untergrunds machen wollte, realisierte ein immer stärker werdender Teil von mir, daß ich eine tiefe persönliche Verantwortung dafür trug, die Bürgerrechte und das politische System, gegen das ich nach außen opponierte, persönlich zu verteidigen. Ich wollte nicht wahrhaben, was ich tun würde, wenn die Berufungsinstanz meine Berufung zurückweisen und mich für sieben Jahre ins Gefängnis schicken würde.« (Hayden 1988: 422)

In Los Angeles angekommen, ließ er sich in Santa Monica nieder und begann ein Buch zu schreiben über die Parallelen zwischen dem Völkermord in Vietnam und der Ausrottung der Indianer in Nordamerika. In Santa Monica traf er auf Jane Fonda. Auch sie hatte sich gegen den Vietnamkrieg engagiert; Hayden hatte sie bislang jedoch nur auf der Leinwand gesehen. Sie verliebten sich, hoffend, durch den jeweils anderen ein neues Leben zu finden. Mehrfach flog Jane Fonda 1972 und 1973 nach Nordvietnam. In der amerikanischen Öffentlichkeit wurde sie von »Barbarella« zur »Hanoi-Jane«. Ein Photo, aufgenommen von ihr auf einem nordvietnamesischen Kriegsschiff, stempelte sie dazu. Es ist eine Aufnahme, die zugelassen zu haben sie bis heute bereut (Fonda: 324 f.).

Auch Rudi Dutschke spielte 1969 mit dem Gedanken, in den Untergrund zu gehen (Dutschke-Klotz 1996: 237). In die Praxis überführte er diesen Gedanken jedoch nicht. Ende 1968 war es ihm mit Hilfe Erich Frieds gelungen, ein Visum für England zu bekommen, um dort einen Arzt aufzusuchen. Sein Visum lief am 10. Januar 1969 ab.

Hilfe kam in dieser Situation aus Irland. Conor Cruise O'Brien, der Ende 1967 im New Yorker Theater for Ideas Tom Hayden in der Debatte mit Hannah Arendt unterstützt hatte, lud Dutschke in sein Haus am Meer in der Nähe von Dublin ein. Dutschke blieb dort mit seiner Frau und seinem Sohn, bis die Regierung in London seinem Antrag auf Aufenthaltserlaubnis stattgab. Die Erklärung, sich nicht in die politischen Angelegenheiten des Landes einzumischen, war die Voraussetzung, die Dutschke zu leisten hatte (Dutschke-Klotz 1996: 217 f.). Freunde drängten ihn, nach Deutschland zurückzukehren. Er entschied sich dagegen, nicht zuletzt, weil seine Frau sich weigerte mitzugehen, und stellte statt dessen einen Aufnahmeantrag als Doktorand am King's College in Cambridge. Die Universität verlangte als Voraussetzung für seine Aufnahme einen Essay über sein Dissertationsprojekt. Die Arbeit an diesem Text brachte ihn an die Grenzen seiner Leistungsfähigkeit. Er war noch immer nicht genesen. Seine Frau machte ihn auf Sinnlücken aufmerksam, verbesserte und übersetzte den Text. Dutschke wurde in Cambridge angenommen (Dutschke-Klotz 1996: 245).

Einmal war er während seines Londoner Aufenthalts mit Feltrinelli zusammengetroffen. Ein Treffen in Calais war geplatzt. Feltrinelli veröffentlichte 1969 in seinem Verlag den Aufsatz *Estate 1969*, in dem er die Notwendigkeit des Aufbaus eines klandestinen Netzwerkes beschreibt, das bewaffneten Widerstand gegen die Repression leisten kann. Mit einem Staatsstreich in Italien rechnend, zog er sich mit zwei Vertrauten in einen abgelegenen Bauernhof oberhalb Genuas zurück, um sich auf den Widerstand vorzubereiten. Zur Ausrüstung gehörten Waffen und ein Radiosender und -empfänger. Bei einer Schweizer Bank in Lugano eröffnete Feltrinelli ein Konto, auf das er 1,4 Millionen Franken transferierte (Gut/Tommasi: 86). Zuvor hatte er Sibilla Melega geheiratet, die ihn bereits 1967 nach Bolivien begleitet hatte. Seine Frau Inge, die den Verlag weiterführte, hatte ihn aufgefordert, endlich klare Verhältnisse zu schaffen (Feltrinelli: 363).

Black Dwarf, die von Tariq Ali in London mitherausgegebene Zeitung, erklärte 1969 zum »Jahr der kämpferischen Frau«. Beiträge über die Unterdrückung von Frauen rückten in den Mittelpunkt des Blatts. Ali war bereits Ende 1968 nach Pakistan geflogen und kehrte im Verlauf des Jahres 1969 nochmals dorthin zurück, um Politiker, Gewerkschafter, Bauernführer, Dichter und Studenten zu interviewen. Auch dort hatte sich 1968 eine Studentenbewegung formiert. Ali flog von Stadt zu Stadt, um vor Studenten zu sprechen. Sie kamen zu Tausenden. Ein Gerücht ging ihm voraus. Eine rechtsradikale Zeitung hatte berichtet, daß Ali und »der kommunistische Jude Cohn-Bendit« in einem französischen Landhaus an einer Orgie am Swimming-Pool teilgenommen hätten. Ihnen wurde vorgeworfen, »›an einem einzigen Nachmittag mit Dutzenden jüdischer Mädchen‹« Unzucht getrieben zu haben. Zu seinem Erstaunen mußte Ali feststellen, daß die Geschichte der Orgie mehr beeindruckte als abschreckte. Er bestritt sie vergeblich. Ali erläuterte den Studenten die Protestbewegung gegen den Krieg in Vietnam und erklärte, daß Pakistan sich in einer vorrevolutionären Krise befinde, es den Parteien, die den Aufstand anführten, aber an Entschlossenheit fehle. Er erhielt Beifall, zugleich streckte man ihm, dem Sohn einer Kommunistin, den Koran entgegen. Aufgefordert, in Pakistan zu bleiben, lehnte er die Offerte ab. Er flog nach England zurück und wurde Mitglied der trotzkistischen International Marxist Group (IMG). Die Zeitung *Black Dwarf* am Leben zu halten gelang ihm nicht. Die Redaktion zerfiel in eine Fraktion, die die Leserschaft organisieren wollten und eine andere, die weiterhin ein von allen linken Gruppen unabhängiges Organ führen wollte. Ali vertrat die erste Position (Ali: 258-265). Er nahm am 9. Weltkongreß der Vierten Internationale teil, die 1938 von Trotzki im Exil gegründet worden war. Zur Vierten Internationale gehörte auch Alain Krivine. Er trat 1969 bei den französischen Präsidentschaftswahlen als Kandidat für die Nachfolge Charles de Gaulles an und erhielt 1,1 Prozent der Stimmen.

Weder studieren noch agitieren, noch reisen konnte Régis Debray. Er saß weiterhin in Camiri fest. Im November setzten sich die französischen Schriftsteller André Malraux, François Mauriac und Jean-Paul Sartre in einem offenen Brief an den bolivianischen Präsidenten, General Alfredo Ovando Candía, für Debrays Freilassung im

Rahmen einer Amnestie für politische Gefangene ein, die der Präsident schon einmal vorgenommen hatte, da sie davon ausgingen, daß er an Weihnachten erneut Gefangene amnestieren würde. Sie unterstrichen die »Ernsthaftigkeit der Motive« Debrays sowie »seine rigorose intellektuelle Ehrlichkeit«, die ihn dazu geführt habe, »sein Leben in Übereinstimmung mit seinen Ideen zu bringen« (*Le Monde* v. 11. 11. 1969). Der Appell der drei Franzosen wurde durch einen »Internationalen Brief« flankiert, den neben anderen Ingeborg Bachmann, Peter Brooks, Maria Callas, Max Frisch, Gabriel García Márquez, Herbert Marcuse und Stephen Spender unterzeichnet hatten (*Combat* v. 1. 12. 1969).

Debray hatte in der Haft Elizabeth Burgos geheiratet, eine engagierte Mitstreiterin der Befreiungsbewegung in Venezuela. Seit 1964 hatte er mit ihr gemeinsam Lateinamerika durchquert und sie als seine »braune Madonna« verehrt. Die Ehe war auch ein Weg, ihm ihre Besuche im Gefängnis zu ermöglichen, wo das Warten von Tag zu Tag unendlich lang wurde und ihm nichts blieb als der innere Monolog. Als sich nach drei Jahren und acht Monaten, an Weihnachten 1970, bedingt durch einen Machtwechsel in Bolivien, endlich die Tore des Gefängnisses für ihn öffneten, war Elizabeth nicht da. Nicht mit der Freilassung rechnend, war sie inzwischen mit einem anderen Mann liiert. Sie traf mit Verspätung ein, um Debray in Freiheit zu begrüßen. Die Photos, die beide nebeneinander zeigen, die schöne Frau und den Philosophen, spiegelten eine verkehrte Welt. Allein brach Debray nach Chile auf, wo Salvador Allende mittlerweile zum Staatspräsident gewählt worden war. Irritiert stellte er fest, daß sich während der Zeit seiner Haft die Frauen verändert hatten. In der Tat, er hatte die wirkliche »Revolution in der Revolution« verpaßt. Sie holte ihn ein. Im ersten Band seiner Autobiographie legt er in dichter Beschreibung Zeugnis davon ab.

Nach Chile zog es auch Gaston Salvatore. Er flog Anfang 1969, nicht ganz freiwillig, sondern um sich einer neunmonatigen Gefängnisstrafe ohne Bewährung zu entziehen, die gegen ihn verhängt worden war, weil er eine Polizeisperre durchbrochen hatte. Mit ihm brachen Wolfgang Neuss und dessen Lebensgefährtin Gisela nach Chile auf.

Letztere reisten per Schiff Ende Februar, nachdem Neuss' Mitwirkung an Peter Steins zweiter Inszenierung des *Viet Nam Diskurses* beendet war. Das Stück hatte auch an der Schaubühne in Berlin »vollkommenes Durcheinander« erzeugt und war nach wenigen Vorstellungen abgesetzt worden (Salvatore: 407). Neuss behagte es in Chile nicht. Er beschränkte sich darauf, nach deutschen Restaurants zu suchen. Hatte er eines gefunden, fand er es schlecht. Alles in Chile schien ihm baufällig. Er litt darunter, Geld zu haben, aber nichts dafür kaufen zu können. Mit der Befreiungsbewegung MIR (Movimiento da Izquierda Revolucionaria) zu liebäugeln, wie Gaston Salvatore, vermochte er nicht. Als MIR ihn bat, eine Landkarte der Schweiz zu besorgen, sagte er zwar nicht nein, aber er wollte, wie er konstatierte, nicht der »Régis Debray für den kleinen Mann« werden. Er brauchte nicht lange, um sich zu entscheiden, ob er beim »bewaffneten Kampf« mitmachen wollte. Er hatte nur einen Gedanken im Kopf: »Nichts wie weg.« Neuss flog zurück nach München (Salvatore: 426-428).

Salvatore blieb noch eine Weile. Sein Onkel, der dabei war, auf demokratischem Weg eine sozialistische Gesellschaft zu organisieren, bot ihm an, ihn als Sekretär nach China und Vietnam mitzunehmen. Aber wer hörte 1969 schon auf einen Onkel. Begeistert von der Bewegung MIR, schrieb er einen Brief an Dutschke, indem er ihn aufforderte, Geld für MIR zu besorgen bei Leuten wie Augstein und Feltrinelli. Außerdem sollte Dutschke fünfzig Leute, die bereit waren, nach Chile zu gehen, für eine Freiwilligen-Brigade aussuchen. Ein Schiff sollte beschafft werden, um Waffen zu schmuggeln. Schließlich sollte, so schlug Salvatore vor, Dutschke selbst nach Chile kommen und eine Stelle an der Universität annehmen. Dutschke malte ein Fragezeichen an den Rand des Briefes, den Salvatore mit den Worten schloß: »Ich schwöre Dir, ich spinne nicht.« Nur zwei Monate nachdem er diesen Brief verfaßt hatte, kehrte er nach Europa, diesmal nach Rom, zurück (Dutschke-Klotz 1996: 221 f.).

Bernardine Dohrn verbrachte den Sommer 1969 auf Kuba. Sie traf dort mit Delegationen von Vietnamesen zusammen, um Strategien und Taktiken zur Beendigung des Krieges auszutauschen. Zu den

»Days of Rage« im Oktober 1969 kehrte sie nach Chicago zurück. »Ho, Ho, Ho Chi Minh, the Viet Cong Are Gonna Win« stimmte sie vor Tausenden von Demonstranten an, entschlossen, den Widerstand gegen den Krieg weiterzutragen. In schwarzer Lederjacke, Minirock und schwarzen Stiefeln erschien sie FBI-Chef J. Edgar Hoover als »La Passionaria de la Lunatic Left« (zit. nach Ayers: 168). Am 9. Oktober 1969 sprengte ihre Weathermen-Gruppe die Polizei-Statue am Haymarket Square in Chicago in die Luft. Dohrns Photo erschien auf Fahndungsplakaten im ganzen Land. Sie wurde als »gefährlichste Frau« Amerikas gesucht und tauchte ab in den Untergrund.

Das »Gruppenbild mit Dame(n)«, eine historische Momentaufnahme, zeigt, daß das Jahr 1968 das Leben der Protagonisten veränderte. Nichts war mehr wie zuvor. Die Dynamik der politischen Ereignisse, innere politische Wandlungsprozesse und die Veränderung privater Beziehungen, die als notwendig und nicht minder politisch aufgefaßt wurden, griffen ineinander. Alles drehte sich.

26. Zwischen Moderne und Postmoderne

When prophecy fails: »Die Unterprivilegierten in der ganzen Welt stellen die realgeschichtliche Massenbasis der Befreiungsbewegungen dar; darin allein liegt der subversiv-sprengende Charakter der internationalen Revolution.« »In Vietnam werden auch wir tagtäglich zerschlagen, und das ist kein Bild und keine Phrase. Wenn in Vietnam der US-Imperialismus überzeugend nachweisen kann, daß er befähigt ist, den revolutionären Volkskrieg erfolgreich zu erschlagen, so beginnt erneut eine lange Periode autoritärer Weltherrschaft von Washington bis Wladiwostock.« Zwei Sätze der Rede Dutschkes auf dem Internationalen Vietnam-Kongreß in Berlin reichen aus, um zu markieren, daß die Gesellschaft als ein in der historischen Zeit zu gestaltendes Projekt betrachtet wurde; eine typische Vorstellung der Moderne (Rosa: 396). Zeit- und Geschichtsbild der 68er-Bewegung drückten den Geist der Moderne aus. Sie war die letzte soziale Bewegung, die noch über einen gesamtgesellschaftlichen Gegenentwurf zur bestehenden Ordnung verfügte. Sie ging von der Möglichkeit einer »anderen«, »besseren Gesellschaft« aus. Diese lag als projiziertes Projekt in einer Zukunft, deren Horizont sich vor ihr zu öffnen schien. Durch »progressive Politik« sollte die Entwicklung beschleunigt werden. Politik erhielt dadurch einen Gestaltungsauftrag. Sie wurde konzipiert und gemacht in bezug auf ein universales »revolutionäres Subjekt«, das als Schrittmacher der Emanzipation angesehen wurde. Das Geschichtsbild der 68er-Bewegung war also teleologisch. Das teilte sie mit früheren politischen Bewegungen der Moderne. Zwar hatte sich die Neue Linke von der alten Linken abgegrenzt, indem sie nicht mehr vor allem das Proletariat als Träger sozialen Wandels ansah, sondern die (fach)geschulte neue Arbeiterklasse, die junge Intelligenz und die Befreiungsbewegungen der »Dritten Welt«. Aber ihr Denken blieb bezogen auf einen Schrittmacher der Transformation.

Als die Tet-Offensive zu Beginn des Jahres 1968 es für einen Moment denkbar werden ließ, daß David in der Lage sein würde, Goliath zu schlagen, eine Befreiungsbewegung den Sieg über eine imperiale Großmacht davontragen könnte, eröffnete sich der Neuen Linken eine Perspektive. Alle Hoffnungen richteten sich auf Kuba, das angekündigt hatte, den Befreiungskampf zu unterstützen: »zwei, drei, viele Vietnams« in Lateinamerika zu schaffen. Ein Feld von Möglichkeiten tauchte auf und forderte heraus, sich zu positionieren und zu intervenieren. Kuba erschien als das ganz Andere, »als Wirklichkeit von Möglichkeiten« (Fues: 92). Zahlreiche Protagonisten hielten den Augenblick für gekommen, sich »in die Zeit zu stellen«, handelnd in die Geschichte einzugreifen. Doch diejenigen, die im Geist der Befreiungsbewegungen in den westlichen Metropolen eine »zweite Front« zu errichten glaubten, endeten in einer Sackgasse: im Terrorismus.

Zehn Jahre später sind das Geschichtsbild und die beschleunigungstheoretische Perspektive, die die 68er-Bewegungen leiteten, gebrochen. Im *Untergang der Titanic* gibt Hans Magnus Enzensberger Zeugnis davon. Das lyrische Ich negiert die Utopie, die Vorstellungen von der Veränderbarkeit der Welt, gleichviel, ob 1968 in Havanna oder Berlin. Die Titanic und das utopische Projekt scheitern am selben Hindernis: dem Fortschrittsglauben. Die Konstrukteure und die Passagiere hielten ihren Luxusliner für unsinkbar und die Natur für beherrschbar, die Akteure und »Passagiere« von 1968 waren davon überzeugt, Geschichte sei »machbar« und die Transformation der bestehenden Strukturen zum Greifen nah. Beides erweist sich aus der Sicht des lyrischen Ichs als fataler Irrtum; es beginnt das Fortschrittsdenken der marxistischen Theorie in Frage zu stellen, das vermeintlich feste Wissen um die Entwicklung der Welt.

So heißt es im Exkurs »Fachschaft Philosophie«: »Wie wirklich ist das, was wirklich ist? Schadenfroh / Lächelt Hegel. Wir malen ihm einen Schnurrbart an. / Schon sieht er wie Stalin aus.« Mit einem einzigen Pinselstrich – dem Schnurrbart Stalins, der Hegel angemalt wird – fängt Enzensberger eine Grundannahme der Postmoderne ein. Fortschrittsdenken und Utopien hafte die Gefahr des Umschlagens ins Totalitäre an. Weit davon entfernt, einen Bruch mit der bestehenden Ordnung herbeigeführt zu haben, hat das »Projekt« der 68er, so stellt es sich in *Der Untergang der Titanic* dar, »Schiffbruch« erlitten. Wenn aber alles bloß eine Illusion oder Suggestion war, welche Schlußfolgerung gilt es daraus zu ziehen? Der Linken bleibe, so eine Lesart des Textes, nur eines: »das Titanenbewußtsein«, der Kurs der Geschichte sei vorgezeichnet, über Bord zu werfen (Lehmann: 312 f.). Mit anderen Worten: Kontingenz statt Teleologie und Determinismus scheint als Leitidee im *Untergang der Titanic* auf; eine Revision weiterer zentraler Grundannahmen der Moderne. Gewidmet ist der Text Gaston Salvatore.

Versucht man, ein Fazit zu ziehen, fängt Enzensberger in *Der Untergang der Titanic* seismographisch Elemente eines neuen kollektiven Deutungsmusters ein, in dem sich die Entzeitlichung der Geschichte in den siebziger Jahren spiegelt. Die neuen Sicht- und Teilungskriterien sind eng mit dem Scheitern des 68er-Projekts verknüpft. Wenn man sich auf den *Untergang der Titanic* als Quelle stützt, nimmt die Postmoderne ihren Ausgang im »Schiffbruch« der Moderne. Dieser ist innovativ, insofern er zum Überbordwerfen überkommener Vorstellungen führt. Binnen kurzem wirkte das neue Deutungsmuster auf die Wahrnehmung von »1968« zurück. Es wurde zu einem Filter für die Erinnerung. Der ironisch-spöttische Ton, den Enzensberger anschlug, prägte zahlreiche Autobiographien. Je einflußreicher das postmoderne Paradigma in der Gesellschaft wurde, desto mehr unterwarf es »1968« seinem selektiven Blick. Mit dem Titel *Mai, si* versuchten Alain Krivine und Daniel Bensaïd 1988 sich gegen den Strom zu stellen. Der »narzistische Individualismus«, in den Gilles Lipovetsky die 68er-Bewegung münden sah, war für sie nur eine Seite der Medaille. Die Emanzipationsstrategie, welche die Neue Linke prägte, war eine duale.

27. Wahrnehmungsrevolution

Die Regeln der Regeln brechen: Die Transformationsstrategie der Neuen Linken setzte beim Individuum an, dessen Veränderung als Voraussetzung für die Schaffung einer »anderen« Gesellschaft angesehen wurde. Herbeigeführt werden sollte die Veränderung des Individuums durch soziales Engagement. Die Apathie sollte durch aktive Partizipation aufgebrochen werden. Auf die Veränderung der Gesamtgesellschaft – durch »participatory democracy«, »autogestion«, Mit- und Selbstbestimmung – bezogen, erhielt die Strategie der Neuen Linken durch die Wendung zum Subjekt eine existentielle Komponente. Hayden brachte sie auf die Parole: »I rebel, therefore we exist« (Camus). Individualistisch und kollektivistisch zugleich zu sein machte die Neue Linke aus.

Ihr Ziel bestand darin, die Entfremdung in der Produktions- und Alltagswelt aufzuheben durch Selbstbestimmung, durch den Abbau von Herrschaft und Hierarchien. Im Kampf gegen die Entfremdung brach sie Tabus, Normen und überkommene Werte. Sie verletzte Regeln, um zu provozieren und Sanktionsinstanzen zu delegitimieren. Sich handelnd über gesatzte Regeln, etablierte Strukturen hinwegzusetzen, empfanden viele Akteure als subjektive Befreiung, als Fortschritt auf dem Weg individueller Selbstverwirklichung. Subkulturen differenzierten sich heraus, in denen die Aufbruchstimmung, die 1968 charakterisierte, noch lange nachwirkte, doch in denen das politische Programm mehr und mehr dem Kult individueller Betroffenheit wich. So mündete der Aufbruch für viele in die Ausprägung alternativer Lebensstile.

Aber die Transformationsstrategie der Neuen Linken ging in Selbstfindung durch Lebensstilreform und Selbstverwirklichung nicht auf. Es waren »arbeitsgesellschaftliche Utopien«, die die Bewegungen prägten. Ihre utopischen Erwartungen richteten sich auf die Produktionssphäre, auf die Emanzipation der Arbeit von Fremdbestimmung. Die New Left, Neue Linke, intellektuelle Nouvelle Gauche oder Nuova Sinistra in Europa stand am Ende einer Tradition, die von den Sozialutopien Saint-Simons, Fouriers und Proudhons über die sozialistische Theorie Marx' und die anarchistische Theorie Bakunins bis zur Programmatik der europäischen Arbeiterbewegungen reichte (Gilcher-Holtey 2001: 44 f.). Die amerikanische New Left knüpfte zudem an den Pragmatismus in der Tradition von John Dewey an. Gemeinsam grenzten sie sich entschieden vom Reformismus der liberalen, sozialistischen und sozialdemokratischen sowie vom »realen Sozialismus« der kommunistischen Parteien ab. Sie waren antikapitalistisch *und* antikommunistisch.

Sozialismus konnte und sollte sich nicht erschöpfen in der Eroberung der politischen Macht und der Verstaatlichung der Produktionsmittel, sondern die Machtbeziehungen, Autoritätsstrukturen und Hierarchien in allen gesellschaftlichen Bereichen aufheben. Die Neue Linke war antiautoritär und antihierarchisch. Veränderungen im kulturellen Bereich sollten der sozialen und politischen Transformation vorausgehen, innovative Kommunikations- und Lebensformen experimentell entfaltet werden durch die Schaffung neuer Ideen und deren Erprobung in Subkulturen sowie innerhalb bestehender Institutionen. Die Neue Linke war antiinstitutionell, antibürokratisch, antiorganisatorisch.

Sie vermittelte somit ein neues Verständnis von Politik, das darauf zielte, Mißstände nicht einfach in die etablierten Kanäle der Politik abzuleiten, sondern sich ihrer anzunehmen, sie zu artikulieren, auf sie aufmerksam zu machen, Wege und Mittel zu ihrer Lösung zu reflektieren und Lösungsmodelle experimentell zu erproben (Flacks: 164). Die Neue Linke setzte auf eine Politisierung und Demokratisierung der Gesellschaft »von unten«. Ihr Politikverständnis überschnitt sich mit dem der Bürgerbewegung in Prag, beide betonten die Macht der Zivilgesellschaft gegen den Etatismus und den demokratischen Zentralismus des realen Sozialismus. Die Neue Linke deckte Macht- und Autoritätsstrukturen jenseits des Leviathans auf: in den Betrieben und Büros, Hochschulen und Schulen, Theatern und Verlagen, in der Familie und den Geschlechterbeziehungen. Mit provokativen Aktionsformen, die den Techniken der literarischen Avantgarde der ersten Hälfte des 20. Jahrhunderts, den Situationisten sowie den Strategien des zivilen Ungehorsams Mahatma Gandhis und der amerikanischen Bürgerrechtsbewegung entlehnt waren, brachte sie nahezu überall Autoritätsstrukturen ins Wanken. Ob Manager oder Direktoren, Professoren oder Theatermacher, Dichter, Richter oder Starphilosophen, kaum einer entging ihrer Kritik und Entzauberung.

Provokativ und spielerisch machte sich die Neue Linke daran, die Machtverhältnisse in Staat und Gesellschaft zu verändern, indem sie die Denk- und Wahrnehmungsschemata der Menschen auf den Kopf stellte. Verändern sich die Vorstellungen *von* der Gesellschaft, so das Credo, dann verändern sich auch die Einstellung *zur* Gesellschaft und das Handeln *in* der Gesellschaft. Auch diese Strategie setzte auf die Politisierung der Gesellschaft »von unten«, auf Regelveränderung durch Regelbruch.

Der regelverändernden Politik der Neuen Linken lag ein weiter Gewaltbegriff zugrunde. Unter Rückgriff auf den Begriff der Gewalt wurden Situationen und Ereignisse skandalisiert und dramatisiert. Durch den Einsatz von »symbolischer Gewalt« und »Gewalt gegen Sachen« wurden Grenzen überschritten, um Widersprüche in der Gesellschaft, Abhängigkeits- und Unterdrückungsstrukturen zu enthüllen und Kommunikation über diese einzuleiten. Mit *vis ludens* oder *vis subversiva* könnte man eine Vielzahl dieser Aktionen bezeichnen, die darauf abzielten, das Publikum und die Öffentlichkeit zur Stellungnahme zu zwingen und Einstellungen, verankert in den Köpfen, im Denken oder im Habitus, in Frage zu stellen. »Einen öffentlichen Raum zu schaffen, in den wir unsere Ideen, unsere Wünsche und unsere Bedürfnisse hineinlegen können«, schien Rudi Dutschke ohne Provokation nicht möglich zu sein (Mohr: 76).

Eine Form, solche Räume zu schaffen, war die Besetzung. So setzte die Okkupation des Odéon in Paris Energien und Kreativität frei, schuf eine Atmosphäre kreativer Unruhe und führte zu dem, was Michel de Certeau die »Ergreifung des Wortes« (prise de la parole) nannte. Mit »prise de la parole« nahm er Bezug auf die »prise de la Bastille« (Eroberung der Bastille), die am Anfang der Französischen

Revolution gestanden hatte, und zeigte zugleich eine neue Dimension von Freiheit und Gleichheit auf: über alle Klassengrenzen hinweg das Wort zu ergreifen, seine Meinung frei zu sagen, Ungesagtes sagbar zu machen. Die Ergreifung des Wortes kam, so André Glucksmann, der Zerstörung der »sprachlichen Segregation« gleich, die sich in Frankreich etabliert hatte (Glucksmann 1968: 73). Es war zudem der Beginn eines Kampfes um Bedeutungen. »Man würde die Sprache nicht so erstürmen können wie man die Bastille einst erstürmte«, konstatiert Tom McDonough, der die Sprache des Protests in Frankreich untersuchte, »eher wäre es eine Frage der Entwicklung eines Gegendiskurses durch Entwenden, Plagiieren und Expropriieren von Sprache, durch Umkehrung von herrschenden Bedeutungen und akzeptierten Gewohnheiten.« Und er fügte hinzu: »Um es ganz pointiert zu sagen: Die Politik der Sprache bestand 1968 in der Umgehung (Vermeidung), der Neubewertung von Elementen des dominierenden Diskurses.« Wiederentdeckt wurde, so seine These, nicht zuletzt die Konzeption der Montage (McDonough: 5).

Die Besetzung der Betriebe in Frankreich signalisierte, daß es der Neuen Linken gelungen war, in das Organisations- und Rekrutierungspotential der alten Linken einzubrechen. In den Vollversammlungen der besetzten Betriebe erhielt die Belegschaft die Möglichkeit, sich zu artikulieren und an den Gewerkschaften vorbei die Streikbewegung zu organisieren. Doch wurde der Diskurs in den Vollversammlungen mehrheitlich von den organisierten Arbeitern getragen und in den Wahlen zu den Streikkomitees setzten sich die Gewerkschaftsvertreter durch (Gilcher-Holtey 2001: 300). Die Besetzung der Betriebe bedeutete noch keine Veränderung der industriellen Verfassung, der Besitz- und Autoritätsstrukturen der Betriebe. Binnen weniger Wochen setzten sich die Gewerkschaften mit der Strategie der materiellen Interessenpolitik des Ausgleichs von Benachteiligungen gegen das Konzept der Umverteilung von Lenkungs- und Entscheidungskompetenzen durch, das im Modell der »autogestion« angelegt war. Doch die Konzeption der Selbstverwaltung wirkte nach. Sie trug in entscheidendem Maße zur Herausbildung des »neuen Geistes des Kapitalismus« (Boltanski/Chiapello) bei.

Die Wiederentdeckung der Forderung nach Autonomie, Eigenverantwortung, Enthierarchisierung, die von der 68er-Bewegung artikuliert wurde, ging, so Luc Boltanski und Eve Chiapello, in den siebziger Jahren von den Arbeitgebern aus. Die Rezession 1974/75 ließ die Arbeitgeber nach neuen Unternehmensstrategien suchen. In dieser Situation griffen sie, wie die Managementliteratur zeigt, auf die Selbstverwaltungskonzeption der Neuen Linken zurück. Gedacht als Mittel der Demokratisierung, wurde »autogestion«/Selbstverwaltung zur Flexibilisierung der internen Betriebsstrukturen eingesetzt, um die Mobilität und Anpassungsfähigkeit der Betriebe zu erhöhen. Den Arbeitnehmern sei, so Boltanski/Chiapello, mehr Autonomie im Tausch für den Abbau von Sicherheitsgarantien und Schutzbestimmungen geboten worden. Fremdbestimmung in den Betrieben trage seitdem ein neues Kleid: Sie werde nicht länger durch Chefs ausgeübt, sondern durch die Selbstkontrolle autonomer Arbeitsgruppen. Eine List der Geschichte?

Der Funke der Selbstverwaltungskonzeption flog 1968 auch über die deutsch-französische Grenze. In den Verlagshäusern, Redaktionen und Theatern begehrten die Kulturschaffenden, die Lektoren, Journalisten, Redakteure, Regisseure, Dramaturgen etc., gegen hierarchische Strukturen auf. »Demokratisierung der literarischen Produktionsverhältnisse«, Errichtung eines »demokratischen Regiments« lauteten die Forderungen, mit denen sich die Bewegung Bahn brach. Die Vision ging weit über die Mitbestimmungsforderung der Gewerkschaften hinaus, sieht man einmal davon ab, daß diese für den Umgang mit dem geistigen Eigentum von Autoren noch keine Konzeption vorgelegt hatten. In den Kampf um die Veränderung der Verlagsstrukturen griffen zahlreiche Lektoren und Schriftsteller ein. Günter Grass war einer davon. In achtjährigem Ringen setzte er sich dafür ein, einen »Autorenbeirat« in seinem Verlag, dem Luchterhand Verlag, zu etablieren und damit die Struktur zwischen Autor und Verleger zu transformieren, der 1968, aus seiner Sicht, immer noch »ein Rest von Leibeigenschaft« anhaftete. Der Autorenbeirat, das Ergebnis eines langen Prozesses des Aushandelns mit dem Ziel der Verrechtlichung von Mitarbeiter- und Autorenrechten, war weit davon entfernt, die Vision der »Demokratisierung der literarischen Produktionsverhältnisse« einzuholen, aber er war ein Effekt dieser Vision, die Gründung des »Verlags der Autoren«, der bis heute existiert, ein anderer (Gilcher-Holtey 2007: 332 ff.).

Ideen verändern sich im Prozeß der Diffusion, Vermittlung und Institutionalisierung. Das gilt auch für die Ideen von 1968. Soziale Bewegungen stellen Sichtweisen der sozialen Welt in Frage, definieren neue »issues« und führen diese in die Debatte ein. Sie artikulieren und vermitteln gesellschaftliche Widersprüche, bedürfen aber, um wirksam zu werden, weiterer Vermittlung durch andere politische Akteure (z. B. Parteien, Verbände). Sie können aus sich heraus den von ihnen erstrebten Umbruch von Strukturen nur selten realisieren. Daraus folgt: Die Bestimmung des Einflusses sozialer Bewegungen auf politische, soziale und kulturelle Entwicklungen entzieht sich einer direkten Zuschreibung. Soziale Bewegungen konkurrieren zudem stets mit anderen Faktoren sozialen Wandels (z. B. immanenten Entwicklungstendenzen, gegenläufigen Interessen, Verfügungschancen über politischen Einfluß), so daß sich ihr eigenständiger Beitrag nur schwer isolieren läßt. Diese methodisch-analytischen Grundsätze wurden in den Debatten über die 68er-Bewegung seit vierzig Jahren nahezu beständig verletzt oder gebrochen. Es gab fast nichts, was den Bewegungen nicht direkt, linear, monokausal zugerechnet wurde – in Deutschland der Autoritätsverfall in Gesellschaft und Staat, der Leistungsabfall in den Schulen, das Schwinden eines Bildungskanons, der Aufstieg des RAF-Terrorismus, aber auch die Fundamentalliberalisierung und Demokratisierung der Gesellschaft. Die 68er-Bewegungen wurden dämonisiert und verklärt und immer wieder für den politischen Tageskampf instrumentalisiert. Doch die Protagonisten der Bewegung machten auch selbst Politik.

28. Der Krieg der 68er

»Auschwitz schwieriger gemacht«: »Die militärische Zusammenarbeit zwischen dem Haupt der Konterrevolution, den USA und den westeuropäischen Ländern muß zerbrochen, ihre Agentur, die NATO muß zerschlagen werden«, hieß es in der Schlußresolution des Internationalen Vietnam-Kongresses in Berlin (SDS-Westberlin/ INFI: 159). Die Vorstellung, daß 31 Jahre später Protagonisten der Protestbewegung gegen den Krieg in Vietnam nicht nur hinter der NATO stehen, sondern mit dem Militärbündnis einen »humanitären Krieg« zur Verteidigung der Menschenrechte führen könnten, lag jenseits des Erwartungshorizonts der Kongreßteilnehmer. Die Brükke von der einen zur anderen Position führte über die globalisierte Menschenrechtspolitik. Nicht alle 68er beschritten sie. Bernard Kouchner, Daniel Cohn-Bendit und Joschka Fischer gehörten zu denjenigen, die von Kritikern der NATO zu Befürwortern einer Intervention zum Schutz von Menschenrechten wurden.

Kouchner gehört zu den wenigen »tiers-mondistes«, die 1968 in die »Dritte Welt« aufbrachen und ihr Engagement konsequent fortsetzten. Kouchner spricht von seinem »politischen Parcours«, der stets ein Einsatz für Minderheiten in Not gewesen sei. Was er 1968 in Biafra im Rahmen des Roten Kreuzes begann, setzte er fort mit der Gründung von »Ärzte ohne Grenzen« im Jahr 1971; einer Nichtregierungsorganisation, die mit den Regeln des Roten Kreuzes brach, in Krisenregionen Neutralität zu wahren sowie über Täter und Opfer zu schweigen. Mit seinem »medizinischen Fokus« rückte Kouchner nahezu überall ein. Es gab nach 1968 kaum eine Krisen- oder Kriegsregion, die er nicht aufsuchte. Weltweite Sichtbarkeit erlangte er 1979 mit seiner Hilfsaktion für die vietnamesischen Flüchtlinge, die »Boat-People«. Er organisierte ein »Schiff für Vietnam« und fand dafür als Unterstützer u. a. Jean-Paul Sartre, Raymond Aron, André Glucksmann und Bernard Henry Levy. Die spektakuläre Schiffsaktion brachte seine Kollegen von »Ärzte ohne Grenzen« gegen ihn auf.

Sie warfen ihm vor, publizitätssüchtig zu sein. Kouchner verließ die Organisation, gründete eine neue, die er »Ärzte der Welt« nannte, und machte weiter. »Devoir d'ingérence« und »droit d'ingérence« – Recht und Pflicht zur Einmischung / Intervention – heißen die Leitideen, mit denen Kouchner, so Cohn-Bendit, »die Weltpolitik verändert« und »Auschwitz schwieriger gemacht« hat (Cohn-Bendit/Kouchner: 21).

Um aus der »Pflicht zur Intervention« ein Recht zu machen, wechselte er die Ebenen. Wäre sein Engagement auf der Ebene der NGOs verblieben, hätte er das Recht auf Intervention nicht durchzusetzen vermocht, lautete sein retrospektives Urteil (Cohn-Bendit/Kouchner: 76). Dazu war es notwendig, in die Regierung einzutreten. Veränderungen der UNO-Interventionen waren nur von dieser Ebene aus anzustoßen. Kouchner wurde Staatssekretär (1988-1992) und Minister für Gesundheit und humanitäre Angelegenheiten (1992-1993) unter François Mitterrand in der Regierung von Michel Rocard. Die französische Regierung brachte Resolutionen in die Beratungsgremien der UNO ein, die langsam, aber systematisch die Grundlage für eine neue Menschenrechtspolitik schufen. Kouchners Marsch durch die Institutionen war lang. Aber an seinem Ende stand ein veränderter juristischer Status der Opfer in Kriegs- und Krisenregionen. Opfer erhielten das Recht, sich von einer anderen Institution als dem eigenen Staat vertreten zu lassen. Die Schaffung von »humanitären Korridoren«, um den Zugang zu Opfern von Kriegen und Bürgerkriegen zu erreichen, wurde von der UN-Generalversammlung anerkannt. Sukzessive verändert durch die Verankerung des »Rechts auf Intervention« wurde nicht zuletzt die Souveränität von Staaten. Kouchner charakterisiert seinen »politischen Parcours» rückblickend als »Abenteuer«. Er möchte sich im positiven Sinne als »Abenteurer« verstanden wissen, der »seit vierzig Jahren stürmt und rennt, damit es schwieriger werde, Minderheiten umzubringen« (Cohn-Bendit/Kouchner: 96, 21).

Cohn-Bendit sprang ihm im Frühjahr 1993 bei. Im Interview mit Kouchner 2004 schildert er die Situation. Er nahm eine Feier zum 25. Jahrestag von 1968 zum Anlaß, um alte und neue Mitstreiter mit der Forderung nach einer Intervention in Bosnien zu konfrontieren:

> »Sich für die Intervention aussprechen und den ›Panzer-Pazifismus‹ der gegenüber dem Schluchzen der massakrierten Bosnier tauben Grünen in Frage stellen oder am Rande der Geschichte bleiben und die Parteilinie retten. Ich hatte keine Chance, aber ich habe es trotzdem probiert: Wärt Ihr angesichts der Vernichtung des Warschauer Ghettos nur Beobachter geblieben? Warschau, Sarajewo, das ist derselbe Kampf, dieselbe Schlacht! Diese Bosnier, die kurz vor der Vernichtung stehen, sind unsere Blutsbrüder!«

Sein Aufschrei irritierte, schrieb aber das Recht auf Einmischung und humanitären Hilfseinsatz, aus seiner Sicht, wie einen »Virus« in die Grüne Partei ein (Cohn-Bendit/Kouchner: 22). Fischer beschreibt die Situation in seinem Rückblick *Die rot-grünen Jahre* wie folgt:

> »Ich saß neben anderen verdienten Frankfurter Veteranen und Graubärten von 1968 damals als stellvertretender hessischer Ministerpräsident und Umweltminister mit auf dem Podium und war nach Dany Cohn-Bendits emotionalen Worten zutiefst schockiert. Wie konnte Dany das nur tun? Deutsche Soldaten in Bosnien, wo Hitlers Wehrmacht und SS gemordet hatten? Sollten wir jetzt unsere eigenen Söhne erneut in einen Krieg gegen Serbien schicken? Ich verstand an diesem Tag die Welt nicht mehr und am allerwenigsten meinen Freund Dany.« (Fischer: 212)

War Cohn-Bendit im Mai 1968 mit dem Auto Kouchners nach Frankfurt gekommen, kam er 1993 mit einer Idee Kouchners. Fischer zögerte eine Weile, doch nahm er Kouchners Konzeption und Begriffe auf. Er sprach von »Interventionsrecht und Interventionspflicht«. Im In- und Ausland setzte er sich für die »Pflicht zur militärischen Intervention durch die Vereinten Nationen im Fall der

Gefahr eines Völkermordes« ein. In seiner Partei eckte er damit an und auch auf internationaler Bühne war die Denkweise, die er zu vertreten begann, nicht selbstverständlich. Die Einsätze der UNO waren in den Jahren 1949 bis 1988 friedenssichernde, Postkonflikt-Interventionen gewesen. Die Friedenstruppen konzentrierten sich auf Konfliktberuhigung, nicht Konfliktlösung. Der Übergang zu »robustem peace-keeping«, d. h. zur systematischen Erweiterung der Durchsetzungsfähigkeit der UN-Missionen durch das Mittel der militärischen Gewalt, vollzog sich erst 1995. Fischer unterstützte diesen Kurs. Gemeinsam mit Cohn-Bendit demonstrierte er seiner Partei, was es heißen konnte, als kleine aktive Minderheit zu agieren. Selbst als die Kosovo-Intervention von der NATO ohne UN-Sicherheitsratsbeschluß durchgeführt wurde, brachte er die Grünen hinter sich. Die Achse Paris–Frankfurt, im Mai 1968 geschaffen, wirkte langfristig nach. Der Transfer der Ideen Kouchners leitete eine Kurswende in der Außenpolitik der Grünen ein und führte zu einer Zäsur in der deutschen Nachkriegsgeschichte. Erstmals nach ihrer Gründung führte die Bundesrepublik Deutschland einen Krieg und marschierten, was niemand für möglich gehalten hätte, unter einer rot-grünen Regierung Soldaten der Bundeswehr als Teil der NATO im Kosovo ein.

Die Bilder der bosnischen Lager vor Augen und entschlossen, ein zweites Srebrenica zu verhindern, unterstützte auch Bernard Kouchner die NATO-Intervention im Kosovo von Anfang an. Als man ihm nach dem Krieg eine Aufgabe im Kosovo antrug, zögerte er daher nicht, sondern sah deren Übernahme als Erfüllung seines langen Kampfes für das Recht zur Intervention an. Er reiste nach Priština mit ausdrücklicher Billigung seines jüdischen Vaters, der die Familie 1940 durch Flucht vor den deutschen Besatzern gerettet hatte. Sein Vater sah in ihm den »de Gaulle des Balkans«. Kouchner wurde oberster Verwalter der UN-Mission im Kosovo. Exekutive, Legislative und Jurisdiktion legte der Generalsekretär der Vereinten Nationen, Kofi Annan, in seine Hände. Kouchners engstes Team in Priština, das wußte er, bestand aus vielen 68ern. Was er nicht ahnte, war, daß auch unter den NATO-Repräsentanten viele 68er waren. Diese

Erkenntnis brach sich erst am 23. November 1999 Bahn, als er gemeinsam mit dem Oberbefehlshaber der NATO-Truppen im Kosovo, dem KFOR-General Klaus Reinhardt, auf dem Rollfeld in Priština stand und der Landung der Hercules C 130 zusah, die den amerikanischen Präsidenten Bill Clinton an Bord hatte. Kurz bevor die Maschine aufsetzte, erzählte ihm der NATO-Oberfehlshaber von seinen 68er-Erfahrungen in Freiburg. Gemeinsam, der französische Verwalter protokollgemäß dem deutschen General um einen kleinen Schritt voraus, begrüßten sie sodann Bill Clinton. In das UNMIK-Team, das sich später die zivil-militärische Kooperation auf seine Fahnen schrieb, rückte, auf Intervention Fischers, auch Tom Koenigs ein, der sein Millionenerbe einst dem Vietcong gestiftet hatte. Nahezu die gesamte ehemalige Neue Linke unterstützte die Kosovo-Mission. Ausnahmen bildeten: Régis Debray und Tom Hayden.

29. »Das System stiehlt die Idee«: Interview mit Tom Hayden

Dienstag, 2. Oktober 2007, Culver City, L.A.

Ingrid Gilcher-Holtey: Welche Ereignisse oder Strategien hatten Einfluß auf Ihre generelle Einstellung zu Politik und Gesellschaft? Wurden Sie beispielsweise beeinflußt von der afroamerikanischen Studentenorganisation Student Nonviolent Coordinating Committee (SNCC)?

Tom Hayden: Nein.

Von den Black Panthers?

Ein wenig.

Von Castro und Che Guevara?

Ein wenig.

Von Régis Debray? Seinem Buch Revolution in the Revolution*?*

Nein. Ich habe das Buch gelesen. Aber meine Einstellung wurde nicht durch ein Buch beeinflußt.

Wurde sie durch Ihre Arbeit im Ghetto von Newark geprägt?

Ein wenig.

Bitte, erzählen Sie ein wenig über die Ursachen, die bei Ihnen eine Einstellungsänderung in Richtung Radikalisierung bewirkten, den Übergang »vom Protest zum Widerstand« in den Jahren 1967/68.

Es hat mit dem Problem der ungleichen Entwicklung zu tun. Ich lebte in Berkeley, Kalifornien, und ich wohnte nur wenig entfernt vom Hauptquartier der Black Panthers. Wenn ich nur ein paar Schritte in das schwarze Ghetto hineinging, befand ich mich in einer Militär-Zone. Black Panthers, die aus Vietnam zurückkamen, hoben Schützengräben und Höhlen unterhalb ihres Hauptquartiers aus. Die Polizei von Oakland infiltrierte und durchkämmte das Ghetto. Es gab Schußwechsel. Little Bobby Hutton wurde getötet. Für mich war das alles unwirklich, denn ich konnte immer wieder zurück in meine weiße Welt gehen. Es waren nicht die Blumenkinder, die zunehmend ungeduldiger wurden, eher geneigt waren, Widerstand zu leisten. Für sie war es unnatürlich, Widerstand zu leisten. Es lag einfach nicht in ihrer Klassen- oder Sozialnatur. Anders die Black Panthers. Sie waren auf den Straßen. Und im Nachbarviertel gab es die Vietnamesen. Auf mich wirkte das wie eine einzige »Dritte Welt«.

Das Problem der ungleichen Entwicklung besteht darin, daß Sie sich gezwungen fühlen, die Revolutionäre zu verteidigen und sozusagen mit ihnen gleichzuziehen. Sie selbst sind ja nicht in einer revolutionären Situation in Ihren weißen Mittelklasse-Lebensverhältnissen. Das ist also ein wirklich grundlegendes Problem. Ich kann allerdings nicht aus europäischer Sicht sprechen. Ungleiche Entwicklung bedeutete, daß Sie nur die Wahl hatten, die Panthers zu unterstützen oder mit ihnen zu sympathisieren oder sie sich selbst zu überlassen. Selbst wenn es den Anschein hatte, daß die Panthers zu abenteuerlustig oder zu militant waren, hatte man nicht das Recht, darüber ein Urteil zu fällen. Dasselbe traf auf die Vietnamesen zu. Man hatte das Gefühl, daß sie kämpften und starben, um einen aufzuwecken. Also mußten wir uns auch in ihrem Fall entscheiden, mit ihnen zu sympathisieren oder uns gleichgültig abzuwenden. Es war ziemlich schwer, mit den revolutionären Bewegungen zu sympathisieren und dabei geduldigen Wahlkampf mit Hausbesuchen zu machen. Es hätte vielleicht einen Unterschied gemacht, wenn die herrschenden Politiker nicht dafür verantwortlich gewesen wären, daß sich die ungleiche Entwicklung verschärfte. Ich meine damit, daß der Krieg in Vietnam sogar von der liberaleren der beiden amerikanischen Parteien eskaliert wurde. Also gab es damals gar keine politische Option am Horizont.

Ich denke, daß »vom Protest zum Widerstand« in den Jahren 1967/1968 dreierlei bedeutete: Einmal handelte es sich um eine ganz allgemeine Formel, die es jedermanns Phantasie überließ, sie umzusetzen. Zweitens bedeutete sie damals etwas ganz Konkretes: Wehrt Euch gegen die Einberufung. Und da wir die Regierung außerhalb jeglicher Reichweite glaubten und Reformen unmöglich erschienen, wollte man mehr tun als die Blumenkinder. Irgendwie war man bereit mehr zu riskieren, seine Privilegien, sein Leben. Aber alles fing mit kleinen Schritten an, zwischen den Leuten, die sich in Oakland gegen die Einberufungen wehrten, und der Polizei. Und dies verbreitete sich über das ganze Land. Indes, es war keine Gewalt. Es war nur die Weigerung, sich zur Armee einziehen zu lassen. Das war allerdings ungesetzlich. Drittens bestand der Widerstand darin, daß man sich von der Polizei nicht einschüchtern ließ, die versuchte, die Straßen unter Kontrolle zu halten. Es gab also eine Zone zwischen Gewaltlosigkeit, zivilem Ungehorsam und Straßenkampf, wie er damals von Mick Jagger definiert wurde. Ja, sogar Mick Jagger war ein Straßenkämpfer. Wenigstens einmal. Aber ich würde das nicht Gewalt nennen. Auch wenn man von »Kampf« spricht: Es handelte sich dabei um ein sehr niedriges Niveau von Kampf. Von 1967 an hat es sich dann langsam weiterentwickelt bis ins Jahr 1968. In dem Jahr kamen die Gebäudebesetzungen hinzu. Auch hierfür liegt die Erklärung in der ungleichen Entwicklung. Der Grund, warum es in New York in der Columbia-Universität zur Besetzung kam, war, daß die schwarzen Studenten bereit waren, Widerstand zu leisten. Es ging nicht nur um die Frage der Sporthalle an der Grenze zu Harlem (»Gym Crow«). Die schwarzen Studenten setzten den Standard für Militanz. Sie waren es, die anfingen, Gebäude zu besetzen. Sie waren die Avantgarde. Um seine Sympathie oder Solidarität mit ihnen auszudrücken, gab es die Möglichkeit, ebenfalls Gebäude zu besetzen. War das Gewaltanwendung? Nein. War es illegal? Ja. Es war Hausfriedensbruch. Wahrscheinlich nicht mehr als das.

Man sollte auch nicht vergessen, daß es zwischen 1965 und 1968 im ganzen Land 75, 100 oder sogar 125 Aufstände in den Ghettos der Schwarzen gab. Immer schien irgendwo eine Stadt zu brennen. Ich war damals in Newark und sah aus nächster Nähe, was geschah. Und es schien eine anarchistische Version derselben Revolution zu sein, die in der Luft lag. Es waren nicht die Vietnamesen und nicht die Black Panthers, aber es waren Tausende und Abertausende junger Männer, die von der gesamten schwarzen Bevölkerung unterstützt wurden. Sie kämpften auf den Straßen, warfen Molotow-Cocktails, steckten Häuser in Brand, plünderten und zeigten den staatlichen Autoritäten ihre Verachtung. Was sollte ich in dieser Lage tun?

Wie viele andere stand ich unter enormer Spannung. Was habe ich also gemacht? Ich habe ein Buch geschrieben (lacht). Ich war Augenzeuge des Aufstands in Newark, und ich verwendete mich beim Gouverneur dafür, die Soldaten zurückzuziehen. Aber die Ereignisse brachten mich dazu, für die Aufständischen ein gewisses Mitleid zu empfinden. Ich glaube, daß viele Leute in meinem Land so fühlten. Dann verschlimmerte sich die Lage – mehr durch die Ermordung Martin Luther Kings als durch den Tod Robert Kennedys. Aber beide Morde hatten einen großen Einfluß auf die zweite Protestgeneration, zu der auch Bernardine Dohrn gehörte.

Und wie wirkten die Ereignisse auf Sie?

Ich wurde dadurch abgehärtet. Ich hatte die Entwicklung in gewisser Weise erwartet. Ich war also nicht überrascht. Ich war getroffen, verletzt, verwundet, im psychologischen Sinne. Aber ich glaube, daß die Leute, die jünger waren als ich – ich war damals 28 –, also 20 oder 22 Jahre alt, daß sie einfach ausgeflippt sind. All das sind Ingredienzien der Gewalt. Schließlich kam die Idee, in den Untergrund zu gehen, da alle Reformkanäle geschlossen schienen und Kriegsrecht verhängt worden war. Im Untergrund gab es verschiedene Gruppen. Da gab es Leute, die der Einberufung nicht gefolgt waren, Kriminelle, die sich versteckten, Leute, die zu den Panthers gehörten, Menschen, die bisher gar keine Gewalt angewendet hatten, solche, die erst vorhatten, Gewaltaktionen durchzuführen, Leute, die nur einen illegalen Status hatten. Nach dem Abtauchen in den Untergrund bestand der nächste Schritt darin, begrenzte Guerilla-Aktionen zu unternehmen, aber diese waren eher symbolisch.

Allerdings darf man nicht übersehen, daß es auch wirkliche Gewalt gab. Zum Beispiel zwischen den Panthers und der New Jersey State Nationalgarde, den Panthers in Oakland, den Vietnamesen und der amerikanischen Armee. Und wo wir von ungleicher Entwicklung gesprochen haben: Es wäre doch bizarr gewesen, mit einem Gewehr bewaffnet zu sein und damit einen Wachmann auf dem Campus zu erschießen. Das wäre wirklich ungleich gewesen. So wurde also immer häufiger das Gewalt-Konzept von Huey Newton (einem der Gründer der Black Panthers, Anm. d. Verf.) angewendet, da sonst nichts funktionierte. Die Idee war, durch die Zerstörung von Gebäuden eine Botschaft zu übermitteln. Das war allerdings nicht mehr nur symbolisch, sondern es wurde Eigentum im Wert von Millionen von Dollars zerstört. Aber die Idee bestand in der Übermittlung einer Botschaft mit militärischen Mitteln. Die Absicht dahinter war, daß man für die Gegenseite die Kosten in die Höhe treiben mußte, damit sie endlich zuhörte. Politiker ändern sich nie. Also war Gewaltanwendung eine Versuchung für manche Leute.

Es war jedoch nur eine kleine Schar von Menschen. Es scheint fast ein unsichtbarer Faktor in der Geschichte der späten sechziger Jahre zu sein. Aber ich glaube, daß es großen Einfluß auf die staatlichen Institutionen hatte. Das Gewaltmonopol für sich in Anspruch nehmend, würden sie nie zugeben, daß von einem für sie unsichtbaren Untergrund aus Gewalthandlungen ausgeübt wurden. Es war ein Geheimnis der sechziger Jahre. Es ist es immer noch. Es erscheint nur in wenigen Darstellungen. Und diese Gewalt geschah nicht nur auf den Campi. Die ungleiche Entwicklung war am extremsten in den Streitkräften. Wissen Sie, wir wissen bis heute nicht, wie viele Offiziere im Vietnamkrieg von ihren eigenen Leuten umgebracht wurden. Wir wissen, daß von seiten der Soldaten Gewalt gegen ihre Vorgesetzten angewendet wurde. Es wird in manchen Büchern erwähnt, aber es wird in der Geschichte von 1968 nie öffentlich diskutiert. Es ist ein Tabu. Ich weiß nicht, warum die Journalisten sich auch daran halten. Man würde ja dadurch nicht eine neue Gewaltwelle auslösen. Es ist einfach Teil der Geschichte, die erzählt werden sollte. Man hat damals sogar ein neues Wort für diese Art von Gewalt erfunden. Man nannte es »fragging«. Das ist ein Verb, das Bezug nimmt auf das Werfen einer

Handgranate in das Zelt des Vorgesetzten. Eine Menge Leute wurden dadurch getötet, aber darüber wird nicht berichtet. Man muß jedoch davon ausgehen, daß dies die Entscheidung beschleunigte, sich aus Vietnam zurückzuziehen. Denn die Armee war nicht mehr verläßlich. Die Armee wurde selbst explosiv.

In Ihrer Autobiographie Reunion *schreiben Sie, daß Sie nach dem Strafprozeß in Chicago 1969 feststellten, daß das System zu funktionieren begann. Was meinen Sie damit? Wollen Sie damit sagen, daß die Protestbewegungen der sechziger Jahre tatsächlich etwas veränderten?*

Ja. Ich denke, das ist eine komplizierte Frage. Wenn man von der Erfahrung ausgeht – Erfahrung ist die Mutter allen Wissens –, hatte man den Eindruck, daß das System sich anzupassen begann. Einige der Linken meinten zwar, daß es sich dabei nur um bedeutungslose Kosmetik handelte, aber was sollte ich anderes folgern, nachdem das Berufungsgericht in Chicago das erstinstanzliche Urteil aufgehoben, den Staatsanwalt und den Richter getadelt hatte und in dem neuen Verfahren die Ordnungsstrafen, die man im ersten Prozeß gegen uns verhängt hatte, aufgehoben worden waren. Ich halte mich an Erfahrung und nicht an Ideologie. Manche sagen mir, ich würde dem System zuviel Kredit geben, aber ich sehe, daß es nicht monolithisch ist und daß es irgendwie das Bedürfnis hat, sich zu reformieren. Ich sage nicht, daß das System gezwungen wurde, sich zu ändern, wie es etwa das Motto »Up against the wall, motherfucker« impliziert. Wir haben immer gewußt, daß die Flexibilität des Systems sowohl eine Tugend als auch ein Laster ist. Wir hatten das schon früher im Zusammenhang mit den »freedom rides« der Bürgerrechtler bemerkt. Kennedy war zunächst dagegen. Später unterstützte er die »freedom rides«. Dann sammelte er heimlich Geld, um die Wählerregistrierung der Schwarzen voranzubringen. Kennedy wurde schließlich ermordet in einem Klima des Hasses. Dies war eine Aktion gegen die Reformen, die Kennedy unterstützte. Ich konnte nicht die Meinung vertreten, daß es sich bei diesen Reformen nur um Kosmetik handelte. Kennedy und King waren für diese Reformen gestorben. Wie konnten sie da oberflächlich sein.

Andererseits war es sicherlich richtig, daß die Anpassungen oder Reformen das Ziel verfolgten, die sozialen Bewegungen einzudämmen und klein zu halten. Also hat eine Reform immer ihren Preis. Ich war der Meinung, daß ich die Reform annehmen und ihren Preis bezahlen sollte. Ich meine, man hat da keine Alternative. Wenn sie gewinnen, wie etwa im Fall der Beendigung des Vietnamkriegs, werden sie Ihren Sieg gar nicht erkennen. Weil es nicht nach der Art Sieg aussieht, den sie sich vorgestellt haben. Aber sie spüren, daß sie gesiegt haben, und im selben Augenblick realisieren sie, daß sie an den Rand gedrückt werden. Und die Leute auf den Straßen müssen den Sieg für sich reklamieren und sich in die Geschichte einschreiben. Denn sie verschwinden sonst nach dem Sieg.

Sie gehen nach Hause. Die Bewegung löst sich auf.

Ja, aber sie sind nicht mehr dieselben. Sie kommen verändert nach Hause, und sie werden zu einem Faktor der zukünftigen Geschichte. Sie sind da. Sie sind überall. Ich behaupte nicht, daß es sich hierbei um eine universelle Theorie handelt, aber es erklärt für mich, was ich den Rhythmus sozialer Bewegungen nennen würde. Diese Theorie ist für die Linke ziemlich frustrierend.

Wann wurde die soziale Bewegung in den USA schwächer?

1971, 1972. Zuerst kam es zu einer Aufsplitterung der Bewegung. Dies passiert immer, wenn man zur Mehrheit wird. Dann fängt man an, sich selbst zu zerstören. Die SDS zerstörten sich 1969. 1970 marschierten die US-Streitkräfte in Kambodscha ein. Zu diesem Zeitpunkt war die unorganisierte Bewegung auf ihrem Höhepunkt. Andere Bewegungen verbreiteten sich ebenfalls. Anfang 1970 fand z. B. der »Earthday« statt. 20 Millionen Leute – unglaublich. Und das alles ohne das Internet. Zu dieser Zeit waren die SDS und die Black Panthers schon zerbrochen, und trotzdem waren die Massenbewegungen stärker als je zuvor. Wir setzten die Antikriegskampagne bis 1975 fort. Was geschah, war, daß all diese Reformen – das Ende der Wehrpflicht, die Umweltgesetzgebung unter Nixon, die Absenkung des Wahlalters auf 18 – 1970 bis 1971 erfolgten. Hinzu kam die Reform der Demokratischen Partei, McGovern wurde nominiert, die Außenseiter wurden Innenseiter, der Schwarze Jesse Jackson wurde Abgeordneter für Illinois etc. Unabhängig von der Tatsache, daß die Demokraten gegen Nixon verloren, krempelten sie in den Jahren 1968 bis 1972 die Partei völlig um. Aus all diesen Gründen verlor die Bewegung auf den Straßen an Kraft, wurde jedoch zu einer reformorientierten Wählerschaft. Zur selben Zeit öffneten sich die Universitäten für neue Forschungsbereiche. Die Frauenforschung schnellte von 0 auf 100. Forschungen zum Umweltschutz, zu den Chicanos (Menschen aus Lateinamerika, die in den USA leben, Anm. d. Verf.), zu Asien, zu Irren wurden in Gang gesetzt. Also gab es keine Berechtigung mehr dafür, die Inkorporierung des Wissens der Straße zu verlangen, da es ja in den Klassenzimmern der Universitäten angeboten wurde. Diese Reformen kann man nicht leugnen. Man muß nicht der Universität den Rücken zukehren, um Frantz Fanon zu lesen, denn man kann das Buch in der Unibibliothek ausleihen. Es ist ein raffiniertes System; gleichviel, ob es bewußt geführt ist oder verschwörerisch oder geplant. So funktioniert unser politisches System und wahrscheinlich dasjenige aller Länder des Westens, denn sie leiten sich alle von den Briten ab. Deshalb würde es mich nicht wundern, wenn sie alle der gleichen Dynamik unterliegen. Nun könnte man argumentieren, daß diese Reform einen wesentlich größeren Preis hatte als nur den Niedergang der sozialen Bewegungen. Es verschaffte dem Imperialismus ein neues Lebensgefühl, da diese Reformen Lateinamerika, Asien und Afrika aussparten. Die verdeckten Kriege, die Aktionen der CIA, alles das ging weiter. Diktaturen, Todeslager, Todesschwadronen. Die Frage war also, ob die Reformen in den USA soziale Bewegungen gegen Interventionen in Zentralamerika, gegen zukünftige Vietnams ermöglichen würden. Ich bin der Meinung, daß das Vermächtnis des Vietnamkriegs einer der Gründe für das schnelle Anwachsen der Kritik am Irakkrieg in den USA war. Denn das ist nicht von den Medien transportiert worden. Anfangs haben die Medien den Krieg unterstützt; die Republikaner waren stärker für den Krieg, die Demokraten weniger. Also, wo kam die

Kritik her? Es wurde niemand mehr eingezogen. Man sagte den Leuten, daß es einen terroristischen Feind gäbe. Sie standen noch unter dem Einfluß von 9/11. Also, wo kam es her? Die wirklichen Konservativen nannten es das Vietnamsyndrom.

»Partizipation« war eine der Leitideen der 68er-Bewegung. In Frankreich sprach man von »autogestion«, in den angloamerikanischen Ländern von »participatory democracy«. Ich bin an den längerfristigen Wirkungen der »participatory democracy« interessiert. Für Frankreich haben Luc Boltanski und Eve Chiapello in ihrem Buch Der Neue Geist des Kapitalismus *dargelegt, daß in den achtziger Jahren die Wirtschaftsunternehmen die Idee der »autogestion«/Selbstverwaltung aufgenommen haben. Die Folge für die Arbeiter war, daß sie etablierte Schutzrechte gegen die neugewonnene Freiheit und Autonomie eintauschten. Könnten Sie erläutern, ob die »participatory democracy« in den USA ernst genommen wurde und Langzeitwirkung entfaltete? Welchen Anteil hat das Konzept an dem neuen Konzept der »good governance«, das von der Weltbank entwickelt wurde? Hat das Port Huron Statement der SDS dieses neue Konzept beeinflußt?*

Auch in diesem Fall ist es dieselbe Geschichte. Das System stiehlt die Idee. Das ist die kurze Antwort. Die Idee der »participatory democracy« im amerikanischen SDS kam von Professor Arnold Kaufmann und vor ihm von John Dewey. Es steht in der Tradition des amerikanischen Pragmatismus. In Europa ist sie, meiner Meinung nach, eher auf die Ideen des Anarchismus zurückzuführen. Der Anarchismus war weder vom Stalinismus noch von der Sozialdemokratie ausgelöscht worden. Was auch immer man vom Anarchismus halten mag, es ist eine attraktive Idee für Menschen, die machtlos sind. Auch wenn die Leute den Begriff »Anarchismus« nicht verwenden, ist es dennoch ein mächtiges Konzept, denn es trifft genau die Lebensbedingungen des Individuums. Und man mag nicht das neu errungene Gefühl der eigenen Stärke wieder an einen Gewerkschaftsführer oder einen anderen Repräsentanten abtreten. Deshalb wird die Idee der »participatory democracy« immer einen starken Reiz ausüben.

Wie schon gesagt: Erst setzt sich eine Idee durch, und dann wird sie gestohlen. Die ambivalente Wirkung der »participatory democracy« zeigt sich besonders auf dem Gebiet der Nichtregierungsorganisationen, die sich in den letzten 30 Jahren immer weiter ausgebreitet haben. Sie verwirklichen die Prinzipien der »participatory democracy« nicht. Aber sie stellen einen Bereich dar, der beansprucht, für die Zivilgesellschaft zu sprechen. Heute hat man den Staat, die Wirtschaftsunternehmen und die NGOs. Und letztere sitzen neuerdings immer mit am Tisch, auch wenn sie keine Macht haben. Ich würde also verkürzt sagen: Das wurde aus der »participatory democracy«: die NGOs.

Hier muß man natürlich weiterfragen, wer gehört denn überhaupt zur Zivilgesellschaft. Schließt das die Immigranten mit ein? Wie sieht der Prozess der Entscheidungsfindung in der Zivilgesellschaft aus? Wem gegenüber sind die NGOs verantwortlich? Wer berät eigentlich die NGOs, die ihrerseits den Staat beraten? Ich bin der Meinung, daß das Konzept der NGO und der Zivilgesellschaft eine Reform vertragen könnte. Allerdings brennt das Thema den Menschen noch nicht auf den Nägeln. Wir erleben allerdings seit den neunziger Jahren, daß die Trends der Sechziger in Lateinamerika, in Venezuela oder Bolivien, wieder auftauchen. Ich will jetzt nicht von Osteuropa sprechen, aber wahrscheinlich ist das auch dort der Fall. Es gibt wieder die Forderung nach »participatory democracy«. Die Organisatoren der Bolivarischen Revolution in Venezuela verwendeten sogar diesen Begriff. Ich saß mit ihnen an einem Tisch. Ich interviewte sie. Sie erzählten mir, daß sie bewußt »participatory democracy« als Slogan gewählt hätten. Ich fragte sie, woher sie das hätten. Sie hatten doch nichts von den amerikanischen SDS gehört. Venezuela hat gegenwärtig unter Chavez eine autokratische, aber demokratische Staatsform. In ihrer Verfassung haben sie zwei Elemente von »participatory democracy«: Das eine sind die Nachbarschaftsräte, die Dienstleistungen für die Gemeinde erbringen, wie etwa das Newark Community Project oder der SNCC in den sechziger Jahren. Zweitens haben sie in ihrer Verfassung jede Menge demokratische Verfahren, also Wahlen und Referenden, die weit über die Wahl des

Staatsoberhaupts hinausgehen. Dies ist eine Rückkehr der »participatory democracy«. Die NGOs dagegen sind weg vom Fenster. Sie müssen sich reformieren, um überhaupt noch Gelder für ihre Projekte zu bekommen, z. B. von der Ford Foundation für Lateinamerika.

Die Bolivarische Revolution ist ganz ähnlich. Es gab eine enorme Spontaneität und Massenerhebungen. Natürlich gab es auch die traditionellen Gewerkschaften und Arbeiterorganisationen und die üblichen Parteien, aber der erste eingeborene Präsident Boliviens wurde durch eine Bewegung gewählt, die sich auf den Straßen abspielte. Schließlich dürfen wir in Lateinamerika auch nicht die Befreiungstheologie vergessen. Sie basierte auf einer Interpretation der Bibel, die allerdings nur auf spanisch zur Verfügung stand. Die Campesinos hatten keine Bibel in ihrer eigenen Sprache. Aus gutem Grund (lacht). Denn die Bibel enthält viele revolutionäre Geschichten über Jesus, die den Geschichten ähneln, die sich die Campesinos in Mittel- und Südamerika erzählen. 1968, auf einem Treffen der katholischen Kirchenoberen in Medellin, hatten die lateinamerikanischen Bischöfe in einem Anfall von Irrsinn die Befreiungstheologie eingeführt. So gab es für einen kurzen Moment Tausende von Priestern und Kirchenleuten mit spanischen Bibeln, die religiöse Basisgemeinden organisierten, die in der Tradition der Arbeiter-Priester und letztlich im Anarchismus Spaniens wurzelten, den sie allerdings mit kirchlichen Institutionen vermischten. Und diese Bewegung war so mächtig, daß die Kirche sie akzeptierte, um sie unschädlich zu machen.

In der Zwischenzeit hat die Kirche sie zwar nicht zerstört, aber doch durch Organisationen wie Opus Dei und ähnlich rechtslastige Gruppen verkrüppelt. Aber wenn sie heute nach Lateinamerika kommen, dann sehen sie die Spuren der Befreiungstheologie und merken, daß der Geist dieser Bewegung keineswegs abgestorben, sondern verfeinert worden ist. Was allerdings versiegt ist, das ist der Zufluß der kirchlichen Unterstützungsgelder. Sie geben Revolutionspriestern keinen Kredit (lacht). Ich würde also sagen, daß die Befreiungstheologie eine »participatory democracy«-Bewegung ist. Und ich glaube, daß sie von 68 inspiriert wurde und primär aus Europa kam, nicht aus Lateinamerika und nicht aus Nordamerika.

»Participatory democracy« ist also nicht tot. Sie hatte ihren Höhepunkt und sie hat ihr Vermächtnis hinterlassen. Und sie wartet darauf, in irgendeiner Form wiederentdeckt zu werden. Dies wird irgendwann geschehen, aber wie bei allen sozialen Bewegungen und ihren Geheimnissen, muß man auf den richtigen Augenblick warten. Vielleicht geschieht es gerade, und wir merken es noch nicht einmal. Vielleicht geschieht es gerade jetzt in Myanmar (Burma), bei dem Aufstand der buddhistischen Mönche. Diktaturen kommen alle irgendwann einmal an ihr Ende. Aber in dem Augenblick, in dem sie untergehen, können sie die Entwicklung einer Sektenbewegung anstoßen.

Eine letzte Frage: Waren Sie für oder gegen den Kosovokrieg?

Dagegen, natürlich.

Sind Sie gegen humanitäre Intervention?

Nein.

Aber Sie sind sicherlich auch kein Isolationist?

Selbstverständlich nicht. Ich habe damals ein paar Artikel über den Kosovokrieg geschrieben. In Kürze wird ein Buch über meine Publikationen der letzten 50 Jahre erscheinen: *Writings for a Democratic Society.* Dort können Sie meine Auffassung nachlesen.

Wie hat man in Ihrem Umfeld reagiert, als Sie sich gegen den Kosovokrieg aussprachen. Hat man Sie marginalisiert?

Nein. Die meisten Leute waren damals kritisch gegenüber diesem Krieg eingestellt. Ich meine, daß die Unterstützung in Europa durch die neuere Geschichte Europas bedingt war. Wir halten zwar die Neue Linke für eine universelle Vereinigung, aber ich glaube, daß jede nationale Bewegung sich auf der Grundlage ihrer spezifischen kulturellen Erfahrung entwickelt hat. Die Geschichte der Neuen Linken in den USA hat uns jedenfalls nicht dazu gebracht, für diesen Krieg zu sein. Aber in Europa war das anders. Es hat wohl auch mit der Geschichte des Balkans, mit dem Ersten und Zweiten Weltkrieg zu tun. Es hatte für uns deshalb weniger

Bedeutung. Ich weiß nicht, wie ich votiert hätte, wenn ich Europäer gewesen wäre.

In den USA gab es jedenfalls nur einen kleinen Kern von Leuten, die auf dem Umweg der Verteidigung der Menschenrechte zum Militarismus zurückkehren wollten, etwa Samantha Power. Sie ist allerdings Irin. Diese Leute haben Clinton benutzt, oder vielleicht hat Clinton auch sie benutzt. Ich denke, wenn die Russen nicht Serbien ihre Unterstützung entzogen hätten – die USA haben, so glaube ich, mit den Russen einen geheimen Deal gemacht –, wäre es zum Bodenkrieg gekommen. Das wäre eine Katastrophe geworden. Die Einstellung in den USA nach dem Kosovokrieg war ziemlich widersprüchlich. Einige Demokraten sagten, daß es ein Triumph war. Aber da sich kaum jemand in den USA für den Kosovo interessiert, wußte niemand, worum es dabei eigentlich ging.

Was wir aber wußten, war, daß die Illusion des Sieges zum Irakkrieg geführt hat. Und jetzt sind all diese humanitären Falken verschwunden. Man hat ihnen ihre Flügel gestutzt. Sie entschuldigen sich und gestehen ihre Fehler. Also Kouchners Idee ist hier völlig diskreditiert. Aber sie wird wiederkommen. Gegenwärtig aber hat der Irakkrieg die Vorstellung völlig beseitigt, daß militärische Intervention und wirtschaftliche Entwicklung sich mit Menschenrechten vertragen. Ich habe die Botschaft dreißig Jahre lang gehört, aber ich habe nie gesehen, daß sie Wirklichkeit geworden wäre.

Wir standen vor dem Krieg im Kosovo unter intellektuellem Druck. Wie konnte man sich da heraushalten, wenn all diese Leute einen an die Judenverfolgung, die Konzentrationslager und so weiter erinnerten. Dann kamen die Fernsehaufnahmen von den Kosovaren, die aus ihrem Land vertrieben wurden. Fünf Jahre später gab es hier eine Kontroverse darüber, wie viele Menschen damals wirklich vertrieben wurden. Die Zahlen waren enorm übertrieben worden. Um das Zehn- bis Zwanzigfache. Ich will nicht selbstgerecht sein. Ich verlasse mich auf meine Erfahrung. Meine Erfahrung hat mich gelehrt, daß Leute mit Gewehren nicht im wohlverstandenen Interesse der Menschenrechte und der Humanität oder wenigstens der wirtschaftlichen Entwicklung handeln.

Bibliographie

Jeffrey Alexander (2005), »The sixties and me: from cultural revolution to cultural theory«, in: Alan Sica, Stephen Turner (Hg.), *The Disobedient Generation. Social Theorists in the Sixties*, Chicago.

Tariq Ali (1998), *Street Fighting Men. Autobiographie eines 68ers*, Köln.

Hannah Arendt, Karl Jaspers (1985), *Briefwechsel 1926-1969*, hrsg. von Lotte Köhler und Hans Saner, München.

Hannah Arendt, Mary McCarthy (1995), *Im Vertrauen: Briefwechsel 1949-1974*, hrsg. von Carol Brightman, München.

Hannah Arendt (2006), *Macht und Gewalt*, München (1. Aufl. München/Zürich 1970, Originalausgabe: *On Violence*, New York 1970).

Raymond Aron (1985), *Erkenntnis und Verantwortung. Lebenserinnerungen*, München/Zürich.

Yaïr Auron (1998), *Les juifs d'extrême gauche en mai 68*, Paris.

Bill Ayers (2003), *Fugitive Days. A Memoir*, New York.

Paul Berman (1998), *Zappa meets Havel. 1968 und die Folgen – eine politische Reise*, Hamburg.

Paul Berman (2005), *Idealisten an der Macht. Die Passion des Joschka Fischer*, München.

Luc Boltanski, Eve Chiapello (2003), *Der neue Geist des Kapitalismus*, Konstanz.

Pierre Bourdieu (1988), *Homo academicus*, Frankfurt am Main.

Christian Bouyer (1968), *Odéon est ouvert. Tribune libre*, Paris.

Thomas Brons (1992), *Octavio Paz. Dichterfürst im mexikanischen Korporativismus*, Frankfurt am Main.

Clayborn Carson (2004), *Zeiten des Kampfes. Das Student Nonviolent Coordinating Committee (SNCC) und das Erwachen des afro-amerikanischen Widerstands in den sechziger Jahren.* Mit einem Nachwort von Heinrich W. Grosse, Nettersheim.

Carmen Castillo, Monica Echeverría (2002), *Santiago–Paris. Le vol de la mémoire*, Paris.

David Caute (1988), *The Year of the Barricades. A Journey through 1968*, New York.

Jung Chang, Jon Halliday (2005), *Mao. The Unknown Story*, New York.

Ulrich Chaussy (1983), *Die drei Leben des Rudi Dutschke. Eine Biographie*, Darmstadt/Neuwied.

Daniel Cohn-Bendit, Gabriel Cohn-Bendit (1968a), *Linksradikalismus. Gewaltkur gegen die Alterskrankheit des Kommunismus*, Reinbek b. Hamburg.

Daniel Cohn-Bendit (1968b), »Daniel Cohn-Bendit im Gespräch mit Jean-Paul Sartre«, in: Jacques Sauvageot, Alain Geismar, Daniel Cohn-Bendit, *Aufstand in Paris oder Ist in Frankreich die Revolution möglich?*, hrsg. von Hervé Bourges, Reinbek b. Hamburg, 73-83.

Daniel Cohn-Bendit (1975), *Le grand bazar*, Paris.

Daniel Cohn-Bendit (1987), *Wir haben sie so geliebt, die Revolution*, Frankfurt am Main.

Daniel Cohn-Bendit, Bernard Kouchner (2004), *Quand tu séras président...*, Paris.

Ralf Dahrendorf (1995), *LSE. A History of The London School of Economics and Political Science* 1895-1995, Oxford.

Guy Debord (1996), *Die Gesellschaft des Spektakels*, Berlin.

Régis Debray (1965), »Le castrisme ou la Longue Marche de l'Amérique latine«, in: *Les Temps Modernes* 20, Nr. 224, 1172-1237 (dt. Übers.: »Der Castrismus. Der Lange Marsch Lateinamerikas«, in: Régis Debray, Fidel Castro, Gisela Mandel, K. S. Karol, *Der Lange Marsch. Wege der Revolution in Lateinamerika*, mit einem Vorwort von Rudi Dutschke, T. Käsemann, R. Schöller, München 1968, 81-163).

Régis Debray (1967a), *La Frontière suivi de Un jeune homme à la page*, Paris (dt. Übers.: Die Grenze. Ein gewiefter Bursche. Zwei Erzählungen, München 1968).

Régis Debray (1967b), »Che Guevara, c'est un saint«, Interview mit Régis Debray, durchgeführt von einem Reporter von Radio Luxemburg, abgedruckt in: *Combat* vom 22. August 1967, 6.

Régis Debray (1968a), *Revolution in der Revolution? Bewaffneter Kampf und politischer Kampf in Lateinamerika*, München.

Régis Debray (1968b), *Le proces de régis debray*, Paris.

Régis Debray (1970), »Un curieux réquisitoire«, in: *Les Temps Modernes* 26, No. 286, 1745-1778.

Régis Debray (1974), *La guérilla du Che*, Paris.

Régis Debray (1975a), *La critique des armes*, 2 Bde., Paris 1974 [dt. Übers.: *Kritik der Waffen*, Reinbek b. Hamburg 1975].

Régis Debray (1975b), *Les rendez-vous manqués. Pour Pierre Goldman*, Paris.

Régis Debray (1976), *Journal d'un petit bourgeois entre deux feux et quatre murs*, Paris.

Régis Debray (1977), *La neige brûle*, Paris [dt. Übers.: *Ein Leben für ein Leben*, Düsseldorf 1979].

Régis Debray (1978), *Modeste contribution aux discours et cérémonies officielles du dixième anniversaire*, Paris.

Régis Debray (1980), *Le scribe. Genèse du politique*, Paris.

Régis Debray (1987), *Les masques. Éducation amoureuse*, Paris.

Régis Debray, Jean Ziegler (1993), *Il s'agit de ne pas se rendre. Conversations sur France Culture*, Paris.

Régis Debray (1996), *Loués soient nos seigneurs. Une éducation politique*, Paris.

Régis Debray (2000), *Par amour de l'art. Une éducation intellectuelle*, Paris.

Régis Debray (2002), »Wir brauchen alle einen Beichtvater«, in: *du. Die Zeitschrift der Kultur*, H. 724 (März): *Giangiacomo Feltrinelli. Verleger. Ein Mann der Revolte*, 58-61.

Claudia Derichs (1995), *Japans Neue Linke. Soziale Bewegung und außerparlamentarische Opposition*, 1957-1994, Hamburg.

Albert Detraz, et les militants de la CFDT (1969), »Positions et action de la CFDT en mai 1968«, *Syndicalisme*, Numéro spécial.

Jutta Ditfurth (2007), *Ulrike Meinhof: die Biographie*, Berlin.

Carlo Donolo (1968), »Theorie und Praxis der Studentenbewegung in Italien«, in: *Kursbuch* 13 (Juni), 48-66.

Stuart J. Dowsey (Hg.) (1970), *Zengakuren: Japan's Revolutionary Students*, Berkeley.

Jean-Pierre Duteuil (1988), *Nanterre 1965-66-67-68. Vers le mouvement du 22 mars*, Mauléon.

Rudi Dutschke/Hans-Jürgen Krahl (1991), »Das Sich-Verweigern erfordert Guerilla-Mentalität« (1968), in: *Geschichte ist machbar. Texte über das herrschende Falsche und die Radikalität des Friedens*, hrsg. von Jürgen Miermeister, Berlin, 89-95.

Rudi Dutschke (1991), *Geschichte ist machbar. Texte über das herrschende Falsche und die Radikalität des Friedens*, hrsg. von Jürgen Miermeister, Berlin.

Rudi Dutschke (1980), *Mein langer Marsch. Reden, Schriften und Tagebücher aus zwanzig Jahren*, hrsg. von Gretchen Dutschke-Klotz, Hellmut Gollwitzer und Jürgen Miermeister, Reinbek b. Hamburg.

Gretchen Dutschke-Klotz (1996), *Wir hatten ein barbarisch schönes Leben*, Köln.

Gretchen Dutschke-Klotz (2002), »Jemanden zu lieben war irgendwie falsch«, in: Ute Kätzel (Hg.): *Die 68erinnen. Porträt einer rebellischen Frauengeneration*, Berlin, 277-296.

Hans Magnus Enzensberger (1964), »Bewußtseins-Industrie« (1962), in: ders., *Einzelheiten* 1, Frankfurt am Main, 7-17.

Hans Magnus Enzensberger (1968a), »Berliner Gemeinplätze«, in: *Kursbuch* 11, 151-169.

Hans Magnus Enzensberger (1968b), »Gemeinplätze, die Neueste Literatur betreffend«, in: *Kursbuch* 15, 187-197.

Hans Magnus Enzensberger (1970a), »Offener Brief« (1968), in: Joachim Schickel (Hg.), Über Hans Magnus Enzensberger, Frankfurt am Main, 233-238.

Hans Magnus Enzensberger (1970b), »Baukasten zu einer Theorie der Medien«, in: *Kursbuch* 20, 159-186.

Hans Magnus Enzensberger (1978), *Der Untergang der Titanic: eine Komödie*, Frankfurt am Main.

Hans Magnus Enzensberger (2004), »Erinnerungen an einen Tumult. Zu einem

Tagebuch aus dem Jahre 1968«, in: *1968. Eine Enzyklopädie*, hg. von Rudolf Sievers, Frankfurt am Main, 23-26.

Hans Magnus Enzensberger (2004), »Erinnerungen an einen Tumult. Zu einem Tagebuch aus dem Jahre 1968« (1984), in: *1968. Eine Enzyklopädie*, hg. von Rudolf Sievers, Frankfurt am Main.

August Everding (1968), »Was ist demokratisches Theater«, in: *Theater heute 9* (September), 1-2.

David Faber (1988), *Chicago '68*, Chicago/London.

Carlos Feltrinelli (1999), *Senior Service. Das Leben meines Vaters*. Aus dem Italienischen von Friederike Hausmann, München.

Sibilla Feltrinelli-Melega (2002), »Erinnerungen«, in: *du. Die Zeitschrift der Kultur*, H. 724 (März): *Giangiacomo Feltrinelli. Verleger. Ein Mann der Revolte*, 88.

Carole Fink, Philipp Gasser, Detlef Junker (Hg.) (1998), *1968 – The World Transformed*, Cambridge.

Joschka Fischer (2007), *Die rot-grünen Jahre. Deutsche Außenpolitik – vom Kosovo bis zum 11. September*, Köln.

Richard Flacks, »Die philosophischen und politischen Ursprünge der amerikanischen New Left«, in: Ingrid Gilcher-Holtey (1998), 151-167.

Jane Fonda (2005), *My Life so Far*, New York.

Ronald B. Frankum (2005), *The Rolling Thunder: The Air War in Vietnam 1964-1975*, New York/Toronto/Oxford.

Ronald Fraser (1988), *A Student Generation in Revolt. An International Oral History*, New York.

Marc Frey (1998), *Geschichte des Vietnamkriegs. Die Tragödie in Asien und das Ende des amerikanischen Traums*, München.

Sigrid Fronius (2002), »Als Frau stand ich nicht unter dem Zwang, jemand sein zu müssen«, in: Ute Kätzel (Hg.), *Die 68erinnen. Portrait einer rebellischen Frauengeneration*, Berlin, 21-40.

Jenniver Frost (1996), »Desertion«, in: Stanley I. Kutler (Hg.), *Encyclopedia of the Vietnam War*, New York, 157-158.

Wolfram Fues (1995), *Text als Intertext. Zur Methode in der deutschen Literatur des 20. Jahrhunderts*, Heidelberg.

Philippe Gavi (1968), »Des ouvriers parlent«, in: *Les Temps Modernes*, No. 265, 82-83.

Ingrid Gilcher-Holtey (Hg.) (1998), *1968 – Vom Ereignis zum Gegenstand der Geschichtswissenschaft*, Göttingen (Neuauflage unter dem Titel *1968 – Vom Ereignis zum Mythos*, Frankfurt am Main 2008).

Ingrid Gilcher-Holtey (2001), *»Die Phantasie an die Macht.« Mai 68 in Frankreich*, Frankfurt am Main (1. Aufl. 1995).

Ingrid Gilcher-Holtey, Dorothea Kraus, Franziska Schößler (Hg.) (2006), *Poli-*

tisches Theater nach 1968. Regie, Dramatik und Organisation, Frankfurt am Main.

Ingrid Gilcher-Holtey (2007), *Eingreifendes Denken. Die Wirkungschancen von Intellektuellen*, Weilerswist.

Todd Gitlin (1987), *The Sixties. Years of Hope, Days of Rage*, New York.

John Gittings (2005), *The Changing Face of China. From Mao to Market*, Oxford.

André Glucksmann (1968), »Strategy and Revolution in France 1968«, in: *New Left Review*, No. 52 (November-Dezember).

Frank Gorgi (2007), »Selbstverwaltung in Frankreich von den 1968er bis zu den 1980er Jahren«, in: Bernd Gehrke, Gerd-Rainer Horn (Hg.), *1968 und die Arbeiter. Studien zum »proletarischen Mai« in Europa*, Hamburg.

Maurice Grimaud (1977), *En mai, fais ce qu'il te plaît*, Paris.

Sibylle Gut, Francesca Tommasi (2002), »Chronik von Leben und Werk«, in: *du. Die Zeitschrift der Kultur*, H. 724 (März): Giangiacomo Feltrinelli. Verleger. Ein Mann der Revolte, 78-87.

Sarah Haffner (2002), »Die Kunst als Weg zu sich selbst«, in: Ute Kätzel (Hg.), *Die 68erinnen. Portrait einer rebellischen Frauengeneration*, Berlin, 141-160.

Maurice Halperin (1981), *The Taming of Fidel Castro*, Berkeley.

Hervé Hamon, Patrick Rotman (1987), *Génération. Les années de rêve*, Paris.

Peter Handke (1968), *Kaspar*, Frankfurt am Main.

Peter Handke (1969), *Die Innenwelt der Außenwelt der Innenwelt*, Frankfurt am Main.

Peter Handke (1972), *Ich bin ein Bewohner des Elfenbeinturms*, Frankfurt am Main.

Václav Havel (1998), »Preface«, in: *The Prague Spring 1968. A National Security Archive Documents Reader*, hrsg. von Jaromír Navrátil u. a., Budapest.

Tom Hayden (1988), *Reunion. A Memoir*, New York.

Tom Hayden (2005), »The way we were and the future of the Port Huron Statement«, in: ders. (Hg.), *The Port Huron Statement. The Visionary Call of the 1960s Revolution*, New York.

Tom Hayden (2007), *Ending the War in Iraq*, New York.

George C. Herting (1998), »Tet and the Crisis of Hegemony«, in: Carole Fink, Philipp Gasser, Detlef Junker (Hg.), *1968 – The World Transformed*, Cambridge, 31-54.

Harada Hisato (1970), »The Anti-Ampo Struggle«, in: Stuart J. Dowsey (Hg.), *Zengakuren: Japan's Revolutionary Students*, Berkeley, 75-99.

Abbie Hoffman (1990), *The Best of Abbie Hoffman*, New York.

Vladimir Horský (1975), *Prag 1968. Systemveränderung und Systemverteidigung*, Stuttgart.

Peter Iden (1968), »Triumph und Pleite der Wörter. Zu Handkes ›Kaspar‹«, in: *Theater heute* 6 (Juni), 28-31.

Lorenz Jäger (2003), *Adorno. Eine politische Biographie*, München.

Peter Jansen, Leo Kißler, Peter Kühne, Claus Leggewie, Otmar Seul (1968), *Gewerkschaften in Frankreich. Geschichte, Organisation, Programmatik*, Frankfurt am Main.

Laurent Joffrin (1988), *Mai 68. Histoire des Événements*, Paris.

Uwe Johnson (2000), *Jahrestage. Aus dem Leben von Gesine Cresspahl*, Frankfurt am Main.

Michaela Karl (2003), *Rudi Dutschke. Revolutionär ohne Revolution*, Frankfurt am Main.

Roland Koberg (1999), *Claus Peymann – Aller Tage Abenteuer. Biografie*, Berlin.

Gerd Koenen (2001), *Das rote Jahrzehnt. Unsere kleine deutsche Kulturrevolution 1967-1977*, Köln.

Bernard Kouchner (2004), *Les guerriers de la paix*, Paris.

Dorothea Kraus (2007), Theaterproteste. Zur Politisierung von Straße und Bühne in den 1960er Jahren, Frankfurt am Main.

Wolfgang Kraushaar (1998), *Frankfurter Schule und Studentenbewegung. Von der Flaschenpost zum Molotowcockail 1946 bis 1995*, 3 Bde., I. *Chronik*, II. *Dokumente*, III. *Aufsätze, Kommentare, Register*, Frankfurt am Main.

James Simon Kunen (1970), *The Strawberry Statement: Notes of a College Revolutionary*, New York (1. Aufl. 1968).

Mark Kurlansky (2005), *1968. Das Jahr, das die Welt veränderte*, Köln.

Jan Kurz (2000), *Eine Universität auf der Piazza. Entstehung und Zerfall der Studentenbewegung in Italien 1966-1978*, Köln.

Stanley I. Kutler (Hg.) (1996), *Encyclopedia of the Vietnam War*, New York.

Jörg Lau (1999), *Hans Magnus Enzensberger. Ein öffentliches Leben*, Berlin.

Jean-Jacques Lebel, Jean-Louis Brau, Philippe Merlhes (Hg.) (1969), *La Chienlit. Dokumente zur französischen Mai-Bewegung*, Darmstadt.

Hans-Thies Lehmann (1984), »Eisberg und Spiegelkunst. Notizen zu Hans Magnus Enzensbergers Lust am Untergang der Titanic«, in: Hans Magnus Enzensberger, hg. von Reinhold Grimm, Frankfurt am Main, 312-334.

Wolfgang Leonhard (1970), *Die Dreispaltung des Marxismus*, Düsseldorf.

Siegward Lönnendonker, Tilman Fichter, Jochen Staadt (Hg.) (1983), *Hochschule im Umbruch*. Teil V: *Gewalt und Gegengewalt (1967-1969)*, Berlin.

Jeannette R. Malkin (1992), *Verbal Violence in Contemporary Drama. From Handke to Shepard*, Cambridge.

Herbert Marcuse (1969), *Versuch über die Befreiung*, Frankfurt am Main.

Nakanishi Masahiro (1970), »Kakamaru – Portrait of an Ultra-Radical Group«, in: Stuart J. Dowsey (Hg.), *Zengakuren: Japan's Revolutionary Students*, Berkeley, 193-225.

Jacques Massu (1993), *Baden 68. Souvenirs d'une fidélité gaulliste*, Paris.

Tom McDonough (2007), *The Beautiful Language of My Century. Reinventing the Language of Contestation in Postwar France, 1945-1968*, Cambridge.

Klaus Mehnert (1969), *Peking und die Neue Linke. Analyse und Dokumente*, Stuttgart.

Maurice Meissner (1999): *Mao's China and After. A History of the Peoples Republic*, dritte Auflage, New York.

Matsunami Michiro (1970), »Origins of Zengakuren«, in: Stuart J. Dowsey (Hg.), *Zengakuren. Japan's Revolutionary Students*, Berkeley, 46-74.

James Miller (1987*), »Democracy is in the streets«. From Port Huron to the Siege of Chicago,* New York.

Reinhard Mohr (2008), *Der diskrete Charme der Rebellion. Ein Leben mit den 68ern*, Berlin.

Oskar Negt (1971), »Die Neue Linke und die Institutionen«, in: ders.: *Politik als Protest*, Frankfurt am Main, 159-174.

Oskar Negt (1980), »Alternative Protestformen als politische Alternative?«, in: Roland Roth (Hg.) (1980), *Parlamentarisches Ritual und politische Alternativen*, Frankfurt am Main.

Wolfgang Nitsch, Uta Gerhardt, Claus Offe, Ulrich K. Preuß (1965), *Hochschule in der Demokratie*. Mit einem Vorwort von Jürgen Habermas, Frankfurt am Main.

Claus Offe (1980), »Konkurrenzpartei und kollektive politische Identität«, in: Roth (Hg.), *Parlamentarisches Ritual und politische Alternativen*, Frankfurt am Main, 26-42.

Chester J. Pach Jr. (1998), »Tet on TV: U.S. Nightly News Reporting and Presidential Policy Making«, in: Carole Fink, Philipp Gasser, Detlef Junker (Hg.), *1968 – The World Transformed*, Cambridge, 55-82.

Luisa Passerini (1988), »Le mouvement de 1968 comme prise de parole et comme explosion de la subjectivité: le cas de Turin«, in: *Le Mouvement social*, No. 143, 3-11.

Luisa Passerini (1996), *Autobiography of a Generation. Italy*, 1968, Wesleyan.

Jan Pauer (1995), *Prag 1968. Der Einmarsch des Warschauer Paktes, Hintergründe, Planung, Durchführung*, Bremen.

Octavio Paz (1998), *Das Labyrinth der Einsamkeit*, Frankfurt am Main.

Paul Potter (1965), »Speech to the April 17, 1965, March on Washington«, in: Judith C. Albert/Stewart E. Albert, *The Sixties* Papers, Documents of a Rebellious Decade, New York 1984, 221-225.

Daniel Rondeau (1968), *In Flammen. Ein Leben für die Revolution. Paris 1968*, Reinbek b. Hamburg.

Hartmut Rosa (2005), *Beschleunigung. Die Veränderung der Zeitstrukturen in der Moderne*, Frankfurt am Main.

Roland Roth (Hg.) (1980), *Parlamentarisches Ritual und politische Alternativen*. Frankfurt am Main.

Kirkpatrick Sale (1973), *SDS*, New York.

Gaston Salvatore (1995), *Wolfgang Neuss – ein faltenreiches Kind. Biographie*, Hamburg.

Helke Sander, »Nicht Opfer sein, sondern Macht haben«, in: Ute Kätzel (Hg.): *Die 68erinnen. Porträt einer rebellischen Frauengeneration*, Berlin, 161-180.

Jean-Paul Sartre (1995), *Plädoyer für die Intellektuellen. Interviews, Artikel, Reden 1950-1973*, Reinbek b. Hamburg.

Jean-Paul Sartre, Philippe Gavi, Pierre Victor (1982), *Der Intellektuelle als Revolutionär. Streitgespräche*, Reinbek b. Hamburg.

Joachim Schickel (Hg.) (1970), *Über Hans Magnus Enzensberger*, Frankfurt am Main.

Roswitha Schieb (2005), *Peter Stein. Ein Portrait*, Berlin.

Dietmar Schings: »Die Sprache macht ihn fertig«, in: *Der Tagesspiegel* vom 14. Mai 1968, 4.

Michael Schmidtke (2003), *Der Aufbruch der jungen Intelligenz. Die 68er Jahre in der Bundesrepublik und den USA*, Frankfurt am Main.

Michael Schneider (1986), *Demokratie in Gefahr? Der Konflikt um die Notstandsgesetze: Sozialdemokratie, Gewerkschaften und intellektueller Protest (1958-1968)*, Bonn.

Peter Schneider (1969), »Die Phantasie im Spätkapitalismus und die Kulturrevolution«, in: ders. (1977), *Atempause. Versuch, meine Gedanken über Literatur und Kunst zu ordnen*, Reinbek b. Hamburg.

Stuart Schram (1989), *The Thought of Mao Tse-Tung*, Cambridge/New York.

Kristina Schulz (2002), *Der lange Atem der Provokation. Die Frauenbewegung in Deutschland und Frankreich 1968-1979*, Frankfurt am Main.

Wolfgang M. Schwiedrzik, Peter Stein (1968), »Demokratie ist auch Aktion«, in: *Theater heute*, H. 9 (September), 2-3.

Wolfgang M. Schwiedrzik (1998), »Theater als ›Aktion‹«, in: Ingrid Gilcher-Holtey (Hg.), *1968 – Vom Ereignis zum Gegenstand der Geschichtswissenschaft*, Göttingen, 224-238.

Wolfgang M. Schwiedrzik (2002), »Theater als ›Aktion‹. Die 60er Jahre«, in: Harald Müller, Jürgen Schitthelm (Hg.), 40 Jahre Schaubühne, Berlin, 227-241.

SDS Westberlin, Internationales Nachrichten- und Forschungsinstitut (INFI) (Hg.) (1968), *Internationaler Vietnam-Kongreß Februar 1968 Westberlin. Der Kampf des vietnamesischen Volkes und die Globalisierung des Imperialismus*, Berlin.

Jan Skála (1978), *Die ČSSR. Vom Prager Frühling zur Charta 77*, Berlin.

Peter Stein, Peter Zadek (1968), »Was kann man machen? Ein Gespräch über Theater und Theatermachen in diesem Jahr 1968 mit den Regisseuren Peter Stein und Peter Zadek«, in: Peter Zadek, My Way. *Eine Autobiographie*. 1926-1969, Reinbek b. Hamburg, 529-553.

Rolf Steininger (2006), *Der Vietnamkrieg*, Frankfurt am Main (1. Aufl. 2004).

Johano Strasser (2007), *Als wir noch Götter waren im Mai. Erinnerungen*, München, Zürich.

Botho Strauß (1970), »Versuch, ästhetische und politische Ereignisse zusammenzudenken: Neues Theater 1967-1970«, in: *Theater heute*, H. 11, 61-68.

Emmanuel Terray (1992), *Le troisième jour du communisme*, Paris.

Olivier Todd (1967), »Fuilleront-ils Régis Debray?« in: *Nouvel Observateur* vom 24. Mai, 14-18.

Marica Tolomelli, *»repressiv getrennt« – »organisch verbündet«. Studenten und Arbeiter 1968 in der Bundesrepublik Deutschland und in Italien*, Opladen.

Peter Weiss (1968a), »Che Guevara!«, in: *Kursbuch* 11, 1-6.

Peter Weiss (1968b), *Diskurs über die Vorgeschichte und den Verlauf des lang andauernden Befreiungskrieges in Viet Nam als Beispiel für die Notwendigkeit des bewaffneten Kampfes der Unterdrückten gegen die Unterdrücker sowie über die Versuche der Vereinigten Staaten von Amerika die Grundlagen der Revolution zu vernichten,* Frankfurt am Main.

Peter Weiss (1968c), »Amerika will den Völkermord. Spiegel-Gespräch mit Peter Weiss über Vietnam«, in: *Der Spiegel* 32 (5. August), 66-74.

Peter Weiss (1982), Notizbücher, Bd. II: 1960-1971, Frankfurt am Main.

Wolfgang Welsch (2002), *Unsere postmoderne Moderne*, Berlin.

Jon Wiener (Hg.) (2006), *Conspiracy in the Streets. The Extraordinary Trial of the Chicago Eight*, New York.

Oswald Wiener (1969), *Die Verbesserung von Mitteleuropa*. Reinbek bei Hamburg.

Elisabeth Young-Bruehl (2004), *Hannah Arendt. Leben, Werk und Zeit*, Frankfurt am Main.

Sawara Yukiko (1970), »The University Struggles«, in: Stuart J. Dowsey (Hg.), *ZENGAKUREN: Japan's Revolutionary Students*, Berkeley, 136-192.

Kokubun Yutaka (1970), »The University Problem«, in: Stuart J. Dowsey (Hg.), *ZENGAKUREN. Japan's Revolutionary Students*, Berkeley, 100-135.

Peter Zadek (2000), *My Way. Eine Autobiographie. 1926-1969*, Reinbek b. Hamburg.

Martha Zapata Galindo (2006), *Der Preis der Macht. Intellektuelle und Demokratisierungsprozesse in Mexiko 1968-2000*, Berlin.

Jörg Zoller (1969), *Aktiver Streik. Dokumentation zu einem Jahr Hochschulpolitik am Beispiel der Universität Frankfurt/Main*, Darmstadt.

Hartmut Zwahr (2007), *Die erfrorenen Flügel der Schwalbe. DDR und »Prager Frühling«. Tagebuch einer Krise 1968 bis 1970*, Bonn.

Zygmunt Bauman

Leben in der flüchtigen Moderne

es 2503. 287 Seiten

Normale Zeitungsleser hätten die Anzeige vielleicht übersehen: »Sechs angesagte Outfits, mit denen Sie der Modeszene im nächsten halben Jahr einen Schritt voraus sind«. Zygmunt Bauman schlägt daraus theoretische Funken: Wer heute noch die Chuzpe hat, »Ich« zu sagen, sollte schneller sein als die anderen. Doch Achtung: Die Befriedigung hat ein Verfallsdatum – die nächste Frühjahrskollektion kommt bestimmt. In sechs Studien, die auf Vorlesungen am Institut für die Wissenschaften vom Menschen in Wien zurückgehen, greift der brillante Essayist seine großen Themen wieder auf: Ethik, die Erinnerung an den Holocaust, Europa, Kunst und Freiheit in der flüchtigen Moderne.

Zygmunt Bauman, geboren 1925 in Posen, lehrte lange Zeit Soziologie an der University of Leeds. 1998 wurde er mit dem Theodor-W.-Adorno-Preis ausgezeichnet. In der edition suhrkamp erschienen von ihm zuletzt *Flüchtige Moderne* (2003) und *Vom Nutzen der Soziologie* (1999).

NF 366/1/5.08